Fred Bernitzke

Handbuch Teamarbeit

Fred Bernitzke

Handbuch Teamarbeit

Grundlagen für erfolgreiches Arbeiten
in Kita und Kindergarten

HERDER

FREIBURG · BASEL · WIEN

© Verlag Herder GmbH, Freiburg im Breisgau 2009
Alle Rechte vorbehalten
www.herder.de

Umschlagkonzeption und -gestaltung:
R·M·E München / Roland Eschlbeck, Rosemarie Kreuzer
Umschlagabbildung: © Barbara Mößner
Fotos im Innenteil: Hartmut W. Schmidt, Freiburg

Satz: Weiß-Freiburg GmbH – Graphik & Buchgestaltung
Herstellung: fgb · freiburger graphische betriebe
www.fgb.de

Gedruckt auf umweltfreundlichem, chlorfrei gebleichtem Papier
Printed in Germany

ISBN 978-3-451-32270-9

Inhalt

Vorwort

Maximilian Ringelmann (1862–1931) führte 1882 eines der ersten Experimente zur Effizienz von Teamarbeit durch – sein Versuchsfeld: das Tauziehen. Zunächst ermittelte er die Kraft jeder einzelnen Versuchsperson, danach wurde die Gruppenleistung derer, die gemeinsam am Seil zogen, ermittelt. Das ernüchternde Ergebnis: Die in der Gruppe aufgewandte Kraft lag deutlich unter der Summe der Einzelkräfte.

Teamarbeit wird heute in allen Arbeitsfeldern propagiert und die Teamfähigkeit von Mitarbeiterinnen als wichtige Kompetenz zur Steigerung der Arbeitseffizienz gesehen. Es wird selten hinterfragt, ob die Gruppenleistung die Summe der Mitarbeiterleistungen tatsächlich bzw. unter welchen Bedingungen übertrifft.

Im sozialpädagogischen Bereich hat die Teamarbeit eine lange Tradition. Nur im Team sind die vielfältigen beruflichen Anforderungen zu bewältigen. Mit der Diskussion um die Qualität von sozialpädagogischen Einrichtungen steht auch die Teamarbeit auf dem Prüfstand. Auf der Basis einer gründlichen Analyse gilt es, Strategien zur Verbesserung der Teamarbeit zu entwickeln und zu verwirklichen.

Nicht jede Mitarbeitergruppe ist ein Team. Ein Team ist keine statische Schicksalsgemeinschaft, sondern ein Organismus, der sich entwickeln muss. Deshalb ist es wichtig, diesen Entwicklungsprozess zu steuern, um tatsächlich eine Effizienzsteigerung zu erreichen. Ein Team benötigt Orientierung und Kompetenzen zur Selbststeuerung, Strategien zur Konfliktbewältigung und zur Leistungssteigerung. Der Teamentwicklungsprozess darf nicht dem Zufall überlassen werden, sondern sollte bewusst gestaltet und prozessbegleitend reflektiert werden.

Letztlich kann erst dann von einem Team gesprochen werden, wenn es folgende Merkmale aufweist:

„Ein Team ist eine kleine Gruppe von Personen, deren Fähigkeiten einander ergänzen und die sich für eine gemeinsame

Sache, gemeinsame Leistungsziele und einen gemeinsamen Arbeitseinsatz engagieren und gegenseitig zur Verantwortung ziehen" (Katzenbach & Smith 1993, S. 70).

Leicht gesagt – und doch mag es in einigen Teams das Gefühl geben: „Wir ziehen nicht alle am gleichen Strang". Zur Optimierung der Teamarbeit vermittelt das vorliegende Handbuch das erforderliche Grundlagenwissen. Darüber hinaus finden Sie im Handbuch vielfältige Anregungen zur Verbesserung der Zusammenarbeit und praxiserprobte Hilfen zur Überwindung von Problemen.

Fred Bernitzke

Das vorliegende Handbuch baut auf dem Studienbrief „Teamentwicklung" auf, der für die Fachhochschule Riedlingen erstellt wurde.

Aus Gründen der besseren Lesbarkeit wird im Folgenden oft nur die weibliche oder männliche Form verwendet. Gemeint sind jedoch immer beide Geschlechter.

Begriffliche Abgrenzung: Gruppe, Arbeitsgruppe und Team

Eine klare Unterscheidung zwischen einer Gruppe und einem Team bzw. zwischen Gruppen- und Teamarbeit ist nicht einfach. Einige Autoren weisen darauf hin, dass die Gruppe mehr auf einer formale Zuordnung von Personen zu organisatorischen Einheiten basiert, während das Team eine stärkere innere Verbundenheit kennzeichnet. Wie Wildenmann (1996) herausstellt, entwickelt sich mit der Zusammenstellung einer Gruppe nicht automatisch ein Team. Teamarbeit kann weder erzwungen werden noch entsteht sie von selbst. Es müssen vielmehr die geeigneten Rahmenbedingungen vorhanden sein, damit aus einer Gruppe ein Team werden kann. Werden die Ressourcen der Teamarbeit optimal genutzt, kann sich das Team zum Spitzenteam entwickeln.

1.1 Gruppe

Von einer Gruppe wird im Allgemeinen dann gesprochen, wenn folgende Merkmale vorliegen (vgl. Wegge 2001, Born & Eiselin 1996):
Eine **Gruppe**

- setzt sich aus mehreren (mindestens drei) Personen zusammen,
- die zeitlich überdauernd
- in direkter Interaktion (face-to-face) stehen,
- verschiedene Rollen (interne Sozialstruktur) übernehmen,
- gemeinsame Normen teilen und
- von der Umgebung als Gruppe wahrgenommen und behandelt werden.

Definition Gruppe

Wegge (2004) schlägt vor, zwischen *natürlichen* Gruppen (z.B. Familie, Arbeitsgruppe) und *künstlichen* Gruppen, in denen unbekannte Personen für kurze Zeit zusammenarbeiten (z.B. Teilnehmer einer Fortbildungsveranstaltung), zu unterscheiden.

1.2 Arbeitsgruppe

Die Arbeitsgruppe unterscheidet sich von der Gruppe durch den Arbeitsauftrag, den die Gruppe zu erfüllen hat.
Die Mitglieder der **Arbeitsgruppe**

- entwickeln gemeinsame Handlungsstrategien zur Erfüllung des Arbeitsauftrags;
- fällen innerhalb des Handlungsspielraums gemeinsame Entscheidungen;
- bauen Kommunikationsstrukturen zur Abstimmung ihrer Handlungen auf;

Definition Arbeitsgruppe

- ergänzen sich in ihren Fähigkeiten und Kompetenzen;
- verfolgen gemeinsame Leistungsziele;
- übernehmen gegenseitige Verantwortung.

Sozialpädagogische
Arbeitsgruppen

Im sozialpädagogischen Bereich hat die Bildung von Arbeitsgruppen eine lange Tradition. Die Betreuung von Kindern wird von Fachkräften übernommen, die in den Einrichtungen gemeinsam den Betreuungs-, Versorgungs- und Förderauftrag wahrnehmen. Die Grundlage des abgestimmten Handelns findet in der Konzeption der Einrichtung ihren Niederschlag. Die Arbeit in sozialpädagogischen Einrichtungen weist einige Besonderheiten auf:

- wechselnde Teamzusammensetzung im Tagesverlauf (Schichtdienst)
- hoher Anteil von Teilzeitkräften
- Heterogenität der Gruppenmitglieder (z.B. Erziehungsfachkräfte, Praktikanten, Therapeuten, Wirtschaftsfachkräfte)

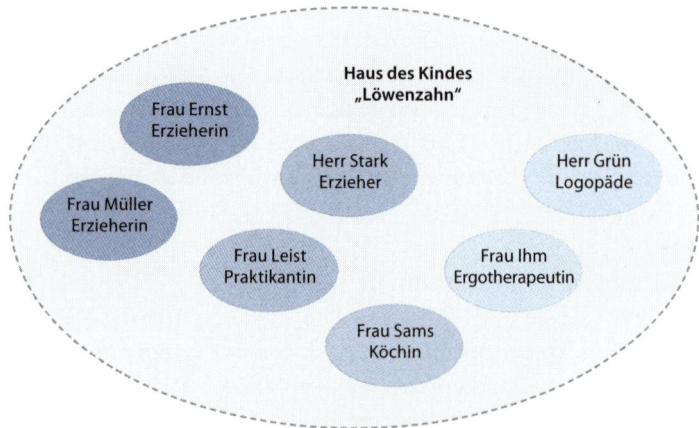

Abb. 1: Arbeitsgruppen in sozialpädagogischen Einrichtungen

So bilden die Mitarbeiter der Einrichtung Haus des Kindes „Löwenzahn" (siehe Abb. 1), in der neben Erziehungsfachkräften beispielsweise Küchenmitarbeiterinnen und zeitweise Therapeuten tätig sind, eine Arbeitsgruppe. Die Mitarbeiterinnen in der Grup-

BEGRIFFLICHE ABGRENZUNG: GRUPPE, ARBEITSGRUPPE UND TEAM

pe stimmen sich untereinander ab, entwickeln gemeinsame Vorgehensweisen, übernehmen die Verantwortung für bestimmte Aufgabenbereiche usw. Die Erzieherin gibt der Logopädin beispielsweise Informationen zu Sprachauffälligkeiten von Kindern in der Gruppe und erhält umgekehrt von der Therapeutin Hinweise zur gezielten Sprachförderung bestimmter Kinder in der Gruppe. Das abgestimmte Handeln beruht auf der Umsetzung des Erziehungs- und Betreuungsauftrags und erfolgt zum Wohle des Kindes.

Im Haus des Kindes sind die Erziehungsfachkräfte mehreren Teams zugeordnet. So arbeitet Frau Ernst am Vormittag in der Bärengruppe, in der Kinder bis zum sechsten Lebensjahr betreut werden. Am Nachmittag wird Frau Ernst in einer Hortgruppe eingesetzt.

1.3   Team und Spitzenteam

Wie bei der Arbeitsgruppe steht auch im Team der Arbeitsauftrag, der *gemeinsam* zu erledigen ist, im Mittelpunkt. Das Team unterscheidet sich von der Arbeitsgruppe vor allem durch die ausgeprägte Leistungsorientierung und durch die emotionale Verbundenheit der Teammitglieder untereinander. Das Team steuert und intensiviert Gruppenprozesse ganz bewusst, und die Zusammenarbeit im Team regt das einzelne Gruppenmitglied zur Leistungssteigerung an.

Folgende Merkmale kennzeichnen ein Team: Definition Team

Die Teammitglieder

- entwickeln gemeinsame Handlungsstrategien zur Erfüllung des Arbeitsauftrags (ganzheitlicher Ansatz);
- fällen innerhalb des Handlungsspielraums gemeinsame Entscheidungen;
- bauen Kommunikationsstrukturen zur Abstimmung ihrer Handlungen und zur gemeinsamen Kontrolle der Arbeitsabläufe bzw. -ergebnisse auf;
- ergänzen sich in ihren Fähigkeiten und Kompetenzen;
- sind gleichberechtigt;

- verfolgen gemeinsame Leistungsziele;
- nutzen Synergieeffekte (d. h. das Team leistet mehr als die Summe der Beiträge der einzelnen Teammitglieder);
- übernehmen gegenseitige Verantwortung.

Das Team erlebt sich als Einheit, in der jeder für den anderen einsteht und sich jeder mit seinen Stärken einbringt, um die Leistungsfähigkeit des Teams zu steigern. Für den Erfolg des Teams fühlt sich jedes Gruppenmitglied verantwortlich. So werden bei Misserfolgen oder Rückschlägen nicht Sündenböcke gesucht, sondern die Mitglieder des Teams überlegen gemeinsam, wie man aus den Fehlern lernen und Strategien zur Vermeidung der Fehler entwickeln kann. Das erfolgreiche Zusammenwirken setzt in hohem Maße Offenheit und Kommunikationsbereitschaft voraus.

Sozialpädagogische Teams

Bezüglich der Kriterien gelten für sozialpädagogische Einrichtungen einige Besonderheiten. In sozialpädagogischen Einrichtungen leiten sich die Arbeitsaufträge zunächst aus dem gesetzlich definierten Auftrag ab. Träger- und einrichtungsspezifische Ausrichtungen (z. B. kirchliche Trägerschaft, Waldorfeinrichtung, integrative Kindertagesstätte, Bewegungskindergarten) setzen Schwerpunkte innerhalb des gesetzlichen Rahmens.

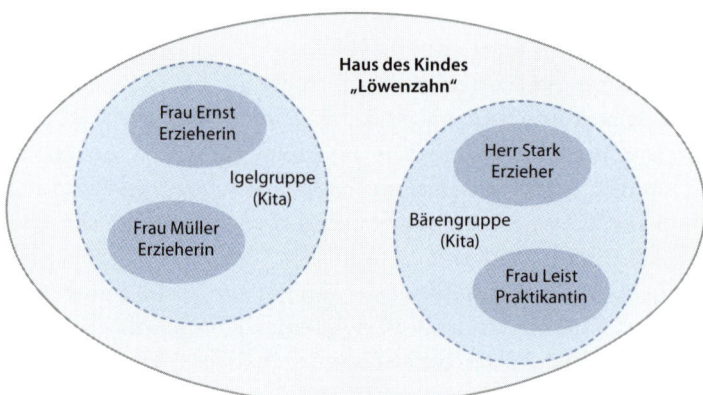

Abb. 2: Teams in sozialpädagogischen Einrichtungen

Im Haus des Kindes „Löwenzahn" (siehe Abb. 2) haben die Teammitglieder z. B. gemeinsam eine Konzeption entwickelt, die sich auf die Betreuung von Klein- und Schulkindern bezieht. Innerhalb der Einrichtung haben die Teammitglieder der Bärengruppe zu Beginn des Schuljahres Wochenpläne erstellt, die abhängig vom Stundenplan und den Interessen der Kinder z. B. Essenszeiten, Freispielangebote, Hausaufgabenzeiten und Projektangebote umfassen. Die Erziehungsfachkräfte bringen ihre Kompetenzen bei der Umsetzung des Konzepts ein, stimmen sich untereinander ab und informieren sich regelmäßig in Teamsitzungen.

Wie bereits eingangs erwähnt, funktioniert Teamarbeit nicht voraussetzungslos, sondern bedarf einiger Rahmenbedingungen, damit sich die positiven Wirkungen von Teamarbeit verwirklichen können. **Rahmenbedingungen der Teamarbeit**

Die optimale Gruppengröße für effektiv arbeitende Teams liegt bei vier bis neun Mitgliedern. Diese Gruppengröße wird in Einrichtungen, abhängig von der Anzahl der Gruppen und der Aufgabenbereiche, häufig überschritten, sodass die Bildung von kleineren Teameinheiten (Bereichsteams, Gruppenteams) sowie bei Besprechungen die Entsendung von Vertretern in das Gesamtteam angebracht sind, um zu arbeitsfähigen Teamgrößen zu gelangen. **Gruppengröße**

Wichtig für den Erfolg im Team ist die personelle und zeitliche Beständigkeit. Die Zusammensetzung des Teams sollte deshalb behutsam verändert werden. Nur dann kann sich die Zusammenarbeit einspielen und das Vertrauen der Teammitglieder untereinander entwickeln. **Beständigkeit**

Teamsitzungen sind regelmäßig durchzuführen und sollten zu festen Zeiten angesetzt werden, damit sich die Teammitglieder auf die zeitlichen Vorgaben langfristig einstellen können.

Eine effektive Teamarbeit setzt voraus, dass sich die Teammitglieder als gleichberechtigt akzeptieren und sich auf Augenhöhe begegnen. Eine Hierarchiebildung, die aus dem Qualifikationsniveau, dem Alter oder der Funktion von Teammitgliedern abgeleitet wird, führt mehr oder weniger bewusst zu einer Gewichtung **Gleichberechtigung** der Beiträge und verhindert ein unvoreingenommenes Arbeiten im Team.

Ein Vorteil der Teamarbeit besteht in der Möglichkeit, arbeitsteilig vorzugehen, d. h. es können beispielsweise Untergruppen gebildet werden, die sich mit Themenbereichen intensiver auseinandersetzen und im Gesamtteam die Ergebnisse zur Diskussion stellen. Das Team kann Aufgaben an einzelne Teammitglieder delegieren, die für diese Bereiche die Verantwortung übernehmen. Die Effektivität der Teamarbeit kann verbessert werden, wenn klare Strukturen, Aufgabenzuordnungen und Verantwortungsbereiche bestehen.

Arbeitsteiliges Vorgehen

Das Team kann nur dann erfolgreich arbeiten, wenn alle Teammitglieder auf das gemeinsame Ziel hinarbeiten und ihre Handlungen aufeinander abstimmen, um die gesteckten Ziele zu verwirklichen.

Gemeinsame Ziele

Studien zur Gruppenzusammensetzung belegen, dass in heterogen zusammengesetzten Teams die Teamleistung vor allem bei Entscheidungs- und Kreativitätsaufgaben besser ausfallen als bei homogen gebildeten Gruppen. Die Heterogenität kann sich beispielsweise auf Ausbildung, Fachwissen, Sozialkompetenz, Nationalität, Erfahrungen oder Fähigkeiten beziehen. Sind die Gruppenmitglieder in ihren Fähigkeiten und Fertigkeiten auf einem mittleren Ausprägungsniveau *homogen*, so erzielen diese Teams im Allgemeinen die besten Leistungen (Jackson 1966). Entscheidungen, wer in einem Team mitarbeitet, dürfen nicht nur nach der fachlichen Kompetenz getroffen werden.

Gruppenzusammensetzung

Die Teameignung, d. i. die Fähigkeit, in einem Team produktiv tätig zu sein, setzt insbesondere eine hohe Sozialkompetenz voraus. Das Arbeiten im Team erfordert Kooperations- und Anpassungsbereitschaft. Werden gemeinsame Positionen erarbeitet, so muss jedes Teammitglied von seinen eigenen Idealvorstellungen teilweise abrücken, um den Konsens im Team zu ermöglichen. Die Entscheidung im Team ist in der Folge von jedem Teammitglied mitzutragen und zu verwirklichen. Gefordert ist bei den Teammitgliedern auch ein hohes Maß an Kritikfähigkeit – sowohl in Bezug auf die Fähigkeit zur kritischen Analyse der Arbeit

Teameignung

anderer mit einer begründeten, fairen Kritik als auch die Verarbeitung von Kritik, die sich auf die eigene Arbeit bezieht.

Der Erfolg der Teamarbeit kann erhöht werden, wenn die Teammitglieder entsprechende Methoden und Techniken kennen und nutzen, um die Kommunikationsprozesse zu optimieren. Maßnahmen der Teamentwicklung, wie sie in Kapitel 6 aufgezeigt werden, verhelfen dem Team zu einer höheren Leistungsfähigkeit.

Gut kooperierende Teams können sich zu Spitzenteams weiterentwickeln. Wie Untersuchungen von Kinlaw (1993) ergeben, ist das Erreichen von Spitzenleistungen im Team von folgenden Einflussgrößen abhängig:

Spitzenteams

Die Handlungsgrundlage der Teamarbeit bilden Gruppensitzungen. Gruppenbesprechungen verlaufen strukturiert und konzentrieren sich jeweils auf fünf Aspekte:

Erfolgsfaktor Gruppensitzung

- erwünschtes Ergebnis
- erforderliche Informationen
- Sinn und Zweck der Ergebnisse
- verfügbare Ressourcen / vorhandene Potenziale
- Vorgehensweisen.

Das Handeln steht unter der Leitfrage, für wen, was, wozu, mit welchem Nutzen entwickelt wird (Zielgruppen-Fokus). Dies fördert die Empfindung für die Sinnhaftigkeit des eigenen Handelns. Ideen sollen möglichst schnell realisiert werden, indem die Vorstellungen beispielsweise durch Zeichnungen, Modelle, Versuchsobjekte veranschaulicht werden. Es gilt die Maxime: „Try it, make it, fix it." Verbesserungsvorschläge, Korrekturen und kritische Auseinandersetzungen mit der Idee erfolgen erst zu einem späteren Zeitpunkt. Dieses Vorgehen wird als **Prototyping** bezeichnet. Wenn die erste Idee das Prototyping erfolgreich durchlaufen hat, setzen alle Teammitglieder ihre Kompetenzen zur Optimierung der Idee ein.

Zielgruppen-ausrichtung

Ein Spitzenteam ist durch eine gute und schnelle Integration neuer Mitglieder gekennzeichnet. Ein Wechsel in der Teamzu-

Integrations-fähigkeit

sammensetzung bringt das bestehende System nicht aus der Balance.

Den Mitgliedern werden Auszeiten, die das Team langfristig weiterbringen, zugestanden. Die Stärken der einzelnen Teammitglieder werden für alle anderen sichtbar analysiert, herausgestellt und gezielt zur Bewältigung von Aufgaben genutzt.

Das Leistungspotenzial des Teams wird als Energie gesehen, für die besondere **kreativitätsfördernde Bedingungen** (Settings) wichtig sind. Dazu können beispielsweise die Neubildung von Untergruppen, Pausen, Raumgestaltung oder Situationswechsel beitragen.

Im Spitzenteam gibt es eine Basis von Kooperation und Vertrauen. Auf dieser Basis kann sich eine ausgeprägte **Feedback-Kultur** entwickeln. Frustrationserfahrungen von Teammitgliedern, die zu Blockaden der Teamarbeiten führen könnten, werden im Team thematisiert und analysiert. Der Umgang mit Konflikten und Störungen ist lösungsorientiert und konstruktiv.

Dem Auseinanderdriften im Team wird durch die Rückbesinnung auf das Teamziel entgegengewirkt (Prozessoptimierung). Die Prozesse in Teilgruppen sind miteinander abgestimmt. Dazu bestehen Regeln, die den Austausch und den Informationsfluss sicherstellen. Teil- und Zwischenergebnisse werden allen Teammitgliedern und den Entscheidungsgremien prozessbegleitend präsentiert. So können Ideen und Anregungen anderer einbezogen werden. Die Basis, die das Teamergebnis verantwortet, umfasst somit auch übergeordnete Entscheidungsgremien.

1.4 Vergleich von Gruppe, Arbeitsgruppe und Team

Werden Gruppe, Arbeitsgruppe und das Team miteinander verglichen, so ergeben sich Gemeinsamkeiten, aber auch Unterschiede treten deutlich hervor (siehe auch Maddux 1993, Dröge 1999, Ueberschaer 2000). Die wichtigsten Aspekte sind in der nachfolgenden Übersicht zusammengestellt.

Stärken stärken

Feedback-Kultur

Prozess-
optimierung

	Gruppe	Arbeitsgruppe	Team
Anzahl der Mitglieder	mindestens zwei Personen		
Entwicklung	Gruppen- und Teamentwicklung weisen identische Entwicklungsphasen auf		
Ziele	z. T. erkennbar; bisweilen wechselnd	operative, kurzfristige Ziele; vorgegeben	strategische, langfristige Ziele; beeinflussbar
Zielwirkung	geringe Zielwirkung	vorgegebene Ziele werden wenig engagiert erfüllt	persönliche Verpflichtung zur Zielerreichung
Arbeitsweise	unsystematisch	weitgehend voneinander unabhängige Arbeitserledigung	aufeinander abgestimmtes Handeln
Leistungen	keine gemeinsame Leistungserbringung gefordert	messbare, überprüfbare Ergebnisse	
Fort- und Weiterbildung	nicht erforderlich	vorwiegend tätigkeitsbezogen (Fachkompetenz)	tätigkeits- und teambezogen (Fach- und Sozialkompetenz)
Normen / Regeln	Normen entwickeln sich in der Gruppe	Normen / Regeln z. T. durch den Träger vorgegeben	
Auswahl der Mitglieder	keine klaren Vorgaben; z. B. von Interessen der Gruppenmitglieder abhängig	Auswahl durch den Träger; bei teilautonomen Gruppen durch den Gruppenführer	abhängig vom Arbeitsauftrag; Beteiligung der Teammitglieder möglich
Kompetenzen der Mitglieder	unklar bzw. unerheblich	multifunktional einsetzbare Mitarbeiter	hochqualifizierte Spezialisten
Rollen	Rollendifferenzierung im Verlauf der Gruppenentwicklung	z. B. vorgegebene Rollen sowie Rollendifferenzierung im Verlauf der Teamentwicklung	
Wir-Gefühl	unterschiedlich stark vorhanden	gering ausgeprägt	stark entwickelt
Verantwortung	keine klare Regeln für Verantwortungsübernahme	zumeist Einzelverantwortung	Einzelverantwortung und zugleich gemeinsame Verantwortung

	Gruppe	Arbeitsgruppe	Team
Kontrolle	verborgen ablaufende Kontrollmechanismen	vorwiegend Fremdkontrolle bzw. Ergebniskontrolle durch Vorgesetzte	systematische Selbstkontrolle
Kommunikationsabläufe	vorsichtige Meinungsäußerung		offene und ehrliche Kommunikation
Konfliktlösung	innerhalb der Gruppe	vorwiegend durch Vorgesetzte	vorrangig im Team
Vorgehensweise	häufig wenig abgestimmtes Vorgehen	gemeinsame Handlungsstrategien	
Dauer	keine verbindlichen Vorgaben	abhängig vom Auftrag:	abhängig vom Auftrag: begrenzte Dauer (Projektteams) bzw. unbegrenzte Dauer

Abb. 3: Vergleich Gruppe, Arbeitsgruppe und Team

Die Einführung von Teamarbeit bringt zahlreiche Vorteile mit sich, die bereits ausführlich dargelegt wurden. Aber Teamarbeit kann auch Nachteile und Probleme mit sich bringen, die leicht übersehen werden. Wegge (2004) nennt vier zentrale Gründe, die gegen die Einführung von Teamarbeit sprechen:

- zunehmende Komplexität der Interaktion und schwer beherrschbare gruppendynamische Prozesse
- Schwierigkeit bei der Messung und Bewertung von Leistungen in und von Teams
- geringer Einfluss auf einzelne Teammitglieder von außen und höhere Komplexität der Führungsarbeit
- prinzipielle Nachteile der Arbeit in Gruppen gegenüber der Einzelarbeit

Die Nachteile weisen vor allem auf die Problematik in der Führung von Teams hin und verdeutlichen, dass die Leitung von Teams eine Herausforderung darstellt, auf die sich die Führungskraft intensiv vorbereiten muss bzw. für die sie sich qualifizieren sollte.

Auf den Punkt gebracht

Eine **Gruppe** besteht dann, wenn verschiedene Merkmale wie Größe, Zeitdauer, direkter Kontakt und Rollenstruktur vorliegen. Die **Arbeitsgruppe** wird formal in die Organisationsstruktur der Einrichtung eingegliedert.

Das **Team** unterscheidet sich von der Gruppe vor allem durch die emotionale Bindung (z. B. Wir-Gefühl, gegenseitige Verantwortung), die zwischen den Teammitgliedern besteht.

Werden die Ressourcen optimal genutzt und das Team setzt die gemeinsame Zielerreichung über den persönlichen Erfolg, dann kann sich das Team zum **Spitzenteam** weiterentwickeln.

Die positiven Effekte der Teamarbeit kommen zum Tragen, wenn die optimale Gruppengröße (max. 9 Personen), die zeitliche Beständigkeit, ein zielgerichtetes, abgestimmtes, arbeitsteiligen Vorgehen gegeben sind und Personen mit der Bereitschaft und entsprechender Sozialkompetenz vertrauensvoll zusammenarbeiten.

Die **Vorteile der Teamarbeit** lassen sich auf drei zentrale Aspekte reduzieren: Das Team weiß mehr, das Team regt an und das Team gleicht aus.

2. Teamformen

Im vorliegenden Handbuch werden sechs Formen der Teamarbeit differenzierter analysiert:

Hauptformen der
Teamarbeit

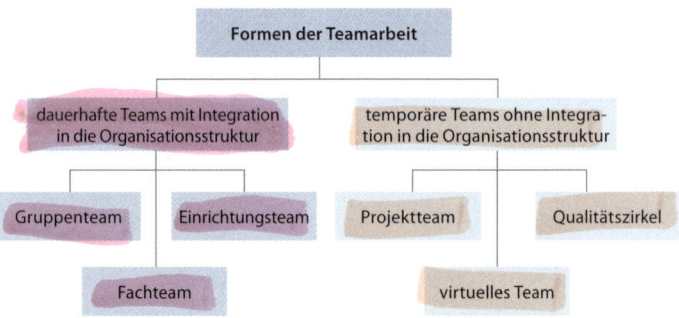

Abb. 4: Hauptformen der Teamarbeit

2.1   Teams in sozialpädagogischen Einrichtungen

In allen sozialpädagogischen Arbeitsfeldern setzt ein erfolgreiches Handeln gute Teamarbeit voraus, da der Einzelne überfordert ist, den zeitlichen und unterschiedlichen fachlichen Anforderungen des Arbeitsfeldes gerecht zu werden. Die Fachkräfte müssen sich beispielsweise hinsichtlich der Arbeitszeiten (z.B. Dienstplan) oder der Arbeitsgestaltung (z.B. Tagesablauf, Angebote) absprechen und sich gegenseitig ständig über Vorkommnisse in der Gruppe informieren.

Bezüglich der Planungs- und Handlungsebenen ergibt sich folgende Aufteilung:

Ebene	Kennzeichen	Verantwortung	Beispiel
Strategische Ebene	langfristige Ausrichtung der Einrichtung	Träger	Umstrukturierung in eine integrative Kindertagesstätte
Taktische Ebene	mittelfristige Planung	Träger und Einrichtungsteam	Qualifizierung von Mitarbeitern, Umbaumaßnahmen
Operative Ebene	unmittelbare Handlungsebene	Einrichtungs- und Gruppenteam	tägliches Betreuungsangebot

Planungsebenen

Abb. 5: Planungsebenen

2.1.1 Einrichtungsteam

Das Einrichtungsteam umfasst alle in einer Einrichtung eingesetzten Mitarbeiter wie Erziehungsfachkräfte, Praktikanten, Therapeuten und hauswirtschaftliche Mitarbeiterinnen.

Abhängig von der Größe der Einrichtung kann die Zahl der Teammitglieder von zwei (z.B. eingruppiger Kindergarten) bis weit über 100 Mitarbeiter (z.B. Heim mit mehreren Außenwohngruppen) schwanken. Die Einrichtungsgröße als Rahmenbedingung wirkt sich massiv auf die Teamarbeit aus, sie bestimmt Interaktionsformen, Zielsetzungen, Hierarchien, die Übernahme von Teamrollen, das Wir-Gefühl sowie Synergie-Effekte (siehe Abb. 6).

sehr kleine Einrichtung	Merkmal	sehr große Einrichtung
bis zu fünf Mitarbeiter	Größe	mehr als 100 Mitarbeiter
immer gegeben	direkte Interaktion (face-to-face)	nur innerhalb von Untergruppen gegeben; einige Mitarbeiter kennen sich nicht persönlich
selten; massive Auswirkungen	Fluktuation	häufig; geringe Auswirkungen
geringe Hierarchiestruktur	Hierarchie	verschiedene Hierarchie-Ebenen mit unterschiedlichen Verantwortungsbereichen
gemeinsame Ziele werden bearbeitet	gemeinsame Ziele	Zieldifferenzierung: verschiedene Teams in der Einrichtung verfolgen unterschiedliche Ziele
unvollständige Wahrnehmung der verschiedenen Rollen	Rollenübernahme	alle Teamrollen können problemlos besetzt werden
stark ausgeprägt	Wir-Gefühl	bezogen auf die gesamte Einrichtung nur gering ausgeprägt
im begrenzten Umfang gegeben; das Team besteht vorwiegend aus „Generalisten"	Synergie-Effekte	gut nutzbar; in der Einrichtung können Spezialisten (z. B. Therapeuten) tätig sein, die Unterstützung für Teams anbieten

Abb. 6: Teammerkmale in Abhängigkeit von der Einrichtungsgröße

Teammerkmale

Die nachfolgenden Aussagen beziehen sich auf Einrichtungen mittlerer Größe. Für das Einrichtungsteam fallen folgende Aufgaben an:

Teamaufgaben

- nachfrageabhängige Bereitstellung des Betreuungsangebots
- Sicherstellen eines gruppenübergreifenden Informationsflusses und -austausches
- konzeptionelle Überlegungen und strategische Planung, d. h. zukünftige Ausrichtung der Einrichtung
- Öffentlichkeitsarbeit / Zusammenarbeit mit anderen Institutionen

- Entwicklung eines Leitbildes
- Erstellen von gruppenübergreifenden Regeln
- Koordination der Gruppenteams (z. B. Nutzung von Fachräumen …)
- Planung und Abstimmung des Vorgehens (z. B. Elternabend, Festgestaltung …)
- Verbesserung der Einrichtungsqualität
- systematische Weiterentwicklung der Mitarbeiterkompetenzen
- Aufbau und Nutzung des gemeinsamen Wissensspeichers

Abhängig von der Einrichtungsgröße ist evtl. eine Freistellung der Leitungskraft erforderlich, um die umfangreichen Aufgaben wahrzunehmen und zu koordinieren.

2.1.2 Gruppenteam

Das Gruppenteam setzt sich in der Regel aus zwei bis drei Erziehungsfachkräften zusammen, die für die Gestaltung der pädagogischen Arbeit in der Gruppe verantwortlich sind.

Aufgaben von Gruppenteams

Folgende Aufgaben sind beispielsweise im Gruppenteam zu bewältigen:

- Planung und Durchführung des Betreuungsangebots in der Gruppe
- Dokumentation
- Reflexion der Vorgehensweise und der Wirkungen
- zeitnahe und stete Informationsweitergabe über die zu Betreuenden (z. B. Erkrankung)
- Sicherstellen und Nutzen der Ressourcen für die Arbeit in der Gruppe
- gruppenbezogene Verwaltungsarbeiten
- Abstimmung mit anderen Gruppen
- Elternarbeit
- Raumgestaltung
- Betreuung und Qualifizierung von Praktikanten

Im Gruppenteam sind zur effektiven Arbeitserledigung ständig Absprachen zu treffen und Informationen weiterzugeben. Dies ist verstärkt erforderlich, wenn durch Schichtpläne Übergabesituationen entstehen, in denen sich die Erzieherinnen mündlich oder schriftlich beispielsweise über Vorfälle, getroffene Regelungen oder Gespräche in Kenntnis setzen.

2.1.3 Fachteam

Interdisziplinäre Zusammenarbeit

Interdisziplinär arbeitende Fachteams sind vor allem in integrativen und sonderpädagogischen Einrichtungen zu finden. Neben den sozialpädagogischen Fachkräften ergänzen „Spezialisten" das Team. So arbeiten in der integrativen Kindertagesstätte Erzieherinnen und Heilpädagoginnen in der Gruppe zusammen. Zusätzlich können Therapeuten wie Logopäden, Krankengymnasten und Psychologen das Team zeitweise verstärken.

Die Leistungsfähigkeit von sozialpädagogischen Fachteams hängt sowohl von der hohen Fachlichkeit als auch von der Heterogenität der Gruppenzusammensetzung ab. Es müssen im Fachteam klare Kommunikations- und Beteiligungsregelungen getroffen werden, um Konflikte zu vermeiden. Die Mitarbeiter in Fachteams sollten nicht nur einen „Gaststatus" haben, sondern sich für das Team und die Teamergebnisse verantwortlich fühlen. Hierarchisches Denken beeinträchtigt die Leistungsfähigkeit des Fachteams, d. h. optimale Bedingungen sind dann gegeben, wenn sich alle Mitglieder als gleichberechtigt verstehen. Bei Entscheidungen sind alle Mitglieder des Fachteams zu beteiligen und in die Entscheidungsverantwortung einzubinden.

2.2   Zeitlich befristete Teams

Neben den auf Dauer eingerichteten Teams in sozialpädagogischen Institutionen können zeitlich befristete Teams gebildet werden, die sich mit speziellen Fragestellungen beschäftigen.

So könnte sich eine Gruppe mit der Entwicklung eines Leitbildes für den Träger von verschiedenen Einrichtungen auseinandersetzen. In diesem Team arbeiten Mitarbeiterinnen aus den betroffenen Einrichtungen bis zur Erledigung des Projektauftrages zusammen.

Zur Optimierung der Qualität bietet sich die Gründung eines Qualitätszirkels an, in dem beispielsweise Mitarbeiter verschiedener Einrichtungen in Zusammenarbeit mit dem Träger ein Qualitätskonzept entwickeln.

Träger, die bundesweit tätig sind, können in virtuellen Teams zusammenarbeiten. Mithilfe moderner Medien arbeiten die Mitglieder des Teams an den verschiedenen Standorten zusammen; zeit- und kostenaufwendige Zusammenkünfte entfallen.

2.2.1 Projektteam

Die Arbeit mit Projektteams nutzen deutsche Unternehmen seit Mitte der sechziger Jahre zur Bearbeitung von komplexen Fragestellungen. Inzwischen werden vergleichbare Projekte auch im sozialpädagogischen Bereich durchgeführt. Dies gilt insbesondere für Träger, die über zahlreiche Einrichtungen verfügen oder bundesweit tätig sind.

Ein Projekt weist folgende Merkmale auf:
- projektspezifische Organisationsform
- Einmaligkeit des Vorhabens
- Abgrenzung zu anderen Vorhaben
- besondere Bedeutung für den Träger
- genaue Definition der oft komplexen Aufgabenstellung / präzise Zielvorgabe
- Begrenzung des Aufwands in einem Kostenrahmen
- zeitliche Begrenzung durch einen festgelegten Start- und Zieltermin
- team-, abteilungs- und bereichsübergreifende Auswahl der Projektmitglieder

Projekte dienen beispielsweise der Entwicklung neuer Angebotsformen, der Erarbeitung umfangreicher Analysen (z. B. Qualitätsmanagement), der strategischen Ausrichtung von Einrichtungen (z. B. Strategieplanung, Leitbildentwicklung).

Projektziele

Ein kommunaler Träger, der verschiedene sozialpädagogische Einrichtungen (Kindertagesstätten, Heime und Horte) unterhält, möchte beispielsweise ein gemeinsames Leitbild für seine Einrichtungen entwickeln. Eine externe Beraterin wird mit der Projektleitung betraut. Aus den verschiedenen Einrichtungen sowie aus den unterschiedlichen Führungsebenen (z. B. Einrichtungsleiterin, Leitungsebene des Jugendamts) werden insgesamt 12 Personen ausgewählt, die im Projekt innerhalb eines Zeitraumes von sechs Monaten an drei Workshops mitarbeiten. Ausgangspunkt für das „sozialpädagogische Leitbild" ist das allgemeine Leitbild der Kommune.

Die Zusammensetzung und der Arbeitsstil von Projektgruppen erfolgt in Abhängigkeit von der Aufgabenstellung. Ein Projekt benötigt eine Leitung, die für den Projekterfolg und die Einhaltung des Kostenrahmens verantwortlich ist. Die Auswahl der Projektmitglieder kann sowohl von der Trägerseite als auch durch die Projektleitung erfolgen.

Projektleitung
Die Projektleitung ist für das Projektmanagement zuständig und
mit folgenden Aufgaben betraut:
- Verteilung der Aufgaben an die Projektteilnehmer
- Auswahl und Einsatz der Projektmitarbeiter
- Einsatz von geeigneten Managementtechniken
- Kontrolle des Projektverlaufs (Termine, Kosten und Einsatzmittel)
- Erstellung von Teilplänen
- Vereinbarung von Zielen mit den Projektmitarbeitern
- Koordinierung aller Projektaktivitäten
- Beschaffung der benötigten Hilfsmittel zur Projektdurchführung und -steuerung
- Einhaltung von verbindlichen Richtlinien und Vorschriften bei der Projektarbeit (z. B. Arbeits-, Daten- und Umweltschutz)
- Ausarbeitung von alternativen Lösungen bei Problemen

- Information der Vorgesetzten bzw. Präsentation der Projektergebnisse vor den Entscheidungsträgern
- Durchführen von Projektbesprechungen
- Einhalten der Projekttermine
- Kontrolle des Projektfortschritts.

Die Anforderungen an die Projektleitung sind vielfältig und umfassen unterschiedliche Kompetenzen:

Anforderungen an die Projektleitung

▸ **Führungsstärke** (unternehmerisches Handeln und Denken, Übernahme von Verantwortung, Fähigkeit Teamarbeit zu organisieren, Durchsetzungsvermögen, Verhandlungsgeschick, Begeisterungsfähigkeit, Entscheidungskompetenz, Erfahrung im Umgang mit Konflikten …)

▸ **Persönliche Kompetenzen** (hohe Belastbarkeit, Beharrlichkeit, Hartnäckigkeit, analytische Fähigkeiten, soziale Kompetenzen, positive und optimistische Grundeinstellung, Selbstvertrauen …)

▸ **Fachliches Wissen** (gute Kenntnisse von Zusammenhängen, Problemen und Konsequenzen aus dem Projekt, Wissen um die Bewertung von Risiken, betriebswirtschaftliche Kenntnisse bezüglich der technisch-wirtschaftlichen Zusammenhänge, Kenntnisse in den Bereichen Wirtschaftlichkeits- und Rentabilitätsberechnungen, Projektsteuerung und Qualitätsmanagement …).

Projektmitarbeiter

Die Mitarbeiter des Projektteams werden zielabhängig durch den Träger oder die Teamleitung ausgewählt. Häufig ist die Zusammensetzung des Projektteams interdisziplinär und bereichsübergreifend. Die Projektmitglieder sind unter Umständen nur zeitlich befristet im Projektteam tätig. Der Vorteil dieser Organisationsform besteht darin, dass der Personaleinsatz (z.B. von Spezialisten) sehr flexibel gehandhabt werden kann und eine Vernetzung des Projektteams mit anderen Organisationseinheiten gefördert wird.

Einbindung der Projektmitarbeiter

Die Projektmitarbeiter werden aus den verschiedenen Einrichtungen herausgelöst und im vollen Umfang der Projektleitung unterstellt, die dabei nicht nur fachlich, sondern auch personell für alles, was das Projekt betrifft, zuständig ist. Der Vorteil dieser Organisationsform besteht darin, dass durch die umfassende Kompetenz der Projektleitung alle Zuständigkeiten in einer Hand bleiben. So ist eine schnelle Reaktion auf Entwicklungen möglich und eine hohe Identifikation von Projektleitung und Team wird erleichtert.

Werden andere Organisationsformen für das Projektteam gewählt, dann ist die Projektleiterin lediglich die Fachvorgesetzte, während die entsendenden Einrichtungen weiterhin Personalvorgesetzte bleiben.

Probleme der Projektarbeit

Ein zentrales Problem stellt die Projektauswahl mit den entsprechenden Zielvorgaben dar. Projekte werden bisweilen so formuliert, dass die Mitarbeiter kein Interesse und damit auch keine Motivation für die Projektarbeit aufbringen. Sind die Vorgaben zu umfangreich oder nicht abgrenzbar, dann besteht die Gefahr, dass das Projekt außer Kontrolle gerät. Dieses Problem kann auch dann auftreten, wenn keine klaren Projektziele definiert werden oder Projektfortschritt und -erfolg nicht messbar sind.

Die Projektleitung hat die Aufgabe, Demotivation bei den Teammitgliedern zu vermeiden. Um die Motivation zu erhöhen, sollte sie die Teammitglieder zu „Mitunternehmern" machen. Dies wird vor allem dann gelingen, wenn die Mitarbeiter an den Zielen der eigenen Aufgabe beteiligt sind. Zur Motivationssteigerung trägt auch die Anerkennung von Leistungen und Fortschritten durch die Projektleitung (Feedback-Kultur) bei.

2.2.2 Qualitätszirkel

Qualitätszirkel sind ein wichtiges Instrument des Qualitätsmanagements, das auch in sozialpädagogischen Einrichtungen immer mehr an Bedeutung gewinnt. Ein Qualitätszirkel ist eine innerbetriebliche Arbeitsgruppe, die eingerichtet wird, um Arbeitsprozesse (z. B. Angebote, Fördermaßnahmen, Teamsitzungen), die Beziehungen der Mitarbeiter untereinander und die Dienstleistungsqualität der Einrichtung zu optimieren. Die Grundidee besteht darin, dass betriebliche Probleme besser von

Problem: Zielvorgaben

Ziele eines Qualitätszirkels

den Betroffenen selbst als von außenstehenden Experten gelöst werden können. Deshalb sollen sich in einem Qualitätszirkel vor allem Mitarbeiter aus der unteren Hierarchieebene auf freiwilliger Basis einbringen, um Themen aus ihrem Arbeitsbereich zu bearbeiten. Die Mitglieder des Qualitätszirkels haben die Verantwortung für die Auswahl, Bearbeitung und Entwicklung von Lösungen für einrichtungsbezogene Problemstellungen.

Qualitätszirkel sind (siehe Bungard & Antoni 1993):

- Gesprächsrunden mit fünf bis zehn Personen aus (meist) gleichen Hierarchieebenen.
- Die Mitglieder des Qualitätszirkels arbeiten im selben Arbeitsbereich; sind Schnittstellenprobleme zu bearbeiten, werden bereichsübergreifende Qualitätszirkel eingerichtet.
- Die Teilnahme ist freiwillig.
- Die Treffen finden regelmäßig statt (in der Regel im Zwei- bis Vier-Wochen-Rhythmus).
- Die Sitzungen finden innerhalb der Arbeitszeit statt.
- Die Leitung von Qualitätszirkeln übernimmt eine geschulte Moderatorin (z. B. Vorgesetzte).
- Die Inhalte, die eigenverantwortlich bearbeitet werden, wählt die Gruppe selbst aus.
- Die Ergebnisse werden dokumentiert und an Entscheidungsgremien weitergeleitet bzw. vor den Gremien präsentiert.

Kennzeichen eines Qualitätszirkels

Qualitätszirkel sollten in allen Einrichtungen, die ihre Arbeit kontinuierlich qualitativ verbessern wollen, als beständige Gruppe aufgebaut werden. Wenn die Leiterin eine entsprechende Fort- und Weiterbildung absolviert hat, kann sie in kleinen Einrichtungen die Moderation selbst übernehmen. Im Qualitätsteam werden die erforderlichen Problemlösungs- und Kreativitätstechniken der Mitarbeiterinnen systematisch entwickelt, sodass die Kompetenzen der Teammitglieder zur Weiterentwicklung der Einrichtung gewinnbringend eingebracht werden können.

Der Qualitätszirkel kann auch einrichtungsübergreifend ein Element im Qualitätskonzept eines Trägers sein, um ein systematisches Qualitätsmanagement zu organisieren (Drescher 2003). Wenn in den verschiedenen Einrichtungen des Trägers die Mitarbeiter in Qualitätszirkeln Probleme aus ihrem Arbeitsbereich bearbeiten, sollte ein Koordinator als Bindeglied zwischen den Qualitätszirkeln und dem Träger eingesetzt werden. Er ist dafür verantwortlich, dass die erforderlichen Ressourcen für die Qualitätszirkel bereitstehen und bietet Unterstützung (z. B. durch externe Experten) an. Zum anderen übernimmt er die Interessenvertretung der Qualitätszirkel gegenüber den Entscheidungsgremien. In einem Steuerungsgremium sind Trägervertreter, Mitarbeitervertretung sowie alle Personengruppen, die am Qualitätsprozess des Trägers beteiligt sind, vertreten. Dieses Gremium ist von zentraler Bedeutung für die Effektivität der Qualitätsarbeit.

Drescher (2003) verdeutlicht den Ablauf eines Qualitätszirkels an folgender Grobplanung:

Ablauf eines Qualitätszirkels

Grobplanung eines Qualitätszirkels		
Dauer	Phasen	Fragestellungen
1. Sitzung: Vorbereitung		
½–1 Stunde	Vorgespräch	Wie funktioniert ein Qualitätszirkel? Was wollen wir? Was wollen wir vermeiden?
2. Sitzung: Problembestimmung		
1–2 Stunden	Problemfestlegung	Welche Probleme bestehen? Welches Problem wollen wir bearbeiten?
2–3 Stunden	Problembeschreibung	Wie zeigt sich das Problem? Wie sehen die Beteiligten das Problem? Wie kann das Problem gemeinsam definiert werden?
½ Stunde	Vereinbarung zur Überprüfung der Problembeschreibung vor Ort	Wer überprüft mit welchen Methoden die Problembeschreibung bis zum nächsten Treffen?

2.Sitzung: Problembestimmung		
1–2 Stunden	Problemfestlegung	Welche Probleme bestehen? Welches Problem wollen wir bearbeiten?
2–3 Stunden	Problembeschreibung	Wie zeigt sich das Problem? Wie sehen die Beteiligten das Problem? Wie kann das Problem gemeinsam definiert werden?
½ Stunde	Vereinbarung zur Überprüfung der Problembeschreibung vor Ort	Wer überprüft mit welchen Methoden die Problembeschreibung bis zum nächsten Treffen?
3. Sitzung: Ursachenanalyse		
1 Stunde	Auswertung der Problemüberprüfung	Was ergab die Überprüfung? Welches Hauptproblem besteht? Muss die Problembeschreibung verändert werden?
2 ½ Stunden	Ursachenanalyse	Warum ist das Problem entstanden? Wer sind Problembeteiligte? Was hat eine Problembeseitigung bisher verhindert?
½ Stunde	Festlegung eines strategischen Ziels	Was muss erreicht werden, damit das Problem als gelöst gilt?
4. Sitzung: Lösungsfindung		
1 ½ Stunden	Aufgabenanalyse	Was muss sich ändern, um das Problem zu beseitigen? Welche Aufgaben / Teilaufgaben müssen zur Erreichung des strategischen Ziels bewältigt werden?
Stunden	Maßnahmenplanung	Wie gehen wir vor (Maßnahmenplan)? Wer ist einzubinden? Wer ist für welche Maßnahmen verantwortlich? An welchen Kriterien kann die Problembeseitigung festgemacht werden?
½ Stunde	Vorbereitung der Präsentation bzw. Dokumentation	Wer dokumentiert wie bis wann das Ergebnis der Maßnahmen? Wer präsentiert vor Entscheidungsträgern?
5. Sitzung: Erfolgskontrolle		
1 Stunde	Zielerreichung	Inwieweit wurde das Problem beseitigt? Sind weitere Ursachenanalysen oder Maßnahmen erforderlich?

Abb. 7: Grobplanung eines Qualitätszirkels (in Anlehnung an Drescher 2003, S. 155)

2.2.3 Virtuelle Teams

Die Dezentralisierung von Trägern sowie die damit verbundene Standortverteilung erfordert die Kooperation über Einrichtungsgrenzen bzw. Standorte hinweg und kann zur Bildung von virtuellen Teams führen. So könnte ein bundesweit engagierter Träger virtuelle Gruppen bilden, in denen Teammitglieder aus den verschiedenen Standorten vertreten sind. Auf diese Weise können Zeit- und Kostenaufwand vermindert und kurzfristig Entscheidungen getroffen werden, die eine abgestimmte Weiterentwicklung des Trägers ermöglichen. Die Arbeit in diesen virtuellen Teams erfordert das Überbrücken von räumlichen, zeitlichen, sozialen und technischen Unterschieden.

Für den Träger ergeben sich nach Herrmann u. a. (2006) folgende Aufgaben:

- Sicherstellung einer effektiven Kommunikation über verschiedene Standorte hinweg
- Bereitstellung von technischen Möglichkeiten zur regelmäßige Kommunikation ohne persönlichen Kontakt
- optimale Nutzung der technischen Kommunikationsmöglichkeiten
- zielorientierte Steuerung und Kontrolle von standortverteilten Teams
- Umgang mit interkulturellen Unterschieden in virtuellen Teams

Virtuelle Teams sind in vielfältiger Weise einsetzbar. Es können räumlich getrennte, dauerhafte Teams oder zeitlich befristete Projektgruppen gebildet werden.

Die virtuelle Kommunikation von Teammitgliedern, die an unterschiedlichen Orten tätig sind, erfordert die effektive Nutzung der neuen Kommunikationsmedien. Die Nutzung dieser computerbasierten Medien prägt die Zusammenarbeit in virtuellen Teams in besonderer Weise. Während die persönliche Kommunikation ganzheitlich verläuft (verbale und nonverbale Kommunikationselemente, unmittelbare Interaktionen, gruppendynamische Prozesse, situativer Kontext), hat jedes technische Medium

Trägeraufgaben bei virtuellen Teams

Trägeraufgaben bei virtuellen Teams

TEAMFORMEN

Filter, die bestimmte Informationsbereiche ausblenden. Das müssen Mitglieder virtueller Teams bei ihrer Arbeit berücksichtigen; daher ist die entscheidende Schlüsselqualifikation für die erfolgreiche Arbeit in virtuellen Teams die Medien- und Selbstorganisationskompetenz der Teammitglieder. Medienkompetenz umfasst z. B. den angemessenen Umgang mit dem Medium, so ist es z. B. in Telefonkonferenzen wichtig, sich durch „Vergewisserungsschleifen" abzusichern, dass die Information bei den Teammitgliedern korrekt angekommen ist.

Medienkompetenz in virtuellen Teams

Die Selbstorganisationskompetenz ist im Hinblick auf die individuelle Arbeitsorganisation und die eigenverantwortliche Organisation im Team erforderlich, denn das einzelne Teammitglied ist weitgehend auf sich selbst gestellt. Die Arbeit im virtuellen Team erfordert Selbstdisziplin, strukturiertes Arbeiten und die Fähigkeit, sich immer wieder selbst zu motivieren.

Selbstorganisationskompetenz der Teammitglieder

Die Teamleitung in virtuellen Teams muss in der Lage sein, ihre Führungsaufgaben (Prozesssteuerung und Mitarbeiterführung) auch über Medien wahrzunehmen. In virtuellen Teams hat die Teamleitung nur einen begrenzten Überblick über das, was die Teammitglieder wirklich tun. Die Arbeitsfortschritte sind in der Regel weniger gut fassbar. Umso wichtiger ist die Organisation einer Feedbackkultur, bei der auch untereinander verstärkt Rückmeldungen gegeben bzw. eingefordert werden. Neben den medienbasierten Kommunikationsabläufen sollte die Teamleitung auch persönliche Kontaktmöglichkeiten organisieren.

Teamleitung in virtuellen Teams

2.3   Teamarbeit in einer lernenden Organisation

Die Teammitglieder bringen ihr Wissen, das sie in ihrer Ausbildung und durch Fort- und Weiterbildung erworben haben, sowie ihre Erfahrungen im beruflichen Alltag ins Team ein. In einer lernenden Organisation wird das individuelle Wissen der Teammitglieder systematisch erfasst und allen andern zur Verfügung gestellt, um den Erfordernissen der sich schnell ändernden Anforderungen und Rahmenbedingungen gerecht zu werden. Ausgangspunkt sind individuelle Lernprozesse, die in die Organisation eingebracht und von allen Organisationsmitgliedern genutzt werden.

Beispiel für den Wissenstransfer in einer lernenden Organisation

L. Kronacher arbeitet in einer Kindertagesstätte. Ihre Tante hat einen geistig behinderten Sohn (Down-Syndrom). Durch den Kontakt mit der Tante sammelt sie Erfahrungen im Umgang mit beeinträchtigten Menschen (persönliches Wissen). Im Rahmen ihrer Erzieherinnenausbildung wird im Fach Sonderpädagogik das Thema „Menschen mit geistiger Behinderung" behandelt. L. Kronacher hat dazu ein Referat verfasst (Basiswissen). Es kommt eine Anfrage von Eltern an die Kita-Leitung, mit der Bitte um Aufnahme ihrer behinderten Tochter. Im Team wird überlegt, eine Regelgruppe in eine integrative Gruppe umzuwandeln. L. Kronacher bringt ihr Wissen und ihre Erfahrungen mit dem Neffen in einer Teamsitzung ein. Das Team beschließt, dass eine Mitarbeiterin eine Fortbildung zur Heilpädagogin absolvieren soll, um geeignete Fachkräfte für die integrative Gruppe nachweisen zu können. Das Teamwissen in Verbindung mit dem persönlichen Wissen und dem Basiswissen bildet die Grundlage für die Handlungsfähigkeit im beruflichen Alltag.

Eine lernende Organisation ist anpassungsfähig und kann schnell auf sich verändernde Bedingungen reagieren. Diese Eigenschaft wird zunehmend auch im sozialpädagogischen Bereich bedeutsam. Denn es ist zu beobachten, dass Entwicklungsprozesse durch enorme Beschleunigung, zunehmende Komplexität und unkalkulierbare Sprunghaftigkeit gekennzeichnet sind. Das kann sich auf konzeptionelle Entwicklungen (z. B. situativer Ansatz, offene Arbeit), Veränderungen in dem zu betreuenden Personenkreis (z. B. Aufnahme von Zweijährigen, Mehrgenerationenhaus, integrative Gruppen) oder erhöhte bzw. veränderte Anforderungen an die Fachkräfte in den Einrichtungen beziehen.

Die Bewältigung zukünftiger Anforderungen wird nur dann gelingen, wenn die Mitarbeiter und die Organisationen eine hohe Lernbereitschaft und Lernfähigkeit entwickeln, die sie in die Lage versetzen, diese Entwicklungen wahrzunehmen und zu analysieren, um rechtzeitig Anpassungsprozesse einzuleiten bzw. auf die Entwicklungen Einfluss zu nehmen. In diesem Zusammenhang kommt dem Team eine große Bedeutung zu, denn nur wenn sich das Team als Einheit in einer lernenden Organisation begreift, kann es den wachsenden Anforderungen gerecht werden. Fischer & Graf (2000) beschreiben folgende Rahmenbedingungen, die zu einer lernenden Organisation führen:

Rahmen-bedingungen einer lernenden Organisation

- Entwicklung einer **lernaktivierenden Unternehmenskultur**, die zur Förderung der Lernbereitschaft und Lernfähigkeit der Mitarbeiter beiträgt. Eine zentrale Rolle kommt dabei der Fort- und Weiterbildung der Mitarbeiter in den Einrichtungen zu.
- Entwicklung einer **Führungskultur**, die zur Motivation, Förderung und Partizipation der Mitarbeiter beiträgt.
- Anwendung von **betriebswirtschaftlichen Zielen und Verfahren** auf den sozialpädagogischen Bereich. Die Vermittlung von grundlegenden Kenntnissen sollte bereits in der Ausbildung erfolgen.
- Veränderung des **Rollenverständnisses**, indem deutlich wird, dass die sozialpädagogischen Einrichtungen Dienstleistungen erbringen, an die von verschiedenen Seiten (Kinder, Eltern, Träger oder Aufsichtsorgane) unterschiedliche Erwartungen gerichtet sind. Für viele Einrichtungen wird es überlebensnotwendig sein, pädagogisch Notwendiges mit den individuellen Interessen und Wünschen der Abnehmer der Dienstleitung in Einklang zu bringen.
- Entwicklung von **Analysekompetenzen** in den Organisationen, um Veränderungen bzw. Entwicklungstendenzen frühzeitig zu erkennen und die Zielausrichtung der Einrichtung, wie sie beispielsweise in der Konzeption zum Ausdruck kommt, zu überprüfen.
- **Flexibilisierung** von Einrichtungen, indem den Einrichtungen mehr Entscheidungskompetenzen zugestanden werden, um den einrichtungsspezifischen Besonderheiten (z. B. Elternwünsche, Förderbedarf, Kooperationsmög-

lichkeiten mit anderen Institutionen) gerecht zu werden. Strukturelle Veränderungen wie der Abbau von hierarchischen Strukturen und eine Dezentralisierung verbessern die Flexibilität.

• Durchführung von Maßnahmen zur **Organisations- und Personalentwicklung,** damit sich die Mitarbeiter und die Einrichtung systematisch zu einer lernenden Organisation entwickeln können.

Die methodischen Schritte bzw. Disziplinen, die auf dem Weg zur lernenden Organisation zu absolvieren sind, hat Senge (1990) beschrieben. Die Mitarbeiter und Führungskräfte

Persönliche Entwicklung

• haben die Bereitschaft und Fähigkeit zur beständigen persönlichen Weiterentwicklung, um den gesteckten Zielen und Wünschen gerecht zu werden;

Mentale Modelle

• sind bereit zur Überprüfung der eigenen „inneren Landkarten" und Wissensstrukturen;

Gemeinsame Visione

• entwickeln gemeinsame Vorstellungen über die Zukunft und entwickeln Prinzipien und Leitziele zur Verwirklichung der Visionen;

Lernen im Team

• nutzen die Ressourcen und Kompetenzen von Teams;

• sind bemüht, Wechselbeziehungen und Wirkungskreisläufe zu beurteilen sowie in komplexen Zusammenhängen zu denken, um Strategien der Systemgestaltung entwickeln zu können.

Systemdenken

Die fünfte Disziplin, das Systemdenken, ist für Senge die wichtigste Disziplin, denn sie verknüpft die anderen Disziplinen miteinander und fügt sie zu einer ganzheitlichen Theorie und Praxis zusammen. Das Systemdenken soll verhindern, dass die einzelnen Disziplinen zu isolierten technischen Spielereien verkommen. Weil das Systemdenken die anderen Disziplinen fördert, kann das Ganze mehr sein als die Summe seiner Teile.

Die schnelle Zunahme von Informations- und Wissensbeständen in Verbindung mit den neuen Informations- und Kommunikationstechnologien erfordern ein einrichtungsbezogenes Konzept des Wissensmanagements.

Dem Team kommt die Aufgabe zu, den Zugang zum erforderlichen Wissen in der Einrichtung zu organisieren, wobei die Bereiche Wissensverteilung, Wissensbewahrung, das Nutzen von Wissen und der Erwerb bzw. die Entwicklung von Wissen unterschieden werden können:

Wissens-management

Wissensmanagement		
Bereich	Ausgangssituation	Beispiel
Wissens-verteilung	Häufig besteht ein mangelhafter Austausch zwischen den Mitarbeitern mit gleichen Aufgaben oder verschiedenen Funktionen.	Frau Müller nimmt an einer Fort- und Weiterbildung zum systemischen Arbeiten teil. Die Teammitglieder sind über die Inhalte und die Umsetzung nur unzureichend informiert.
Wissens-bewahrung	Mitarbeiter verlassen die Einrichtung; ihr Wissen und ihre Erfahrungen gehen verloren.	Herr Steffen scheidet nach 36 Dienstjahren als Bereichsleiter aus. Er hat in seiner Dienstzeit zahlreiche Zusatzqualifikationen erworben.
Wissensnutzung	Vorhandenes Wissen ist nicht bekannt bzw. nicht verfügbar.	Frau Leist nimmt in einer Tagesförderstätte ihren Dienst auf. Sie hat keine Informationen über die regionalen Beratungsangebote, Institutionen ...
Wissens-erwerb / -entwicklung	Es fehlen Strategien, wie das vorhandene Wissen systematisch erweitert und den anderen Teammitgliedern dauerhaft bereitgestellt werden kann.	In der Einrichtung verfügt kein Mitarbeiter über technische Kompetenzen, das Wissen über Datenbanken zu vernetzen.

Abb. 8: Wissensmanagement

In der **Wissenspyramide** werden die unterschiedlichen Wissensbereiche deutlich:

Bereiche des
Wissens

Abb. 9: Wissenspyramide

Das **persönliche Wissen** beruht auf den Lernprozessen der individuumspezifischen Sozialisation und kann abhängig von den persönlichen Vorlieben und Interessen sehr unterschiedlich sein. Das **Basiswissen** umfasst das schulische Wissen, das in allgemein- und berufsbildenden Schulen sowie Hochschulen erworben wurde. Dieses Wissen ist die gemeinsame Basis für die berufliche Handlungskompetenz. Das **Teamwissen** besteht aus dem Wissen aller Teammitglieder. Zum einen wird vorhandenes Wissen in das Team eingebracht und nutzbar gemacht, zum anderen wird Wissen im Verlauf der Tätigkeit in der Einrichtung erworben. Dazu gehören Erfahrungen im beruflichen Alltag sowie gezielte Wissensvermittlung durch Fort- und Weiterbildung. Das **operative Wissen** beschreibt den Wissensbereich, der für die Handlungsfähigkeit der Teammitglieder erforderlich ist. Das **strategische Wissen** wird für längerfristige Planungsprozesse benötigt.

Ein angemessenes Wissensmanagement setzt voraus, dass sich das Team zunächst darüber im Klaren ist, welche **Wissensziele** verfolgt werden.
Beim Wissensmanagement können folgende Phasen unterschieden werden:

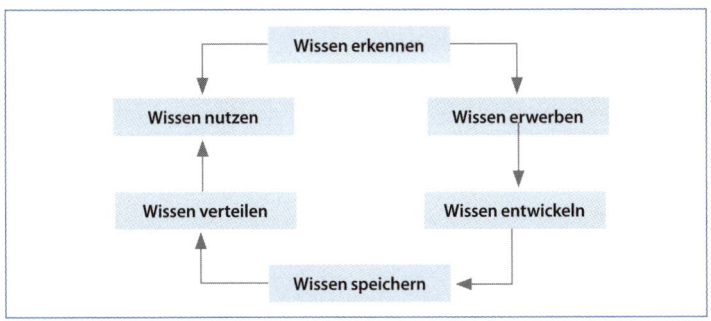

Abb. 10: Phasen des Wissensmanagement

Wissen erkennen: Zum Erkennen von Wissen muss jedes Teammitglied bereit sein, eigenes Wissen den anderen zur Verfügung zu stellen. Offenheit und Wissenstransparenz sind sowohl innerhalb des Teams als auch extern zu anderen Wissensquellen erforderlich. Das vorhandene Wissen kann oft nicht genutzt werden, weil niemand weiß, dass es bzw. wo es existiert. **Wissensbereitstellung**

Wissen erwerben: Um Wissenslücken zu schließen, können unterschiedliche Strategien verfolgt werden. So besteht die Möglichkeit, durch eine gezielte Auswahl neuer Mitarbeiter (z. B. mit Zusatzqualifikationen) teamspezifische Wissensdefizite auszugleichen. Das Team kann phasenweise (z. B. bei der Erstellung eines Leitbildes) eine externe Beraterin hinzuziehen. Die Weiterbildung der Teammitglieder im Rahmen einer Fort-/Weiterbildungsplanung führt dazu, dass Wissensmängel systematisch behoben werden. Die Auswertung von Fachzeitschriften, Literaturanalysen sowie die Nutzung des Internets dienen dem Wissenserwerb. Es sollte Aufgabe im Team sein, Strategien zu entwickeln, wie der Wissenserwerb möglichst effektiv und effizient organisiert werden kann. **Wissenserwerb**

Wissen entwickeln: Die Entwicklung neuen Wissens erfordert eigene „Forschungsaktivitäten". In großen Unternehmen bestehen eigene Abteilungen zur Forschung und Entwicklung von neuen Produkten, besseren Ideen oder leistungsfähigeren Prozessen. Im sozialpädagogischen Bereich erfolgt die Entwicklung neuer Ideen häufig in Verbindung mit Forschungseinrichtungen (z. B. Hochschulen), mit denen z. B. neue Konzepte zur Sprachstandserfassung, Verfahren der Frühförderdiagnostik, Förderprogramme etc. entwickelt und erprobt werden.

Wissen speichern: Um sich vor Wissensverlusten zu schützen, müssen Verfahren zur gezielten Speicherung von Informationen und Erfahrungen genutzt werden. Es ist zunächst zu klären, welche Informationen speicherwürdig sind. Besteht darüber Klarheit, stellt sich die Frage nach der angemessenen Speicherung (z. B. Dokumente – Aktenordner, Datei – Computer). Das gespeicherte Wissen sollte regelmäßig aktualisiert werden.

Wissen verteilen: Innerhalb der Organisation bzw. des Teams muss nicht jeder alles wissen. Das Wissen ist in Bereiche, die allen Teammitgliedern zugänglich sind und in Bereiche, zu denen nur bestimmte Personen Zugriff haben, zu unterteilen; so sind beispielsweise Datenschutzbestimmungen zu beachten (z. B. Personalunterlagen). Die Wissensverteilung stellt sicher, dass sich das Wissen am richtigen Ort befindet und regelt das Nutzbarmachen des Wissens.

Wissen nutzen: Das erworbene und gespeicherte Wissen muss im beruflichen Alltag Eingang finden. Es reicht nicht, wenn eine Mitarbeiterin eine Fortbildung besucht und neues Wissen erwirbt, ohne dass das Team davon profitiert. Das Wissen muss für die anderen Teammitglieder zugänglich sein und vom Team im Alltag umgesetzt werden. Die Anwendung des Wissens ist sicherzustellen. Darüber hinaus sollten die Mitarbeiterinnen in der Nutzung von Datenbanken geschult werden.

Auf den Punkt gebracht

In sozialpädagogischen Institutionen findet man innerhalb der Einrichtungsteams dauerhaft bestehende Gruppen- und Fachteams. Zeitlich befristet können Projektteams und Qualitätszirkel gebildet werden.

Das **Einrichtungsteam** umfasst alle Mitarbeiter einer Institution und ist beispielsweise für ein qualitativ hochwertiges, adressatengerechtes Betreuungsangebot, pädagogische Ausrichtung und Öffentlichkeitsarbeit verantwortlich. Das **Gruppenteam** gestaltet die pädagogische Arbeit und setzt die Einrichtungskonzeption um. In integrativen und sonderpädagogisch arbeitenden Einrichtungen sind interdisziplinär zusammengesetzte Fachteams zu finden

Projektteams setzten sich zeitlich befristet mit neuen Ideen auseinander. Im Projektteam arbeiten Mitarbeiter aus verschiedenen Abteilungen und Hierarchieebenen zusammen. Entscheidend für den Erfolg ist die Kompetenz der Projektleitung. Im **Qualitätszirkel** erfolgen eine Auseinandersetzung mit den verschiedenen Bereichen der Einrichtungsqualität und eine kontinuierliche Verbesserung der Qualität. **Virtuelle Teams** werden von überregional tätigen Trägern eingerichtet, um mithilfe von technischen Medien die Vorteile der Teamarbeit zu nutzen und den Nachteil der verschiedenen Standorte zu überwinden.

Versteht sich eine Einrichtung als **lernende Organisation,** muss im Team der **Wissenstransfer** sichergestellt werden. Dazu sind z. B. die Einrichtungskultur, das Führungs- und Rollenverständnis und die Analysekompetenz weiterzuentwickeln.

3. Teamstrukturen

Die Teamstruktur bestimmt ganz wesentlich den Erfolg eines Teams. Dabei sind vor allem die Rahmenbedingungen und die Teamzusammensetzung von Bedeutung.

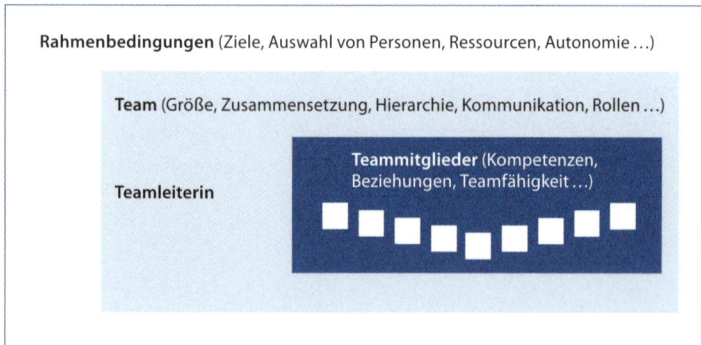

Abb. 10: Einflussbereiche auf die Teamstruktur

3.1   Rahmenbedingungen

Die Zielsetzung der Teamarbeit ist entscheidend für die Form der Teamarbeit (siehe Kap. 2). Aus den Zielvorgaben leiten sich die Zusammensetzung des Teams sowie die Auswahl der Teamleitung und die zugestandene Autonomie ab. Zu den Rahmenbedingungen zählen zudem die Ressourcen, über die das Team verfügen kann.

Zur Bestimmung der Teamgröße gilt die Forderung: So viele Mitglieder wie unbedingt nötig, so wenig wie möglich. Die Anzahl der Mitglieder wird wesentlich von der Aufgabenkomplexität und dem Aufgabenumfang bestimmt und schwankt zwischen fünf bis 30 Personen. Die optimale Teamgröße liegt bei fünf bis neun Mitgliedern. Bei sehr großen Teams ist es sinnvoll, Untergruppen oder Fachteams zu bilden. Um die Kommunikationsprozesse in sehr großen Teams zu steuern, sollten Kommunikationsregeln gemeinsam vereinbart werden. In sehr kleinen Gruppen besteht die Gefahr, dass der Einzelne das Team in seinem Sinne (zu) stark manipuliert. Zudem werden in sehr kleinen Gruppen kaum Synergieeffekte wirksam, d. h. es fehlt die Vielfalt von unterschiedlichen Kompetenzen, sodass sich die Vorteile der Gruppenarbeit nur in geringem Umfang zeigen. Die Entscheidungsfindung bei Problemlösungsprozessen ist in großen Gruppen zwar aufwendiger und langwieriger, doch ist zumeist die Qualität der Entscheidungen bzw. der festgelegten Strategien besser, denn es fließen mehr Ideen und Erfahrungen in die Entscheidungen ein (siehe Abb. 11).

Die Dauer der Mitgliedschaft ist neben der Gruppengröße für die Leistungsfähigkeit von großer Bedeutung. So konnte in einer Studie nachgewiesen werden, dass sich innerhalb der ersten 18 Monate das Team zunächst formiert und erst danach die Gruppenleistung ansteigt. Besteht ein Team länger als fünf Jahre, dann fällt die Gruppenleistung relativ stark ab (von Rosenstiel 1995).

Teamgröße

Dauer der Mitgliedschaft

Dimension	Gruppengröße		
	2–7 Personen	8–12 Personen	13–16 Personen
Notwendigkeit einer Teamleitung	gering	mittel	stark
Koordinationstätigkeit der Teamleitung	gering	mittel	mittel / stark
Gefahr der Dominanz einzelner Teammitglieder	gering	mittel / stark	stark
Formalisierung von Regeln und Vorgehensweisen	gering	mittel	stark
Tendenz zur Bildung von Untergruppen	gering	mittel / stark	stark
Zeitaufwand für die Entscheidungsfindung	gering	mittel	stark

Abb. 11: Effekte verschiedener Gruppengrößen (Quelle: Kriz & Nöbauer 2006, S. 34)

Neben spontan gebildeten Ad-hoc-Gruppen, die nur kurze Zeit zusammenarbeiten, bestehen dauerhaft gebildete Gruppen, die oft über mehrere Jahre in unveränderter Zusammensetzung tätig sind (z. B. Gruppenteams in sozialpädagogischen Einrichtungen).

Wechseln die Gruppenmitglieder häufig, erschwert dies die Arbeit im Team vor allem bei dauerhaft gebildeten Arbeitsteams. Ein Wechsel der Gruppenmitglieder kann in bestimmten Phasen, in denen das Team beispielsweise durch Spezialisten ergänzt wird, durchaus sinnvoll sein. Es ist dabei zu bedenken, dass jede Veränderung in der Teamzusammensetzung den Teamentwicklungsprozess beeinflusst und gegebenenfalls einen Rückfall auf frühere Entwicklungsphasen bewirkt (siehe Kap. 4).

Ist die Mitgliedschaft im Team nur von kurzer Dauer, dann ist die Entstehung einer funktionierenden Gruppenstruktur, die notwendige Normierung von Verhaltensweisen sowie die Entwicklung eines Wir-Gefühls kaum möglich. Bestehen Teams sehr lange Zeit, verliert die Gruppe ihre Offenheit für Veränderungen, neue Impulse werden seltener aufgegriffen und das Team wird unflexibler.

Teams sollten hierarchiefrei geführt werden. Dabei geht es nicht um Gleichmacherei von Einzelpersonen, sondern um die Gleichwertigkeit der Teammitglieder. Jedes Team muss sich intern arrangieren. Die Teamleistung beruht nicht auf den verschiedenen Einzelleistungen, sondern ergibt sich aus der Koordination, Kooperation und Nutzung von Synergieeffekten im Team. Arbeiten die Teammitglieder mit den gleichen Befugnissen, Verantwortlichkeiten und Verpflichtungen zusammen, dann fördert dies die gegenseitige Akzeptanz. Die Teammitglieder erkennen, dass ihre Fähigkeiten und Kompetenzen sich gegenseitig ergänzen und erforderlich sind, um die gemeinsam gesteckten Ziele zu erreichen.

Gleichwertigkeit der Teammitglieder

Die Teamleitung muss die Balance zwischen Konformität als notwenige Anpassung an Teamregeln und Autonomie als leistungsfördernde Komponente herstellen. Dem einzelnen Teammitglied sollte eine möglichst große Handlungsfreiheit gewährt werden, um seine Eigenverantwortung zu stärken und kreative Prozesse zu ermöglichen. Problematisches Gruppendenken und Einzelgängertum sind jedoch zu vermeiden. Die Teammitglieder sollten sich alle gemeinsam für den Teamerfolg verantwortlich fühlen. Dies zeigt sich beispielsweise im Mittragen von Teamentscheidungen, auch wenn die Person selbst eine andere Position vertritt.

Konformität und Autonomie

Im Mittelpunkt steht die erfolgreiche Bewältigung der Teamaufgabe. Im Team werden zwar individuelle Unterschiede akzeptiert und ernst genommen, dennoch sind individuelle Profilierung und Karrieredenken zugunsten des Teams zurückzustellen.

Ein gemeinsamer Regelkatalog, der von allen Mitgliedern der Gruppe erarbeitet bzw. abgeschlossen wird, schafft Verbindlichkeit in der Zusammenarbeit. Solche Teamregeln können beispielsweise folgendermaßen formuliert werden:

- Wir gehen auf Störungen / Konflikte vorrangig ein.
- Wir müssen uns nicht immer einig werden.

Teamregeln	• Wir übernehmen gemeinsam die Verantwortung für den Arbeitsprozess und die Teamergebnisse. • Für uns sind Spontaneität und Offenheit wichtiger als Höflichkeit und Taktik.

Zahlreiche Studien setzen sich mit verschiedenen Ausprägungen und Wirkungen der Autonomie von Teams auseinander. Die Autonomie, die einem Team zugestanden wird, kann in drei Abstufungen unterteilt werden:

• *Keine Autonomie:* Im Vordergrund steht die Steuerung durch die Teamleitung; die Teammitglieder haben sehr

Teamautonomie

wenige Möglichkeiten, den Arbeitsprozess zu steuern.
• *Semi-Autonomie:* Die Teammitglieder haben einen deutlich größeren Einfluss auf die Gestaltung von Arbeitsprozessen, dennoch erfolgt eine deutliche Einflussnahme durch die Teamleitung.
• *Vollautonomie:* Das Team steuert die Arbeitsabläufe ohne Einflussnahme von außen.

Autonomieformen und Leistung

Besonders produktiv sind autonome Gruppen, wie eine Studie zeigen konnte (siehe Gebert 2004). Wenig produktiv sind die semi-autonomen Gruppen:

Autonomieformen und Leistung

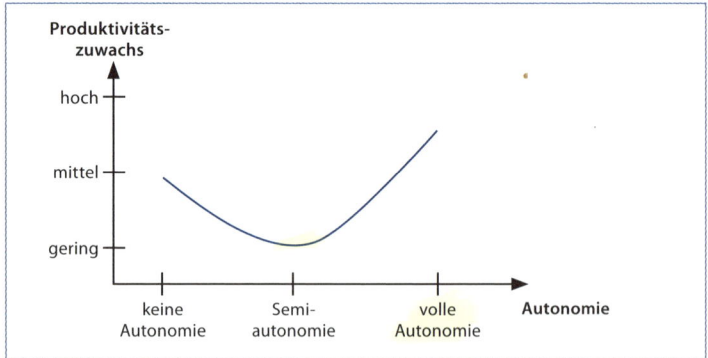

Abb. 13: Autonomie und Produktivitätszuwachs (Quelle: Gebert 2004, S. 33)

Dass die semi-autonome Gruppe den geringsten Produktivitätszuwachs verzeichnet, führt Gebert (2004) auf die ungünstige
Zwitterposition zurück, in der das Team mit der Teamleitung
häufig Konflikte austrägt, um die Freiräume des Teams auszulo-
ten. Für das Team ist die Semi-Autonomie offenbar ein „fauler"
Kompromiss.

Die Vielfalt an Kompetenzen und Erfahrungsbereichen erhöht
die Effizienz von Teams vor allem dann, wenn Spezialisten zur   Heterogenität
Aufgabenbewältigung erforderlich sind. Die Teamleitung sollte
darauf achten, dass sich aus der Heterogenität keine Hierarchie
ergibt. Die Teammitglieder, die sich in ihren Beiträgen ergänzen, sind gleichrangig und tragen gemeinsam zum Teamerfolg
bei. Die Effektivität von Teams wird wesentlich von den Kommunikationsstrukturen bestimmt. Aufgabe der Teamleitung ist
es, dass Informationen schnell weitergegeben werden, um die
Funktionstüchtigkeit des Teams zu verbessern; im Team muss
Transparenz über den Informationsstand gewährleistet sein. Die
Teamleitung sollte auch Kommunikationsprozesse anregen und
durch informelle und formelle Strukturen den Wissens-, Ideen-
und Erfahrungsaustausch im Team fördern. Hier sind Besprechungen ein wichtiges Medium, es können aber auch elektroni-
sche Kommunikationsmittel genutzt werden.

Selbst wenn das Team autonom arbeitet und keine Hierarchie
aufweist, ist eine Strukturierung der Gruppe erforderlich. Die
Zuweisung der zu erledigenden Aufgaben sollte abhängig von den   Team-
Kompetenzen und Erfahrungen der Teammitglieder erfolgen.   strukturierung
Eine klare Struktur mit Aufgabenzuweisungen, Zuständigkeiten
und Befugnissen verhindert Macht- und Positionskämpfe. Wobei
die Teamstruktur nicht als starres Konzept zu sehen ist, sondern
offen und flexibel gehandhabt werden sollte, um sich verändernden Rahmenbedingungen schnell anpassen zu können.

Im Team bestehen nebeneinander formelle und informelle   Formelle und infor-
Strukturen, wie die nachfolgende Abbildung 14 verdeutlicht.   melle Strukturen

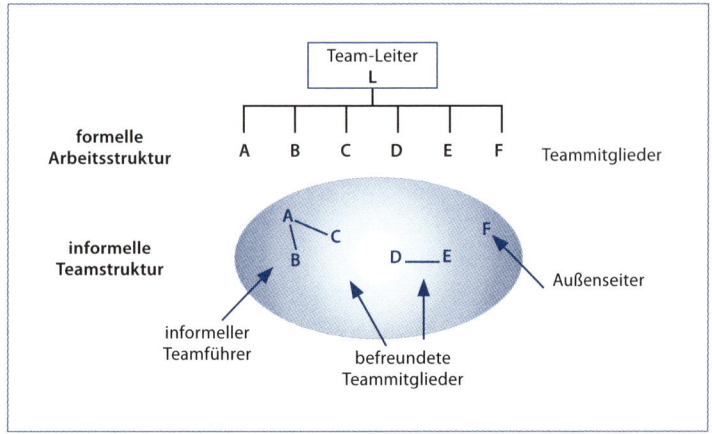

Abb. 14: Zusammenhang zwischen formellen und informellen Strukturen (Quelle: Drescher 2003, S. 25)

Die formelle Arbeitsstruktur beschreibt das Handeln der Gruppenmitglieder zur Erfüllung ihres Arbeitsauftrags. Sie halten sich an die Regelungen der Einrichtung und an die Anweisungen von Vorgesetzten. Die informelle Teamstruktur weicht von der formalen Arbeitsstruktur deutlich ab. Im Team kristallisiert sich beispielsweise eine informelle Teamführerin heraus, die einen starken Einfluss auf andere Gruppenmitglieder ausübt und Meinungsführerin ist. Der isolierte Außenseiter ist nicht in das Team eingebunden und sein Kontakt beschränkt sich auf die formal festgelegten Kommunikationsstrukturen. Innerhalb der Gruppe bilden sich Untergruppen von Personen, die sich sympathisch finden. Die informelle Teamstruktur wird von gruppendynamischen Prozessen beeinflusst, was zu Veränderungen führen kann. Die formelle Arbeitsstruktur ist vordergründig betrachtet statisch stabil, allerdings wirken sich gruppendynamische Prozesse auf die Funktionsfähigkeit der formalen Arbeitsstruktur aus. Untergruppen, Ausgrenzungen oder Mobbing lösen beispielsweise in der Gruppe Konflikte aus und vermindern die Leistungsfähigkeit (siehe Kap. 7).

Formelle und informelle Teamstrukturen

3.2 Teammitglieder

Der Erfolg eines Teams beruht vor allem auf den unterschiedlichen Kompetenzen der Teammitglieder und ihrer Bereitschaft, ihre Fähigkeiten und ihr Wissen in das Team einzubringen. Wie die Erfahrung zeigt, ist es wichtig, in der Zusammensetzung des Teams die richtige Mischung von Mitarbeiterinnen zu finden, die miteinander harmonieren, sich als Team verstehen und bereit sind, zugunsten des Teams eigene Interessen zurückzustellen. Zahlreiche wissenschaftliche Studien setzten sich mit der optimalen Zusammensetzung von Teams auseinander. Der Fokus dieser Untersuchungen liegt auf den Kompetenzen der Teammitglieder, der Zusammensetzung des Teams (Heterogenität / Homogenität) und der Rollenverteilung im Team.

3.2.1 Kompetenzen der Teammitglieder

Die zentrale Kompetenz für die erfolgreiche Zusammenarbeit im Team ist die Teamfähigkeit der einzelnen Mitglieder. Als Teamfähigkeit bezeichnet man die Fähigkeit eines Menschen, sich einer Gruppe anzuschließen. Dies bedeutet, soziale Kontakte zu den einzelnen Gruppenmitgliedern aufzubauen, eine von den anderen akzeptierte Position innerhalb des Beziehungsgeflechts der Gruppe einzunehmen und sich für das Erreichen von Zielen gemeinsam mit anderen Personen einzusetzen. Die Teamfähigkeit ist ein recht komplexes Gebilde, das unterschiedliche Fähigkeitsbereiche umfasst: *Persönlichkeitsmerkmale* (z. B. Ausgeglichenheit, Kommunikationsbereitschaft, Selbstbeherrschung, Loyalität, Altruismus), *Arbeitsverhalten* (z. B. Zuverlässigkeit, Einhalten von Absprachen und Spielregeln, Erfüllen von Vereinbarungen) und *Sozialverhalten* (z. B. Kommunikationsfähigkeit; die Fähigkeit, Gefühle, Anliegen Probleme und Meinungen anderer wahrzunehmen und respektvoll damit umzugehen; Toleranz, Offenheit und Fairness; Integrationsfähigkeit, Kompromissbereitschaft und Konsensfähigkeit). Die Teamfähigkeit kann durch systematisches Training weiterentwickelt werden (siehe Kap. 6).

Teamfähigkeit

Teamarbeit erfordert auch die Lernbereitschaft der einzelnen Mitglieder, denn nur so kann das Team aus Erfahrungen Konsequenzen ableiten. Aus eigenen individuellen Zielvorstellungen, die jedes Teammitglied mitbringt, muss sich im offenen Dialog ein aufeinander abgestimmtes Verhalten entwickeln – nur so kann sich ein Lernprozess im Team entwickeln. Auf der Basis des Teamlernens wird das Team flexibel und anpassungsfähig. Neue Impulse können aufgegriffen und die bestehenden Denk- und Verhaltenstrukturen gegebenenfalls angepasst werden.

Eine weitere wesentliche Kompetenz ist das Engagement der Teammitglieder, das sich in der Identifikation mit dem Team und in der Begeisterung für das Team zeigt. Das Engagement führt zur Leistungsbereitschaft und zur Leistungsfreude, d. h. jedes Teammitglied setzt sich, wenn es erforderlich ist, auch über das normale Maß hinaus für das Team ein. Mit dem Engagement ist auch die Bereitschaft verbunden, Verantwortung im Team zu übernehmen. Untersuchungen zeigen, dass Teams mit sehr sozial eingestellten und gleichzeitig hochleistungsmotivierten Mitgliedern bei den meisten Aufgabenstellungen die besten Leistungsergebnisse erzielen (Wegge 2001).

Das Profil eines guten Teammitglieds kann wie folgt charakterisiert werden (siehe Quest Qualiy Education 1996):

- Das Teammitglied kennt und akzeptiert die Ziele und die Leistungsmaßstäbe des Teams.
- Es trägt zur Entwicklung von Zielkriterien und Zielmaßstäben aktiv bei und will diese auch erreichen.
- Es bringt sich zur Erfüllung der Ziele und Aufgaben engagiert ein.
- Es bringt seine Ideen, Informationen und Erfahrungen bei Besprechungen ein und ist bereit, eine aktive Rolle (Besprechungsleitung, Protokollführung) zu übernehmen.
- Es hört den Teammitgliedern zu und entwickelt deren Ansichten und Ideen weiter.
- Es beteiligt sich aktiv und konstruktiv an Diskussionen.
- Es akzeptiert den Konsens des Teams.

- Es übernimmt Aufgaben verantwortungsvoll und führt diese einwandfrei, zuverlässig und pünktlich aus.
- Es unterstützt im Rahmen der vereinbarten Handlungsweisen die Teamleitung und andere Teammitglieder nach außen.
- Es würdigt die Beiträge und Hilfestellungen von anderen Teammitgliedern.

3.2.2 Zusammensetzung des Teams

Die richtige Zusammensetzung des Teams ist abhängig von der jeweiligen Aufgabenstellung und den damit verbundenen Anforderungen. Als wichtige Einflussgröße für den Teamerfolg erweist sich die Heterogenität der Gruppenzusammensetzung. Die Heterogenität ist ein mehrdimensionales Phänomen und kann sich auf recht unterschiedliche Aspekte beziehen (z.B. Intelligenz, aufgabenbezogene Fähigkeiten und Kenntnisse, Alter, motivationale Ausrichtung, Persönlichkeitsmerkmale). Heterogen zusammengesetzte Gruppen (z.B. im Hinblick auf Geschlecht, Ausbildung, Fachwissen, Persönlichkeit) sind bei Entscheidungs- und Kreativitätsaufgaben besser als homogene Gruppen. Allerdings hat sich gezeigt, dass Lösungen in heterogenen Gruppen sich erst dann durchsetzen, wenn mindestens zwei Gruppenmitglieder den Lösungsvorschlag favorisieren. Daraus ergibt sich, dass durchaus ein gewisses Maß an Übereinstimmung zwischen den Gruppenmitgliedern gegeben sein muss, um zu optimalen Lösungen zu gelangen.

Nachteilig wirkt sich die Heterogenität auf die Verweildauer in der Gruppe aus. Heterogene Gruppen weisen eine höhere Fluktuationsrate auf. Ein zu häufiger Wechsel der Gruppenmitglieder vermindert die Leistungsfähigkeit der Gruppe, der Zusammenhalt des Teams (Kohäsion) ist erschwert und die Entwicklung im Gruppenprozess schreitet langsamer voran. In heterogenen Gruppen identifizieren sich die Teammitglieder weniger mit dem Team als in homogenen Gruppen. Die Heterogenität hat zudem Auswirkungen auf die Kommunikationshäufigkeit. Zwischen unähnlichen Gruppenmitgliedern finden weniger Interaktionen und erforderliche Absprachen statt.

Heterogenität

Zusammenfassend lässt sich sagen: Heterogenität ist unabding-
bar, um im Team komplexe Aufgaben zu bewältigen, und Homogenität ist der Kitt, der das Team zusammenhält.

3.2.3 Teamrollen

An die Teammitglieder werden abhängig von ihrer Position in
der Einrichtung (z. B. Leiterin der Kindertagesstätte, Gruppenleiterin, Praktikantin) unterschiedliche Erwartungen gerichtet.
Aus diesen Erwartungen resultiert im beruflichen Bereich eine
institutionalisierte Rolle. Daneben nimmt die Person auch individuelle Rollen wahr. Die Teammitglieder können die Stärken
und Schwächen ihrer Kolleginnen in unterschiedlichen Situationen beobachten. Diese Erfahrungen bilden den Ausgangpunkt
für Erwartungen gegenüber den Teammitgliedern in vergleichbaren zukünftigen Situationen. Wenn es einer Mitarbeiterin ge-
lungen ist, beim Sommerfest in humorvoller, ungezwungener Art
als Moderatorin vor 120 Eltern durch das Programm zu führen,
dann wird sie in ähnlichen Situationen wieder um die Moderation gebeten.

Im Rahmen der Teamentwicklung differenzieren sich Rollen
heraus, indem bestimmte Aufgaben wiederkehrend an einzelne
Teammitglieder delegiert werden. Hinter diesem Vorgang steht
die Personalisierung von Aufgaben, die eigentlich jedes Gruppenmitglied auszuführen hätte. Das Problem dieser Rollenzuordnung besteht darin, dass in der Folge die anderen Teammitglieder
immer weniger bereit sind, diese delegierten Aufgaben selbst zu
erfüllen. Im weiteren Verlauf kann es zu Verkrustungen kommen
und die Flexibilität sowie die Anpassungsfähigkeit der Gruppe
verringern sich. Es ist die Aufgabe der Teamleitung, diesem Prozess entgegenzuwirken, vor allem dann, wenn es zu negativen
Rollenzuweisungen im Team kommt.

Ein verbreitetes Konzept zu Teamrollen geht auf Belbin
(1993) zurück, die eine systematische Auswertung von umfangreichen, auf längere Zeit angelegten Management- und
Planspielen durchführte, um herauszufinden, welche Rollen in
Teams auftreten und in welcher Kombination von Rollen ein

Team erfolgreich ist. Belbin differenziert zwischen Funktionen, die in Arbeitsplatzbeschreibungen zu finden sind und Arbeitsaufgaben beinhalten, sowie Rollen, die das Teammitglied übernimmt. Die Wahrnehmung von Rollen ist eng verknüpft mit der Persönlichkeit und der Entwicklung des Individuums, d.h. abhängig von der Persönlichkeit des Teammitglieds wird die Person in unterschiedlichen Teams wahrscheinlich eine vergleichbare Rolle einnehmen. Deshalb ist es für ein erfolgreich arbeitendes Team wichtig, die geeigneten Mitglieder zu finden. Wenn das Teammitglied die Teamrolle übernimmt, die zu seiner Persönlichkeit und seinen Fähigkeiten passt, wird es für das Team am effektivsten arbeiten. Zudem werden wahrscheinlich weniger Teamkonflikte auftreten. Belbin unterscheidet in ihrem Konzept neun Teamrollen:

Rolle	Kennzeichnung der Rolle	Eigenschaften des Rollenträgers
Umsetzer (Implementer / Company Worker)	Konzepte und Pläne werden in praktische Arbeitsabläufe umgesetzt; Prozesse werden systematisch und effizient gestaltet	pflichtbewusst diszipliniert praktisch veranlagt konservativ
Koordinator / Integrator (Co-ordinator)	Steuerung des Fortschritts im Team; aufgabengerechtes Einsetzen der Gruppenmitglieder zur Zielerreichung	selbstsicher dominant extrovertiert
Macher (Shaper)	setzt Ziele und Schwerpunkte; Aktivitäten des Teams werden gesteuert; Überwindung von Hindernissen	dynamisch durchsetzungsstark leistungsmotiviert
Ideengeber (Plant)	Ideen, neue Vorgehensweisen und kreative Lösungen werden hervorgebracht; Probleme werden als Herausforderungen gesehen, die neuartige Strategien erfordern	kreativ unkonventionell strategisch denkend intelligent
Wegbereiter / Weichensteller (Ressource Investigator)	fortlaufende Unterrichtung des Teams über Ideen, Informationen, Entwicklungen, die außerhalb des Teams ablaufen; Unterstützung bei der Umsetzung von Ideen	kommunikativ wissbegierig extravertiert enthusiastisch

Rolle	Kennzeichnung der Rolle	Eigenschaften des Rollenträgers
Beobachter (Monitor Evaluator)	objektive Bewertung der Leistungen und Vorschläge hinsichtlich Realisierbarkeit und Kosten; komplexe Sachverhalte werden bewertet und interpretiert	besonnen strategisch denkend scharfsinnig
Teamarbeiter / Umsetzer (Team Worker)	praktische Umsetzung der Ideen und Pläne; systematisches und methodisches Vorgehen; Übernahme von Verantwortung	zuverlässig umgänglich zurückhaltend ausgleichend
Perfektionist (Completer / Finisher)	Einzelheiten werden überprüft und Qualitätskontrollen durchgeführt; Überwachung von Terminen und Abläufen	gewissenhaft diszipliniert beharrlich ordentlich
Fachmann (Specialist)	fachspezifische Kenntnisse (z.B. EDV, Recht) und Erfahrungen aus ähnlichen Projekten werden eingebracht	fachkundig engagiert introvertiert zielstrebig

Abb. 15: Rollenkonzept von Belbin

Es ist zwar recht unwahrscheinlich, dass ein Team mit genau den Persönlichkeiten besetzt ist, die den genannten neun Rollen entsprechen. In der Regel lassen sich einige Teammitglieder keiner dieser Rollen eindeutig zuordnen, während andere Teammitglieder für mehrere Teamrollen geeignet sind. Die Sichtweise Belbins ist jedoch wichtig, um grundlegende Prozesse sowie Konfliktpotenziale im Team zu verstehen und Lösungen zu finden (siehe Kap. 7).

3.3 Teamleitung

Auch wenn das Team viele Führungsaufgaben, die in traditionellen Gruppen einer externen Führungskraft zukommen (z.B. Arbeitseinteilung, Konfliktregelung, Kontrolle) selbst übernimmt, sich also selbst steuert, so bleiben immer noch Funktionen, die vom Team nicht wahrgenommen werden können. Daher ist, ab einer bestimmten Gruppengröße (siehe oben, Kap. 3.1), die Führung eines Teams notwendig, um die Prozess- und Produktqualität durchgängig zu sichern. Da Teams arbeitsteilig arbeiten, ist die Koordination und Integration der erbrachten Teilleistungen wichtig. Die Teamleitung hat darüber hinaus die Aufgabe, die Energie der Teammitglieder auf die gemeinsamen Teamziele auszurichten. Teams ohne explizite Führung erzielen zumeist schlechtere Ergebnisse als Teams mit einer Teamleitung (vgl. Wegge 2004).

Die Leitung eines Teams, die Teamsteuerung, unterscheidet sich deutlich von der Mitarbeiterführung. Während die Mitarbeiterführung sich auf Personen bezieht, die in fremd organisierten Arbeitsumwelten arbeiten, liegen bei Teams selbst gestaltete Arbeitskontexte vor und das Team verfolgt umfassendere und komplexere Teamziele als ein einzelner Mitarbeiter. Die Teamleitung hat daher die Aufgabe, das Team zum Erfolg zu führen und gleichzeitig die Bedingungen zu schaffen, damit sich die Teammitglieder selbst führen können.

Teamsteuerung

Drei Leitbegriffe bringen treffend die Aufgaben der Teamleitung auf den Punkt (vgl. Bay 2002):

Führen: Aufgabe der Teamleitung ist es, die Rahmenbedingungen für eine erfolgreiche Teamarbeit sicherstellen. Dazu zählt beispielsweise der Aufbau einer leistungsorientierten Team- und Feedbackkultur. Weiterhin erfordert die Führung des Teams die Entwicklung und Anwendung eines Ziel- und Controllingsystems. Abhängig vom Reifegrad des Teams (Fähigkeit zur Selbststeuerung und Selbstorganisation, siehe Kap. 6: Teamentwicklung), kann die Teamleitung Aufgaben an die Teammitglieder delegieren.

Aufgaben der Teamleitung

Fordern: Die Teamleitung muss darauf achten, dass die Teammitglieder die Ziele nicht aus den Augen verlieren. Wichtig ist ein teamunterstützendes Sozial- und Arbeitsverhalten sowie Lernbereitschaft – hier kann die Teamleitung die Mitglieder auffordern, durch ihre Beiträge die Arbeitsprozesse mit zu gestalten.

Fördern: Die Einzel- und Teamkompetenzen sollten durch geeignete Maßnahmen (z. B. Fort- und Weiterbildung) entwickelt werden. Dabei kann auch die Teamleitung selbst als Coach des Teams agieren. Ihre Maßnahmen sollten die Selbstständigkeit fördern. Je selbstständiger und reifer das Team, desto niedriger der Steuerungsanteil der Teamleitung.

Führungsstil Der Führungsstil der Teamleitung hat einen wesentlichen Einfluss im Prozess der Teamentwicklung (siehe Kap. 6: Teamentwicklung). Ein *aktiver, demokratischer Führungsstil* stärkt das Team und ist in der Anfangsphase der Teambildung hilfreich. Übernimmt das Team im Laufe der Zeit wesentliche Führungsfunktionen selbst, kann sich die Teamleitung stärker zurücknehmen und einen *ermächtigenden Führungsstil* verwirklichen. Die Teamleitung wird nach und nach zur Helferin und zum Coach des Teams. Ein *autokratischer Führungsstil* verhindert in jedem Fall die gewünschte Selbststeuerung durch das Team (vgl. Kriz & Nöbauer 2006).

Engagement der Teamleitung	Einflussnahme der Teamleitung	
	autokratisch	demokratisch
aktiv	**Einengende Führung** Führungsverhalten: Zwang, Verstärkung, Bestrafung, autokratische Entscheidungsfindung, Vorgaben **Reaktionen des Teams:** Folgsamkeit, Konformität, Zweifel **Ergebnis:** Unterwürfigkeit; Teams, die der Teamleitung gehorchen	**Stärkende Führung** Führungsverhalten: Lenkung, Ermutigung, Delegation, Verstärkung, Kulturentwicklung **Reaktionen des Teams:** lernen, Kompetenzentwicklung **Ergebnis:** Selbststeuerung; Teams steuern sich abhängig von den Aufgaben selbst
passiv	**Bevormundende Führung** Führungsverhalten: zeitweilige Vorgaben, Auferlegen von Sanktionen, psychologische Distanz zum Team **Reaktionen des Teams:** Orientierungslosigkeit, Machtkämpfe **Ergebnis:** entfremdete Teams; Teams und Teamleitung kämpfen um die Führung	**Ermächtigende Führung** Führungsverhalten: Vorbildverhalten, Hilfestellung, Koordination an den Schnittstellen nach außen **Reaktionen des Teams:** Selbstführung, Identifikation **Ergebnis:** selbstführende Teams; Teams steuern ihre Handlungen im Hinblick auf das Was und das Wie

Abb. 16: Typologie des Führungsverhaltens und seine Auswirkungen auf Teams (Quelle: Kriz & Nöbauer 2006, S. 55)

Die Effektivität der Führung kann gesteigert werden, wenn die Führungskraft in ihrem Führungshandeln folgende vier Schlüsselfaktoren berücksichtigt (vgl. Raab 1997):

Coaching / Training: Die Führungskraft überprüft regelmäßig den vorhandenen Kompetenzstand im Team und ergreift rechtzeitig Maßnahmen zur Weiterentwicklung und Erweiterung der Fähigkeiten und Fertigkeiten (z. B. Entwicklung eines Fort- und Weiterbildungskonzepts).

Effizienter Führungsstil

Partizipation: Die Teammitglieder werden an Entscheidungen beteiligt. Ihre Sichtweisen, ihr Wissen und ihre Erfahrungen sind wichtige Ressourcen, um Veränderungen zu verwirklichen, die von allen Beteiligten mitgetragen werden.

Monitoring: Langzeitbeobachtung, Begleitung und Steuerung von Prozessen; so sollten bei der Entwicklung von Visionen, Zukunftsplanung, Umsetzung von weitreichenden Veränderungen alle Teammitglieder eingebunden werden.

Feedback-Systeme: Der Erfolg der Teamarbeit ist nicht zuletzt von der systematischen Rückmeldung der Teammitglieder über den Erfolg der Arbeit (z. B. Befragung von Eltern) und dem Erreichen von Zielen und Meilensteinen (z .B. Verbesserung der Auslastungsquote) abhängig.

3.3.1 Führen mit Zielen

Wie oben bereits erwähnt, ist die Ausrichtung der Mitarbeiter auf Teamziele eine wichtige Aufgabe der Teamleitung, die die Selbststeuerung des Teams fördert. Teamziele haben eine lenkende und motivierende Funktion. Wie Magnete erzeugen sie Spannung und Energie und fordern zum Handeln auf (vgl. Antoni 2000). Werden Teamziele vereinbart, dann richtet sich die Aufmerksamkeit der Teammitglieder auf das Ergebnis, die Zielerreichung.

Die Ziele können sich auf unterschiedliche Organisationsebenen beziehen. Strategische und operative Ziele sind auf der Team- und Mitarbeiterebene angesiedelt. Das Team ist sowohl für die mittel- bis langfristige Weiterentwicklung der Einrichtung als auch für die schnelle Umsetzung im operativen Bereich verantwortlich.

Teamziele

Auf der Trägerebene steht die langfristige Ausrichtung im Mittelpunkt, die beispielsweise zu einer neuen Ausrichtung der Einrichtung im Zeitraum von fünf bis zehn Jahren führt. Aufgabe der Teamleitung ist es, zwischen den Zielforderungen auf den unterschiedlichen Ebenen zu vermitteln und dem Team ausreichend Handlungsspielraum zu eröffnen, um über die Ziele und die Wege zur Erreichung der Ziele selbst zu bestimmen.

Zielebenen Die **operativen Ziele** beziehen sich auf die aktuelle Situation und führen bei der Verwirklichung zu sofortigen Verbesserungen. Beispiele: Erhöhung der Auslastung bzw. Belegungsquote, Verringerung der Bearbeitungszeit im Aufnahmeverfahren.

Die **strategischen Ziele** orientieren sich am mittel- bis langfristigen Erfolg der Arbeit. Beispiele: Entwicklung eines Qualitätsmanagement-Systems, Erweiterung des Betreuungsangebots, Kostenreduzierung, Verbesserung der Informationssysteme (Wissensmanagement).

Die **Entwicklungsziele** führen zu Qualitätssteigerungen bei den Kompetenzen der Teammitglieder. Beispiele: Erstellung eines Fortbildungskonzepts für das Team, Durchführung eines Team-Coachings, Qualifizierungsmaßnahmen für Führungskräfte.

Anforderungen an Teamziele Bei der Festlegung von Teamzielen ist Folgendes zu beachten (vgl. Haug 1994):

- **Gemeinsam** mit allen Teammitgliedern sollten die Teamziele **vereinbart** werden, um die Verantwortung der Teammitglieder für die Zielerreichung zu stärken.
- Teamziele müssen **im Konsens** zustande kommen. Gegen die formulierten Teamziele darf es von den Teammitgliedern keine Einwände geben.
- Die Teamziele müssen **messbar** sein, um eine fortlaufende Prüfung der Zielerreichung durch die Teammitglieder zu ermöglichen.
- Die Teamziele sollten **schriftlich** und **verbindlich** festgehalten werden, damit alle Teammitglieder die Ziele klar vor Augen haben.

- Eine **Aufgliederung** der Teamziele in Teilziele ist wünschenswert, um die Zielerreichung auf verschiedene Mitarbeiter verantwortlich aufteilen zu können.
- Die Teilziele beziehungsweise verschiedenen Teamziele sollten **widerspruchsfrei** sein, um Zielkonflikte zu vermeiden.
- Das Erreichen der Teamziele sollte **zeitlich definiert** werden.
- Die Teamziele sollten von den Teammitgliedern als **erstrebenswert** eingestuft werden. Gelingt es, die Teamziele mit den Individualzielen in Einklang zu bringen, kann ein hohes persönliches Engagement erreicht werden.
- Die Teamziele sollten **erreichbar** und für die Teammitglieder **herausfordernd** sein, ohne sie zu überfordern.
- Teamziele sollten vom Team aus eigener Kraft **eigenständig** erreicht werden können.

Schriftlich und verbindlich festgehalten werden können die Teamziele in einem Teamvertrag. Diese kurze schriftliche Dokumentation (Laufzeit ein Jahr) sollte von allen Teammitgliedern akzeptiert und unterschrieben werden und folgende Bereiche umfassen (vgl. Quest Quality Education 1996, S. 26):

Teamziele: Angaben zum Gesamtziel; Beitrag der Teamziele zu den Gesamtzielen des Trägers; klare, konkrete Aussage, die von allen Teammitgliedern geteilt wird;

Spezifische Teamkriterien: Aussagen zu den erwarteten Leistungen; Hinweise auf die Erfolgskriterien, an denen die Leistung gemessen wird;

Grenzen: Abgrenzung der Teamaufgaben zu den Aufgaben anderer Teams; Zuweisung von Berechtigungsstufen; zeitliche Grenzen; klare Abgrenzung hinsichtlich Standorten/Angebotsformen/Abteilungen;

Außenkontakte: Einbeziehung von Außenstehenden (z. B. Experten) oder externen Kunden wie Eltern, Jugendämter;

Fristen: Festlegung von Anfangs- und Abschlussterminen sowie Zwischenterminen (z. B. Meilensteine) zur Berichterstattung;

Teamvertrag

Ressourcen: klare Regelungen über die zeitlichen, personellen, finanziellen Rahmenbedingungen;
Rollen: Aufteilung der Teamrollen.

Achtung: Zielfallen

Mit der Begleitung im Prozess der Zielfindung und der Formulierung der Vorgaben ist die Aufgabe der Teamleitung nicht beendet, denn häufig ergeben sich gruppendynamische Prozesse, beispielsweise bei der Abgrenzung und Übernahme von Teilzielen. Darüber hinaus können Probleme auftreten, die bereits bei der Vereinbarung von Zielen zu bedenken sind (vgl. Buchner 1994):

Wahrnehmungsverzerrungen: Teamleitung und Teammitglieder nehmen die vereinbarten Ziele in anderer Weise wahr bzw. interpretieren sie unterschiedlich.

Vermeidungsziele: Werden Teammitglieder aufgefordert, Zielvorschläge einzubringen, werden häufig Vermeidungsziele formuliert. In das Zentrum der Betrachtung rückt nicht das, was erreicht werden soll, sondern das, was vermieden werden sollte.

Überforderung: Ziele werden zu hoch gesteckt, sodass Misserfolge, Frustrationen und Schuldzuweisungen nicht ausbleiben.

Universelle Zielsetzungen: Bei interdisziplinär zusammengesetzten Teams werden bisweilen Ziele formuliert, die außerhalb des eigenen Verantwortungsbereichs liegen. Auseinandersetzungen mit anderen Teams sind zu erwarten.

Wenn die Teamleitung und die Teammitglieder sich dieser Zielfallen bewusst sind, können bei der Vereinbarung von Zielen Auseinandersetzungen, unnötige Frustrationen und Unzufriedenheit deutlich vermindert werden.

3.3.2 Rollenkonflikte

Für die Teamleitung ergeben sich in Bezug auf das Rollenverhalten besondere Anforderungen, da sie gleichzeitig unterschiedliche Aufgaben zu erfüllen hat, wobei sie auch unterschiedliche Rollen übernimmt (siehe Kap. 3.2.3) (vgl. Dick und West 2005, Raab 1997):

Rolle	Kennzeichnung der Rolle	Voraussetzungen
Organisatorin / Koordinatorin	Zielklärung und -vereinbarung, Abstimmung mit anderen Bereichen; Verbesserung der Teamorganisation	Zielstrebigkeit, Hartnäckigkeit
Moderatorin	Kommunikationsabläufe in Gang setzen und in Gang halten, Visualisierung von Ergebnissen	Neutralität, Beherrschung von Moderationstechniken (z. B. Visualisierung)
Beraterin	Klärung und Unterstützung bei Beziehungsproblemen zwischen Teammitgliedern	Beherrschung von Gesprächstechniken (z. B. aktives Zuhören, Wertschätzung)
Coach / Trainerin	Begleitung einzelner Teammitglieder, Unterstützung der Teambildung, Anregung zur kontinuierlichen Verbesserung	Unabhängigkeit, Berufserfahrung, Reflexionsvermögen
Konfliktmanagerin	Spannungen, Konflikte aufgreifen und mit den Beteiligten bearbeiten / lösen	Neutralität, Beherrschung von Mediationstechniken
Repräsentantin	Darstellung und Vermittlung der Teamergebnisse gegenüber Außenstehenden / Öffentlichkeit	Überzeugungsfähigkeit, Selbstbewusstsein, Visualisierungskompetenz
Verhandlungsführerin	Vertretung der Teaminteressen gegenüber Träger und anderen Teams, Verbesserung der Rahmenbedingungen für das Team	Verhandlungsgeschick, Selbstsicherheit, Überzeugungskraft

Abb. 17: Rollen einer Teamleiterin

Die Teamleitung wird dann erfolgreich sein, wenn es ihr gelingt, die unterschiedlichen Rollen situationsgerecht auszufüllen. Allerdings können sich aus dem Anspruch an die Teamleitung, sowohl die Kooperation im Team voranzutreiben als auch die Bedingungen zur Aufgabenerledigung herzustellen, widersprüchliche Anforderungen ergeben, die nicht immer eindeutig aufzulösen sind. Dieses Spannungsfeld bezeichnet Neuberger (1995) als Rollendilemma der Führung und nennt folgende Bereiche, in denen die

Rollendilemma der Führung

Führungskraft für sich immer wieder einen tragfähigen Kompromiss finden muss:

Mittel	Zweck
Teammitglied wird als Mittel, Kostenfaktor gesehen. Leistungspotenziale des Mitarbeiters werden genutzt	Teammitglied steht im Mittelpunkt; Selbstaktualisierung und Selbstverwirklichung des Mitarbeiters sind zu entwickeln
Gleichbehandlung alle Teammitglieder sind fair, gerecht und ohne Bevorzugung zu behandeln	**Individualisierung** Einzelfallregelungen werden getroffen, die auf die besondere Situation Einzelner abgestimmt sind
Distanz Mitarbeiter sind auf Hierarchieabstand zu halten	**Nähe** auf Mitarbeiter wird persönlich, einfühlsam eingegangen
Fremdbestimmung Mitarbeiter wird kontrolliert, überwacht; die Vorstellungen der Teamleitung werden durchgesetzt	**Selbstbestimmung** den Mitarbeitern werden Frei- und Entscheidungsspielräume zugestanden, die Entfaltungsmöglichkeiten und Selbstständigkeit werden unterstützt
Spezialisierung fachspezifisches Wissen wird eingebracht, um kompetent entscheiden zu können	**Generalisierung** übergreifende Bezüge stehen ohne Detailkenntnisse im Vordergrund, der Überblick soll behalten werden
Gesamtverantwortung Teamleitung trägt die Gesamtverantwortung und zieht Zuständigkeiten an sich. Bei Fehlern trägt die Teamleitung die Verantwortung	**Einzelverantwortung** Mitarbeiter trägt für seinen Aufgabenbereich die Verantwortung und wird bei Fehlern dafür zur Rechenschaft gezogen
Bewahrung Teamleitung scheut das Risiko von Innovationen und setzt auf Tradition; Sicherheitsdenken und Vorsicht stehen im Vordergrund	**Veränderung** experimentierfreudig wird Neues erprobt, das Handeln ist flexibel, es wirkt auf andere bisweilen unberechenbar und sprunghaft
Konkurrenz Wettbewerb mit anderen wird gesucht, Konflikten und Konfrontationen wird nicht aus dem Weg gegangen	**Kooperation** Harmoniebedürfnis, solidarisches Handeln und das Einvernehmen mit den anderen stehen im Vordergrund

Rollendilemma der Teamleitung

Abb. 18: Rollendilemma der Teamleitung

Auf den Punkt gebracht

Der Teamerfolg wird wesentlich von den **Rahmenbedingungen** bestimmt. Die optimale **Teamgröße** ist von der Aufgabenstellung abhängig, wobei die Maxime gilt: So viele wie unbedingt nötig, so wenig wie möglich. Wird dem Team **Autonomie** zugestanden, dann erhöhen sich das Verantwortungsbewusstsein der Teammitglieder und die Leistung des Teams. Zahlreiche Studien belegen, dass die mit der **Heterogenität** verbundene Vielfalt von Kompetenzen die Effektivität des Teams verbessert.

Jedes Team weist eine formell vorgegebene und eine informelle **Struktur** auf, die auf den Beziehungen, Kommunikationsmustern oder Rollen beruht.

Entscheidend für den Teamerfolg sind die Teamfähigkeit und das Engagement der **Teammitglieder**. Die Mitarbeit in einem Team erfordert insbesondere soziale Kompetenzen. Allerdings können diese durchaus unterschiedlich ausgeprägt sein, denn Heterogenität, macht ein Team produktiv.

Jeder übernimmt im Team eine Rolle, aber welche? Und sind sie für immer festgeschrieben? Das Wissen um **Teamrollen** ist eine wichtige Voraussetzung für erfolgreiche Teamarbeit. Die **Teamleitung** muss koordinierend und integrierend handeln, um die Teamziele zu erreichen. Sie hat die Aufgabe, die Teammitglieder zu führen, zu fordern und zu fördern. Eine sehr erfolgreiche Strategie ist das **Führen mit Zielen.** Hier werden gemeinsam mit den Teammitgliedern Zielvereinbarungen getroffen, die zur Steigerung der Motivation und zur gemeinsamen Verantwortung für den Teamerfolg beitragen. Die Teamziele sollten herausfordernd, für die Einrichtung wichtig sein und dem Team Handlungs- und Entscheidungsspielräume zugestehen.

Allerdings können sich aus der Arbeit im und mit dem Team für die Teamleitung **Rollenkonflikte** ergeben.

4. Teamentwicklung

Jedes Team ist ein Organismus, der sich entwickelt. Die Entwicklung von Teams geht nicht linear, zielgerichtet und mit immer größerer Effizienzsteigerung vor sich. Ein Team muss zusammenwachsen, muss die Möglichkeit haben, sich zu orientieren, Konflikte auszuleben und zu beseitigen, Kompromisse zu schließen, sich zu integrieren und zu wachsen. Ganz besonders gilt dies für Arbeitsbereiche, in denen die Teamzusammensetzung von außen (Zwangsgemeinschaft) vorgegeben wird und sich die Teammitglieder ihre Kolleginnen (wie beispielsweise Freunde) nicht auswählen können. Die Teamentwicklung beruht vor allem auf der Beziehungsentwicklung innerhalb des Teams (vgl. Maaß & Ritschl 1997). Wenn eine tragfähige Beziehung aufgebaut ist, können sich Offenheit und Vertrauen entwickeln, die für eine gute Kooperation unerlässlich sind.

Im ersten Schritt wird dann aus einem „zusammengewürfelten Haufen" ein Team.

Der Prozess der Teamentwicklung ist im Alltag einer Einrichtung auf Dauer gestellt. So wird z. B. ein „eingeschworenes Team" nach dem Ausscheiden bewährter und dem Hinzukommen neuer Mitglieder bereit sein, sich neu auf den Teamentwicklungsprozess einzulassen, ggf. in dem im Folgenden vorgestellten Phasenmodell ein oder zwei Schritte zurückzugehen.

4.1 Phasen der Teamentwicklung

Zahlreiche Studien in der Sozialpsychologie setzen sich mit der Entwicklung von Teams auseinander, um die gruppendynamischen Prozesse im Team zu verstehen und geeignete Maßnahmen zur Unterstützung der Teamentwicklung bereitzustellen. Die vorliegenden Untersuchungen kommen zu ähnlichen Unterteilungen bezüglich der Entwicklungsphasen.

Der Teamentwicklungsprozess vollzieht sich parallel auf zwei Ebenen:

1. **Sachebene:** alle Aspekte der sachlichen Bewältigung der Aufgabenstellung und der Selbstorganisation

2. **Interaktionsebene:** die menschlichen Seiten des Teams (z. B. Wertschätzung, Einfluss, erwünschtes und unerwünschtes Verhalten, die eigene Rolle im Team usw.)

Ebenen der Teamentwicklung

Die Teamentwicklung findet in der Regel in vier Phasen statt (vgl. Tuckman 1965):

Forming: In der Anfangsphase, in der sich die Gruppe konstituiert, steht das Ausprobieren und Kennenlernen im Mittelpunkt. Die Gruppenmitglieder orientieren sich stark an der Teamleitung.

Auf der Sachebene wird abgeklärt, welche Ziele verfolgt werden, was mit welchen Methoden erreicht werden soll, wie sich das

Orientierungs- und Teamfindungsphase

Team organisiert. Das Gruppenmitglied erfährt auf der Interaktionsebene, welche Verhaltensweisen akzeptiert und welche abgelehnt werden.

Gegenseitige Sympathie und Antipathie werden deutlich. Die Mitglieder verhalten sich abwartend vorsichtig und bleiben in Deckung.

Konflikt- und
Konfrontations-
phase

Storming: Gruppenkonflikte bestimmen diese Phase, in der sich noch kein Wir-Gefühl entwickelt hat und jeder seine Position in der Gruppe sucht.

Die Interaktionsebene dominiert in dieser Phase. Die Zurückhaltung wird aufgegeben und einige Gruppenmitglieder versuchen zu dominieren, indem sie beispielsweise Machtansprüche geltend machen. Die Suche nach Koalitionspartnern beginnt und Cliquen finden zusammen. Polarisierungen im Team werden zunehmend erkennbar. Konflikte zwischen Gruppenmitgliedern und Untergruppen treten in dieser Phase deutlich hervor. Im Team müssen Machtverhältnisse, Einflussbereiche, Verbindlichkeit von Absprachen, Kontrolle und gegenseitige Respektierung geklärt werden. Die Teamleitung sieht sich Angriffen ausgesetzt und erfährt Widerstand gegen ihre Vorgehensweise. Die Gruppe droht zu zerfallen.

Auf der Sachebene kommt es zu inhaltlichen Auseinandersetzungen und es wird z. B. über die Vorgehensweisen und Methodenauswahl heftig gestritten.

Den Teammitgliedern werden Diskrepanzen zwischen eigenen Vorstellungen und den Aufgabenanforderungen bewusst. Wenn es nicht gelingt, am Ende dieser Phase einen Konsens bezüglich der aufgabenbezogenen Anforderungen zu finden, droht das Team zu zerbrechen.

Organisations- und
Dialogphase

Norming: Die Wogen glätten sich und der Gruppenzusammenhalt wird gefestigt. Jeder akzeptiert den anderen und arbeitet auf die Weiterentwicklung der Gruppe hin. Überzogene Profilierung und Wettbewerbsverhalten einzelner Gruppenmitglieder werden aufgegeben. Das Streben nach Harmonie und Konformität verstärkt sich und individuelle Bestrebungen werden der gemeinsamen Aufgabe untergeordnet. Durch eine verstärkt aufgabenbezogene Kommunikation verbessert sich die Kooperation im Team. Die Gruppenmitglieder nehmen bestimmte Rollen wahr, um den Erwartungen der anderen zu entsprechen. Auf der Sachebene erfolgt ein offener Austausch von Informationen, Positionen oder Meinungen.

Die Interaktionsebene ist durch die Entwicklung von Gruppenverhaltensregeln gekennzeichnet. Um den Gruppenzusammenhalt nicht zu gefährden, werden Konflikte nicht offen ausgetragen und ein eher unproduktives Konfliktvermeidungsverhalten ist zu beobachten.

Performing: Die Teamenergie kommt in der gezielten Aufgabenbewältigung zum Tragen. Auf der Interaktionsebene wird ein hoher Grad an Selbststeuerung erkennbar. Die Gruppe arbeitet lösungsorientiert zusammen. Die Teammitglieder haben ihre endgültigen Rollen gefunden und setzen ihre Kompetenzen zur Erreichung der Gruppenziele optimal ein. Aufgabenanforderungen und persönliche Bedürfnisse stehen in einem ausbalancierten Verhältnis zueinander. Die Kommunikation verläuft problemlos und es entwickeln sich Routinen zur Steuerung von Abläufen.

Das Team reflektiert das Informations- und Interaktionsverhalten regelmäßig. Die Steigerung der Effizienz steht im Mittelpunkt. Jedes Gruppenmitglied bringt sich mit einem wichtigen und unverwechselbaren Beitrag zur Erfüllung der Gruppenaufgabe ein. Zudem ist das Team in der Lage, kritische Situationen (z.B. Wechsel von Teammitgliedern oder Teamleitung, Druck von außen) selbst zu bewältigen. Ein ausgeprägtes Wir-Gefühl entsteht.

Integrations- und Hochleistungsphase

Die Phasen der Teamentwicklung bezogen auf die Sach- und Interaktionsebene verdeutlicht nachfolgende Übersicht (Bay 2002):

Phase	Sachebene (Gruppenaufgabe)	Interaktionsebene (Soziales Miteinander)
Forming	• Abklären der Erwartungen • Informationssammlung • Klärung der Ziele • Definition von Teilzielen • Entwicklung von Strukturen • Methodenentwicklung zur Aufgabenbewältigung	• Rollensuche • Kennenlernen • Zurückhaltung bei Gefühlen • Erkunden von akzeptierten Verhaltensweisen
Storming	• kontroverse Sachdiskussionen • Diskrepanz zwischen Aufgabe und persönlichen Vorstellungen • Widerstand gegen Aufgaben und Methoden • Ablehnung von Kontrollen • Suche nach Grundkonsens	• Profilierungsstreben • Festlegung der Hackordnung • Cliquenbildung • Polarisierung / Abgrenzung • Kampf um Macht und Status • Konflikte um Verhaltensregeln
Norming	• offenerer Informationsaustausch • Spielregeln für die Arbeit • Suche nach Problemlösungen • Kooperation aller • Entwicklung von Standards zur Aufgabenbewältigung	• gegenseitige Akzeptanz und Wertschätzung • Herausbildung von Verhaltensnormen und Interaktionsmustern • Entspannung und Wohlbefinden • Ansätze des Wir-Gefühls • Entwicklung eines Team-Jargons
Performing	• aufgabenbezogenes Engagement • hoher Selbststeuerungsgrad / Selbstorganisation • Kreativität • Entfaltung von Arbeitsenergie • kontinuierlicher Verbesserungsprozess • hoher Qualitätsanspruch	• hohe Teamkohäsion • offenes Feedback über Teamentwicklungsstand • Vertrautheit der Teammitglieder über ihre Stärken und Schwächen • hohe Teamidentifikation • Übernahme von Verantwortung • ausgeprägtes Wir-Gefühl

Abb. 19: Teamentwicklungsphasen (Quelle: Bay 2002, S. 30)

Die Entwicklungsphasen sind idealtypisch angeordnet, manche Phasen können fast gleichzeitig ablaufen, durch neue Mitglieder oder geänderte Trägervorgaben etc. kann das Team auf eine andere Stufe gelangen.

Zur Diagnose, in welcher Phase sich ein Team gerade befindet, gibt es ein relativ einfaches Mittel, die Teamentwicklungsuhr nach Francis & Young. Diese greifen auf die vier von Tuckman beschriebenen Phasen zurück und stellen dieses Modell in Form einer Uhr dar.

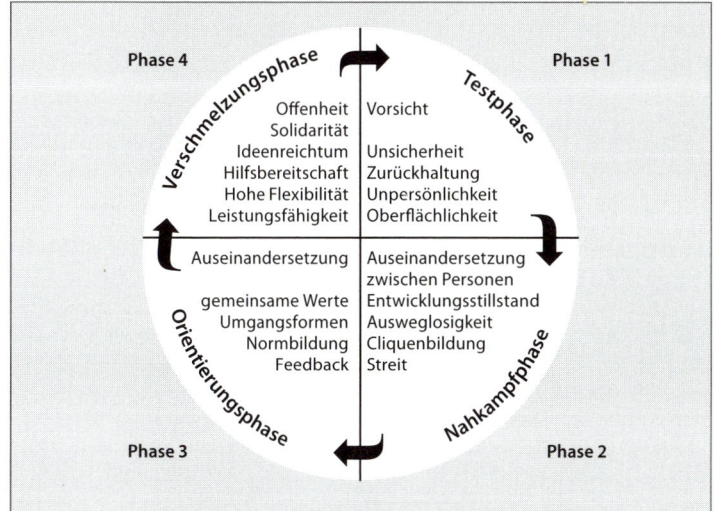

Phase 4

Phase 1

Verschmelzungsphase

Offenheit
Solidarität
Ideenreichtum
Hilfsbereitschaft
Hohe Flexibilität
Leistungsfähigkeit

Vorsicht
Unsicherheit
Zurückhaltung
Unpersönlichkeit
Oberflächlichkeit

Testphase

Auseinandersetzung
gemeinsame Werte
Umgangsformen
Normbildung
Feedback

Auseinandersetzung
zwischen Personen
Entwicklungsstillstand
Ausweglosigkeit
Cliquenbildung
Streit

Orientierungsphase

Nahkampfphase

Phase 3

Phase 2

Teamentwicklungsuhr

Abb. 20: Teamentwicklungsuhr (Quelle: Francis & Young 1996, S. 173)

Die Teamentwicklungsuhr kann in Teambildungsmaßnahmen sehr gut genutzt werden, um die Wahrnehmung der einzelnen Teammitglieder hinsichtlich des erreichten Fortschritts in der Teamentwicklung zu verdeutlichen. Dabei wird jedem Gruppenmitglied eine Kopie der Uhr vorgelegt, mit der Bitte, einen (Klebe-)Punkt an der Stelle der Teamuhr zu platzieren, der seiner Meinung nach den Standpunkt des Teams derzeit markiert.

4.2   Gruppendynamische Prozesse

Innerhalb der Teamentwicklung laufen zahlreiche gruppendynamische Prozesse ab, die im Zusammenhalt (Kohäsion), in der Entwicklung des Wir-Gefühls, in der Identifikation mit dem

Team, in der Übernahme von Rollen sowie in Rollenkonflikten zum Ausdruck kommen.

Interaktions- und Kommunikationsprozesse innerhalb von Kleingruppen entwickeln und verändern sich unter dem Einfluss von Normen, Rollen, Gruppendruck, sozialer Macht, Gruppenidentität und gemeinsamer Erfahrung. Für diese Prozesse prägte Kurt Lewin den Begriff Gruppendynamik, als er 1939 die Entwicklung und das Beziehungsgeflecht von Kleingruppen erstmals wissenschaftlich untersuchte.

Die *gruppendynamische Analyse* beschäftigt sich mit der Beschreibung, Systematisierung und Erklärung der sozialen Prozesse innerhalb der Gruppe. Scheidet ein Teammitglied aus und ein neues Teammitglied wird aufgenommen, dann gerät das gesamte Gruppengefüge aus dem Gleichgewicht und muss sich wieder neu ausbalancieren. So kann es zum Streit um Positionen kommen, Rollen sind neu zu besetzen, das Wir-Gefühl und der Zusammenhalt verringern sich.

Die *gruppendynamischen Methoden und Trainingsformen* umfassen eine Vielzahl von Übungen, um gezielt intensive soziale Erfahrungen in der Gruppe zum einen als Hilfe für den Einzelnen und zum anderen für die Weiterentwicklung der Gruppe zu nutzen.

Die gruppendynamischen Trainingsformen weisen folgende Gemeinsamkeiten auf (siehe Sonntag & Stegmaier 2001):

Kennzeichen gruppendynamischer Trainingsformen

- Initiieren von Erfahrungen in wenig gelenkten Gruppeninteraktionen
- Betonung des Hier-und-Jetzt von Erfahrungen
- Analyse der in den Interaktionsprozessen ausgelösten Emotionen
- Herstellen einer offenen, wertschätzenden Gesprächs- und Lernatmosphäre
- umfassendes Feedback zum eigenen Verhalten zur Entwicklung eines differenzierten Selbstbildes

In der Gruppendynamik wird die Wirkung von Gruppen auf Einzelpersonen analysiert. So ist beispielsweise nachweisbar, dass individuelle Einstellungen und Verhaltensweisen aufgegeben und der Gruppe angepasst werden. Durch die Mitgliedschaft in Gruppen verändern Personen, die mit anderen Auffassungen konfrontiert werden, ihre Urteile, Meinungen und Einstellungen. Zu den gruppendynamischen Fragestellungen gehören beispielsweise Untersuchungen zur Kohäsion von Gruppen, die Entstehung des Wir-Gefühls, die Wirkung des Gruppendrucks auf die Konformität, die Entwicklung der sozialen Identität durch die Gruppe und die Analyse der Motive, die zur Gruppenmitgliedschaft führen.

Die Erfahrungen in gruppendynamischen Trainings bewirken Veränderungen in der Person selbst (z. B. Selbstbild, Selbstsicherheit), im Verhalten gegenüber einzelnen Gruppenmitgliedern (z. B. Toleranz, Rücksichtnahme) und im Sozialverhalten auf der Gruppenebene (z. B. Kooperationsbereitschaft, Sensibilität für Gruppenprozesse).

Gruppendynamische Prozesse verdeutlichen die folgenden drei Beispiele (siehe Freibichler 1976):

Gruppendynamische Prozesse

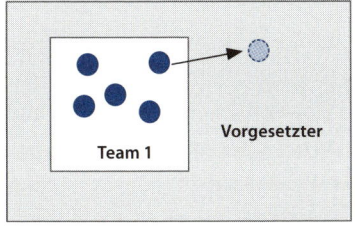

Beispiel 1: Ein Teammitglied erlangt die Position des Vorgesetzten in der Gruppe. Dieser Rollenwechsel verändert die Beziehungen der Gruppenmitglieder und kann zur Verunsicherung im Team führen.

Beispiel 2: Gruppenmitglieder scheiden aus dem Team aus.

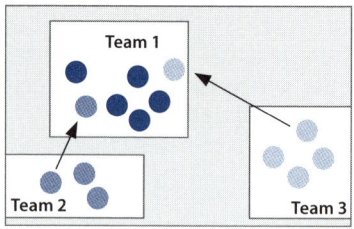

Beispiel 3: Neue Gruppen-
mitglieder werden in das
Team aufgenommen.

Die Veränderungen in der Zusammensetzung des Teams haben
unterschiedliche gruppendynamische Wirkungen. So ergeben
sich Konsequenzen für die bestehende Rollenverteilung. Machtkämpfe, neue Cliquen, Rivalitäten können zum einen die Teamentwicklung beeinträchtigen, andererseits können neue Mitarbeiter als Bereicherung für das Team positiv erlebt werden und die
Integration verläuft relativ konfliktfrei.

4.3 Kohäsion

Definition
Gruppenkohäsion

Der Begriff Gruppenkohäsion (von lat. cohaerere = zusammenhängen) bezeichnet das Ausmaß an Geschlossenheit und Festigkeit von Gruppen, die sich auf der Basis wechselseitiger positiver Gefühle entwickeln. Die Gruppenkohäsion ergibt sich aus
der Summe der motivationalen Kräfte, die die Mitglieder einer
Gruppe dazu bewegen, in der Gruppe zu bleiben.

Zwei Faktoren beeinflussen den Zusammenhalt in der Gruppe: zum einen die soziale Attraktivität (z. B. Einfluss, Ansehen
der Gruppe, Normen) und zum anderen das Ausmaß, in dem
die Gruppe Ziele anstrebt, die dem Einzelnen wichtig sind (z. B.
Einflussnahme, Verbesserung der Arbeitsbedingungen, Informa-
tionsvorsprung).

Man unterscheidet zwischen der Aufgabenkohäsion und der sozialen Kohäsion.

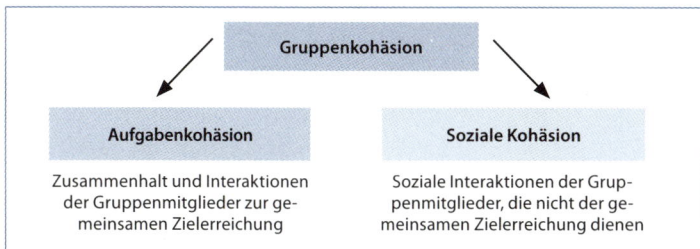

Abb. 21: Formen der Kohäsion

Die **soziale Kohäsion** kennzeichnet, dass Individuen sich zu Personen hingezogen fühlen, weil sie beispielsweise einen hohen Status einnehmen, besondere Handlungskompetenzen aufweisen oder über soziale Macht verfügen. Die **Aufgabenkohäsion** gewinnt dann an Bedeutung, wenn das Individuum Ziele verfolgt, die als Einzelner nicht zu erreichen sind und die nur in der Gruppe zu verwirklicht werden können.

Mit zunehmender Kohäsion verbessert sich das Wir-Gefühl in der Gruppe und damit die Beständigkeit von Teams.

Zahlreiche Studien verdeutlichen, von welchen Faktoren die Kohäsion beeinflusst wird (Kohäsion als abhängige Variable):

Interaktion / Nähe: Die Einschätzung der persönlichen Attraktivität von Personen wird von den Interaktionsbedingungen beeinflusst. Mit zunehmender physischer Nähe und Kommunikationshäufigkeit verbessern sich in der Regel die positiven Beziehungen zwischen den Gruppenmitgliedern.

Merkmale der Gruppensituation: Eine kooperative Gruppenatmosphäre, die gegenseitige Akzeptanz der Teammitglieder, das Einstehen für gemeinsam vertretene Ziele und eine überschaubare Gruppengröße verstärken die Kohäsion.

Frustration / Bedrohung / Stress: Wenn der Druck von außen (z.B. Krisen, Angriffe) zunimmt, erhöht sich der Zusammenhalt der Gruppe. In der Gruppe besteht die Erwartung, dass ein Zusammenstehen die Bedrohung vermindert. Die Kohäsion wird geringer, wenn die Gruppenmitglieder davon ausgehen, dass der Einzelne durch einen rechtzeitigen Rückzug aus der Gruppe erfolgreicher sein kann bzw. wenn überhaupt kein Ausweg aus der Krise absehbar ist.

Status: Der Status der Gruppenmitglieder hat einen starken Einfluss auf die positive Einschätzung des anderen. Personen mit hohem Status (z. B. Vorgesetzte, hoher Bildungsabschluss) nehmen sich untereinander positiver wahr und werden auch von statusniedrigeren Gruppenmitgliedern positiver bewertet.

Verhalten / Persönlichkeitsmerkmale: Die Kohäsion wird durch folgende Verhaltensweisen der Gruppenmitglieder gestärkt: Wertschätzung, Sensibilität, Hilfsbereitschaft, Gleichbehandlung, Anpassung. Allerdings ist nicht ganz deutlich zu unterscheiden, ob dieses Verhalten tatsächlich zur Kohäsion führt oder als Wirkung der Kohäsion zu sehen ist.

Ähnlichkeit: Die wahrgenommene Ähnlichkeit der Gruppenmitglieder verstärkt den Zusammenhalt in der Gruppe. Die Ähnlichkeit kann sich auf einen gemeinsamen Hintergrund (z. B. Religion, ethnische Gruppe, Status, Dienstalter, Ausbildung), auf gemeinsam geteilte Interessen und Persönlichkeitsmerkmale beziehen.

Erfolg: Gruppenerfolge erhöhen die Kohäsion und Misserfolge verringern im Allgemeinen den Zusammenhalt. Es sei denn, der Misserfolg wird als willkürlich, von externer Quelle verursacht interpretiert. In diesem Fall nimmt die Kohäsion trotz des Misserfolges zu.

Intergruppen-Konflikt: Bestehen innerhalb der Gruppe Konkurrenzkämpfe bzw. eine Wettbewerbssituation, verringert sich die Kohäsion.

Die Kohäsion wiederum beeinflusst das Verhalten der Gruppenmitglieder (Kohäsion als unabhängige Variable) und wirkt sich wie folgt aus:

Partizipation: Liegt eine hohe Kohäsion vor, dann nimmt die Teilnahme der Gruppenmitglieder an gemeinsamen Aktivitäten zu. Einzelne Gruppenmitglieder schließen sich seltener von Gruppenaktivitäten bzw. Ritualen aus.

Kohäsion
beeinflusst das
Gruppenverhalten

Kommunikation / Konformität: Die Kommunikation zwischen den Gruppenmitgliedern wird offener und intensiver. Vertreten Gruppenmitglieder abweichende Meinungen, dann verstärkt sich die Kommunikation mit diesen Personen (Konformitätsdruck), bis sie wieder die gemeinsam geteilten Positionen vertreten. Der Gruppendruck nimmt vor allem dann zu, wenn durch das abweichende Verhalten einzelner Gruppenmitglieder die gemeinsame Zielerreichung infrage gestellt wird.

Selbstwertgefühl: Hohe Kohäsion verbessert das Selbstwertgefühl und die Selbstsicherheit der Gruppenmitglieder und verringert Angstgefühle.

Eine hohe Kohäsion im Team kann zum einen die Zufriedenheit der Gruppenmitglieder deutlich steigern und zum anderen zu einer strikteren Einhaltung der Gruppennormen führen.

Wird der Bestand des Teams von außen bedroht (z.B. Auflösung, Freisetzung von Mitarbeitern, Versetzungen), verstärkt sich der Zusammenhalt bei hoch kohäsiven Gruppen, während schwach kohäsive Gruppen in ihrem Zusammenhalt geschwächt werden.

Die Annahme, dass eine hohe Gruppenkohäsion immer mit einer hohen Gruppenleistung einhergeht, wird in empirischen Studien nicht eindeutig bestätigt.

4.4 Wir-Gefühl

Das Wir-Gefühl ist eine Folge der Gruppenkohäsion. Mit zunehmender Kohäsion verstärkt sich das Zusammengehörigkeitsgefühl und damit auch das Wir-Gefühl, das als wesentliches Kennzeichen des Teams gilt. Das Teamgefühl beruht auf den subjektiven Wahrnehmungen der Teammitglieder über ihr soziales Umfeld. Dieses Teamgefühl entwickelt sich durch die Interaktions- und Kommunikationsprozesse im Team. In kleineren Gruppen ist das Wir-Gefühl ausgeprägter als in großen Teams. Das Teamklima beeinflusst die Leistungsfähigkeit, die Innovationsstärke und die Effektivität des Teams.

Folgende Indikatoren kennzeichnen das Teamgefühl:

Visionen: Im Team besteht eine gemeinsame Vision, die für alle Mitglieder klar ist und als erreichbar bewertet wird. Aus der gemeinsam geteilten Vision ergeben sich eine hohe intrinsische Motivation und Innovationsbereitschaft.

Indikatoren des Teamgefühls

Akzeptanz: Die Teammitglieder fühlen sich dazugehörig. Auf das Wohlbefinden aller Gruppenmitglieder wird untereinander geachtet. Alle Personen werden im Team als gleichwertige Mitglieder akzeptiert, respektiert und in Kommunikations- und Informationsabläufe eingebunden. Falls erforderlich, erhalten die Teammitglieder eine schnelle Unterstützung.

Verpflichtung: Jedes Teammitglied fühlt sich für den Teamerfolg verantwortlich. Um den Erfolg des Teams zu sichern, werden persönliche Opfer gebracht. Die Leistung des Teams wird in Bezug auf andere Teams überprüft. Werden Ziele im Team nicht erreicht, dann ist eine persönliche Betroffenheit zu beobachten.

Partizipation und Loyalität: Die Teammitglieder sind an allen Entscheidungsprozessen beteiligt, sodass ein hohes Maß an gegenseitiger Unterstützung erfolgt. Jeder im Team steht für den anderen ein. Niemand versucht, sich auf Kosten eines anderen Teammitglieds zu profilieren.

Stolz: Das Team ist stolz auf den Leistungsstand, der in der Gruppe erreicht wird, und setzt sich für eine weitere Leistungssteigerung ein. Kritische Rückmeldungen werden als Chance zur weiteren Verbesserung gesehen. Die Teamergebnisse sind wichtiger als der individuelle Beitrag zum Erfolg.

Vertrauen: Im Team besteht Verlässlichkeit gegenüber Zusagen und Vereinbarungen. Das Vertrauen wird durch das Einbinden der Teammitglieder in die Planungsprozesse gestärkt. Der vertrauensvolle Umgang im Team zeigt sich darin, dass beispielsweise Fehler nicht nachgetragen werden und es den Teammitgliedern leichtfällt, andere um Hilfe zu bitten. Neben diesem personalen Vertrauen (Vertrauen in andere Gruppenmitglieder) gibt es auch ein institutionelles Vertrauen (z. B. Vertrauen in die formellen Regelungen der Teamarbeit, Einhalten von Vereinbarungen). Häufige Kontrollen und Statusberichte werden als störendes Misstrauen wahrgenommen.

Wenn die Vertrauensbeziehungen nicht nur als zweckdienlich erlebt, sondern auch emotional positiv bewertet werden, dann verstärkt sich das Gefühl wechselseitiger Verbundenheit im Team und es wächst die Bereitschaft, sich untereinander zu unterstützen. Das Vertrauen untereinander zeigt sich im gegenseitigen Wohlwollen und in der Rücksichtnahme auf den anderen.

Das Wir-Gefühl im Team kommt auch im Commitment zum Ausdruck. Unter Commitment wird die persönliche Verpflichtung des Gruppenmitglieds gegenüber den Handlungen des Teams verstanden. Ist dieses Gefühl der Verpflichtung zu stark ausgeprägt, besteht die Gefahr, dass sich Paradigmen (Glaubensvorstellungen) entwickeln, die ein eigenständige Denken und Handeln des Teammitglieds verhindern. Die Zustimmung des einzelnen Gruppenmitglieds zu Teamentscheidungen führt zu einer Verpflichtung, diese Entscheidung auch in Zukunft mitzutragen, auch wenn sich der eingeschlagene Weg als falsch erweist. Dieses Phänomen wird auch als eskalierendes Commitment bezeichnet. Es bestehen enge Beziehungen zum Gruppendenken (siehe Kap. 4.6), da auch hier Wahrnehmungseinschränkungen, Fehlinterpretationen und ein starres Festhalten an fehlerhaften Entscheidungen vorliegen.

Commitment

Auch soziale Normen beeinflussen das Wir-Gefühl im Team. Sie beinhalten die von Gruppenmitgliedern gemeinsam geteilten Auffassungen darüber, wie man sich in bestimmten Situationen verhalten bzw. gerade nicht verhalten soll (z.B. Gewohnheiten, betriebliche Vorschriften, Gesetze, moralische und ethische Auffassungen). Normen werden in der Regel stillschweigend befolgt, ohne sie zu hinterfragen. Bisweilen werden Normen als Ge- und Verbote (z.B. in einem Teamvertrag) schriftlich fixiert. Mit Hilfe der Normen grenzt sich die Gruppe von anderen ab und gewinnt eine eigene Identität. Normen entwickeln sich innerhalb des so-

Soziale Normen

zialen Systems (z. B. Arbeitsgruppe, Clique) oder werden durch verbindliche Regelungen (z. B. Hausordnung, Satzung, Gesetz) von außen festgelegt.

Die Gruppengröße wirkt sich auf die **Entstehung von Normen** aus. In Kleingruppen entwickeln sich Normen aus Absprachen sowie Gewohnheiten und sind abhängig vom persönlichen Einfluss der Gruppenmitglieder. Normen unterliegen dabei einem schnelleren Wandel.

Die **Verbindlichkeit von Normen** wird an den zu erwartenden Sanktionen bei der Überschreitung der Normen deutlich. Im sozialpädagogischen Bereich bestehen Normen beispielsweise am Arbeitsplatz als Erwartungen gegenüber den Arbeitsleistungen der Mitarbeiter (z. B. Anleitung von Praktikanten, Durchführung von Sprachförderangeboten), den organisatorischen Regeln (z. B. Rauch- und Alkoholverbot in der Einrichtung) sowie der Trägerpolitik (z. B. keine Unterstützung extremer Gruppen). Es kann vorkommen, dass die formellen Normen der Einrichtung in Widerspruch zu den gruppenintern entwickelten Normen geraten. So werden beispielsweise bei Personalengpässen Arbeitszeitregelungen nicht eingehalten, wenn dies vom Team als unkollegial bewertet wird.

4.5 Teamidentität

Kennzeichen und Wirkung

Die Teamidentität basiert auf den Wir-Gefühlen im Team. Die Gruppe eröffnet den einzelnen Mitgliedern die Möglichkeit, in unterschiedlichen Situationen soziale Vergleichsprozesse durchzuführen. So können sie sich selbst einschätzen (Selbstkategorisierung) und ein positives Selbstbild entwickeln. Auf diese Weise führt die Gruppenzugehörigkeit zur sozialen Identität, die ein wichtiger Bestandteil der individuellen Identität darstellt. Wenn sich das einzelne Teammitglied mit der Gruppe identifiziert, dann verändert sich die Wahrnehmung gegenüber der Gruppe. Die eigene Gruppe wird positiver und die Gruppenmitglieder werden homogener erlebt.

Die Entwicklung der Gruppenidentität setzt mit einer starken Außenabgrenzung ein. Die Gruppe entwickelt Mechanismen, um die Geschlossenheit zu wahren (Beschwörungsszenarien, Rituale). Druck von außen verstärkt die Geschlossenheit der Gruppe nach innen. Bei stark ausgeprägter Gruppenidentität wird die Gruppe recht undifferenziert als Einheit erlebt. Bestehende Unterschiede wie Alter, Status, Geschlecht oder Funktion treten zunächst in den Hintergrund. Erst im Laufe der Gruppenentwicklung werden Unterschiede anerkannt und akzeptiert.

Abb. 22: Pyramide der Teamidentität nach Krüger (Quelle: Dick & West 2005, S. 70)

Im Rahmen von Workshops kann die Teamidentität systematisch entwickelt werden (vgl. Krüger 2002):

Entwicklung von Teamidentität

Umfeld und Rahmenbedingungen: Die Teammitglieder analysieren das Umfeld, indem sie die Beziehungen aufzeigen (z. B. Einfluss der Eltern), Unterstützungsmöglichkeiten verdeutlichen (z. B. Sponsoren, Gremien, Organisationen), die Kooperation mit anderen Teams herausarbeiten. Die Auswirkungen der Rahmenbedingungen auf das Handeln der Gruppenmitglieder und die Abläufe im Team werden dargelegt.

Wissen und Können: Die Stärken und Kompetenzen der Teammitglieder werden auf der zweiten Stufe herausgestellt. So kann sich das Team von anderen abgrenzen. Andererseits werden fehlende Kompetenzen deutlich und Strategien zur Verminderung der Defizite (z. B. Qualifizierungsmaßnahmen, Anforderungen an neue Teammitglieder) entwickelt.

Werte und Einstellungen beeinflussen die Zusammenarbeit und die Ausrichtung des Handelns (z. B. ‚Wir sprechen Konflikte offen an', ‚Wir wollen die Ideen Montessoris umsetzen', ‚Wir gehen fair miteinander um' …).

Teamidentität entsteht dann, wenn alle Teammitglieder gemeinsames Verhalten im Team verwirklichen, die Werte gemeinsam umgesetzt werden und die Einzigartigkeit des Teams erkannt wird.

Die Entwicklung der Teamidentität kann die Institution mit folgenden Maßnahmen unterstützen:

Maßnahmen zur Förderung der Teamidentität

- Schaffung klarer, sichtbarer Gruppenstrukturen innerhalb der Organisation
- Herstellen eines gemeinsamen Schicksals (z. B. Teammitglieder präsentieren gemeinsam ihr Konzept vor dem Jugendhilfeausschuss)
- Wettbewerb zu anderen Gruppen
- Zuweisung von Aufgaben, die nur in enger Kooperation zwischen den Gruppenmitgliedern zu bewältigen sind
- gezielte Aufgabenstellung für die Gruppe
- Kennzeichnung der Gruppe durch gemeinsame Kleidung, Symbole usw.
- Einforderung einer öffentlichen Verpflichtung auf die Gruppenziele

Auf der Basis des Wir-Gefühls und der Bereitschaft, gemeinsam zum Teamerfolg zu gelangen, entwickelt sich das Teamgedächtnis.

Teamgedächtnis

Es handelt sich dabei um ein transaktives Gedächtnis, d. h. es entsteht ein gemeinsames Wissen innerhalb einer Gruppe darüber, welches Gruppenmitglied welches Wissen hat. So können die gemeinsamen Erfahrungen und das erworbene Wissen der Gruppenmitglieder für alle im Team nutzbar gemacht werden (siehe Kap. 2.3: Teamarbeit in einer lernenden Organisation). Durch die Weitergabe des individuellen Wissens und der Erfahrungen an andere steigt die Wahrscheinlichkeit, bei Bedarf gezielt auf diese Wissensbasis zurückgreifen zu können. Das Gruppenwissen besteht aus arbeitsteilig gespeicherten Wissensbereichen, dem sogenannten Metawissen. Dieses Wissen ist für Teams vor allem bei innovativen Prozessen bedeutsam.

4.6 Gruppendenken

Der ausgeprägte Zusammenhalt des Teams, der sich im Wir-Gefühl und in der Gruppenkohäsion niederschlägt, birgt durchaus Gefahren und Fallstricke, wie Studien zum Gruppendenken belegen.

Das Gruppendenken nach Janis (vgl. Auer-Rizzi 1998) eine Form von Denkmustern, die vor allem in Gruppen mit starkem Wir-Gefühl zu finden sind, wenn das Bestreben der Gruppenmitglieder nach Einmütigkeit stärker ist als die realistische Bewertung von Alternativen. Das Gruppendenken (Groupthink-Syndrom) erklärt, wie es dazu kommt, dass in Gruppen fragwürdige, risikohafte Entscheidungen (Risky-shift-effect) getroffen werden.

Kennzeichen des Gruppendenkens

Janis beschreibt das Groupthink-Syndrom folgendermaßen:
- Die Gruppenmitglieder halten sich für unverwundbar und erhöhen dadurch ihre Risikobereitschaft.
- Warnungen und Gegenargumente werden gemeinsam missachtet, um die eigene Position aufrecht halten zu können.
- Ethische Bedenken werden außer Acht gelassen, da sich die Gruppe für moralisch unanfechtbar hält.
- Der Gegner wird zum Feind, der mit negativen Vorurteilen versehen wird.
- Durch Gruppendruck werden einheitliche, gemeinsam getragene Positionen entwickelt.

Groupthink-Syndrom

- Die Gruppenmitglieder führen eine Selbstzensur durch, sodass abweichende Meinungen frühzeitig unterdrückt werden.
- Die Gruppenmitglieder unterstellen, dass alle das gemeinsame Vorgehen mittragen.
- Einzelne Gruppenmitglieder sorgen dafür, dass keine die gemeinsame Position gefährdenden Informationen zur Gruppe gelangen.

Groupthink-Modell

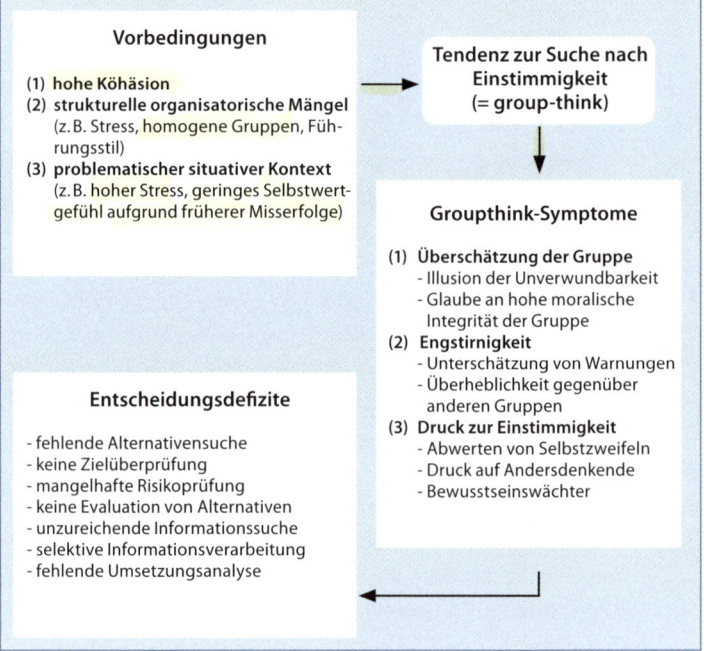

Abb. 23: Groupthink-Modell nach Janis (Quelle: Auer-Rizzi 1998, S. 191

Auer-Rizzi (1998) weist auf sieben Entscheidungsfindungsdefizite hin, deren Ursachen im Gruppendenken liegen:

Entscheidungs-defizite

- Unvollständige Suche nach Alternativen
- Unvollständige Überprüfung von Zielen
- Fehlende Überprüfung von Risiken bei der bevorzugten Alternative

- Unzureichende Neubewertung von zurückgewiesenen Alternativen
- Mangelhafte Informationssuche und -auswertung
- Selektive Verarbeitung der Informationen
- Fehlende kritische Analyse der Umsetzung

Das Gruppendenken beruht auf Konformität im Team. Konformität ergibt sich aus dem realen bzw. wahrgenommenen Druck auf das Verhalten des Gruppenmitglieds. Der Druck kann sowohl von den anderen Gruppenmitgliedern als auch von statushöheren Personen ausgehen. Wird ein Gruppenmitglied mit der Entscheidung der Gruppenmehrheit konfrontiert, dann schließt sich die Person in der Regel der Mehrheitsmeinung an. **Ursachen von Konformität**

Wie einfach sich eine Person von anderen beeinflussen lässt, eine falsche Antwort zu geben, zeigte Asch (1952) in folgendem Experiment: Eine Gruppe von Versuchspersonen hat die Aufgabe, eine Standardstrichlänge mit anderen Stichlängen zu vergleichen, um herauszufinden, welche Vergleichsstrichlänge mit der Standardlänge übereinstimmt. Die Gruppe besteht aus einer „naiven" Versuchsperson und mehreren „eingeweihten" Personen. Zunächst werden korrekte Einschätzungen gegeben. Dann weicht die Schätzung der eingeweihten Personen klar von der richtigen Einschätzung ab. Die Mehrzahl der „naiven" Versuchspersonen übernimmt die falsche Antwort der Gruppenmitglieder. **Asch-Experiment**

Die Studien von Asch führten in der Sozialpsychologie zu zahlreichen Nachfolgeuntersuchungen, um die situativen Einflüsse auf die Konformitätsneigung zu identifizieren. So konnte nachgewiesen werden, dass sich die Bereitschaft, sich der Gruppenentscheidung anzupassen, mit zunehmender Aufgabenschwierigkeit erhöht. Weiterhin beugt sich die Person dem Gruppendruck, wenn mindestens drei Personen der Gruppe die abweichende Meinung vertreten. Einen Einfluss auf die Konformitätsneigung hat die wahrgenommene Kompetenz bzw. der Status einer Person bezüglich der Aufgabenstellung. Je höher die Kompetenz der anderen Person, desto eher schließen sich Gruppenmitglieder ihr an bzw. umso geringer ist das Vertrauen in die eigene Urteilsbildung. Gruppenerfolge in der Vergangenheit erhöhen die Konformität in der Gruppe.

Zur Verminderung des Gruppendenkens können folgende Maßnahmen ergriffen werden:

Maßnahmen
gegen Gruppen-
denken

- Die Teamleitung informiert die Gruppe über die Gefahren des Gruppendenkens.
- Eine offene Haltung gegenüber anderen Meinungen ermutigt alle Gruppenmitglieder, Kritik zu äußern, Gegenvorschläge zu entwickeln und eigene Positionen zu vertreten.
- Die Gruppe sollte möglichst heterogen zusammengesetzt sein, damit unterschiedliche Perspektiven eingebracht werden können. Weiterhin sollten Alternativen zur Gruppenentscheidung entwickelt und von verschiedenen Untergruppen unabhängig voneinander überprüft werden.
- Das Feedback von Außenstehenden ist eine weitere Möglichkeit, Entscheidungen aus unterschiedlichen Blickwinkeln zu bewerten (Perspektivenwechsel) und die eigene Position kritisch zu hinterfragen.
- Die Teammitglieder sind zur kritischen Meinungsäußerung zu ermuntern. Es könnte in der Gruppe ein Gruppenmitglied die Rolle des „Advocatus diaboli" übernehmen und als schonungsloser Kritiker die Schwachstellen und Fehler anprangern.
- Wird ein „Minderheitenschutz" eingeführt, dann hat vor dem Abschluss des Entscheidungsprozesses die Minderheit nochmals die Möglichkeit, ihre Position darzulegen.
- Im Team sollten keine unklaren Verantwortlichkeiten bestehen; jedes Gruppenmitglied übernimmt die Verantwortung für die Entscheidung und hat die Konsequenzen zu tragen.
- Keine Entscheidung ist unumstößlich – im Team sollte die Bereitschaft zur Entscheidungsrevision gegeben sein. Dies ist dann möglich, wenn kein Teammitglied Angst vor Sanktionen und Rechtfertigungszwängen haben muss.

4.7 Vertrauens- / Verantwortungskultur

Eine erfolgreiche Zusammenarbeit im Team kann nur gelingen, wenn unter den Teammitgliedern und zur Teamleitung ein vertrauensvolles Verhältnis besteht. Im Prozess der Teamentwicklung muss deshalb gezielt eine gemeinsam getragene Vertrauens- und Verantwortungskultur aufgebaut werden.

Wenn sich die Führungskraft die gesamte Verantwortung selbst aufbürdet, dann mag dies in sehr kleinen Systemen mit überschaubaren Abläufen noch möglich sein, mit zunehmender Komplexität der Aufgaben und Vielfalt an Anforderungen sind Stress und eine zunehmende Überforderung zu erwarten. Zudem stehlen sich die Mitarbeiter aus der Verantwortung, wenn sie in Entscheidungen nicht einbezogen waren. Effiziente Teamarbeit bindet die Teammitglieder in die Verantwortung ein.

Grundlage für die Entwicklung einer Verantwortungskultur ist das gegenseitige Vertrauen und die Verlässlichkeit des anderen.

Vertrauen spielt vor allem in unsicheren Situationen eine Rolle, wenn das Teammitglied selbst die Situation nicht vollständig kontrollieren kann. Rippberger (2002) unterscheidet vier Formen im Umgang mit unsicheren Erwartungen:

Umgang mit unsicheren Erwartungen

Zuversicht zeigt sich als Reaktion auf alltägliche Unsicherheiten. In einer Art Schicksalsergebenheit besteht beispielsweise die Erwartung auf ein gutes Ende.

Hoffnung kennzeichnet den Umgang mit Risiken, der nicht an das Verhalten anderer Personen gekoppelt ist.

Zutrauen verdeutlicht die positiven Erwartungen bezüglich der Fähigkeiten eines Teammitglieds, das in unbekannten Situationen seine Kompetenzen einbringt.

Vertrauen bezeichnet die positive Erwartung zwischen den Teammitgliedern, dass keiner die Verwundbarkeit des anderen ausnutzt.

Vertrauensverhältnisse entstehen auf verschiedenen Ebenen:

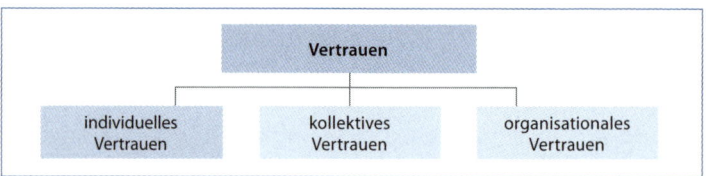

Abb. 23: Vertrauensformen

Individuelles Vertrauen

Das *individuelle Vertrauen* entwickelt sich zwischen zwei Mitarbeitern, die sich kennen und einschätzen können. Beide Seiten gehen davon aus, dass ihr Vertrauen nicht missbraucht wird. Einseitig werden dabei Vorleistungen in der Hoffnung erbracht, dass der andere dies honoriert. Darauf baut eine vertrauensvolle Beziehung auf. Wird die Vertrauenserwartung durch Vertrauenshandlungen bestätigt, nimmt die Vertrauenswürdigkeit des anderen zu. Mit dem Vertrauen geht eine bewusste Vergrößerung der eigenen Verwundbarkeit und der Abhängigkeit von anderen Personen einher. Vertrauen führt zu einer positiven emotionalen Verbundenheit. Dies ist ein langfristiger Prozess. Wird das Vertrauen missbraucht und Enttäuschung macht sich breit, dann sind Rückzug und Misstrauen die Folge. Dies gilt vor allem im zwischenmenschlichen Bereich; in Bezug zum Team zeigen Studien, dass bei einem Vertrauensbruch die Vertrauenswürdigkeit weniger in Frage gestellt wird. Die Vertrauensbeziehung zum Team ist deutlich stabiler.

Kollektives Vertrauen

Das *kollektive Vertrauen* kennzeichnet den vertrauensvollen Umgang im Team. Die Teamentwicklung ist eng mit dem Aufbau von Vertrauen und Loyalität zwischen den Teammitgliedern gekoppelt. Jede Kooperation im Team setzt ein Mindestmaß an Vertrauen voraus. Im Team geht jeder davon aus, dass die anderen Teammitglieder zuverlässig und vertrauensvoll kooperieren. Besteht Vertrauen, dann erhöht sich die Arbeitsmotivation und die Zufriedenheit der Teammitglieder. Arbeitsabläufe werden effizienter und Kontrollen können vermindert werden.

Das *organisationale Vertrauen* entsteht vor allem in Situationen, in denen der Mitarbeiter hätte Schaden erleiden können und sich die Organisation bzw. die Vorgesetzte schützend vor den Mitarbeiter stellt. Grundlage des Vertrauens in die Organisation ist die Berechenbarkeit, die sich beispielsweise in der Verlässlichkeit und Transparenz von Entscheidungen, in der Erreichbarkeit bei Notfällen, in klaren Stellungnahmen und im konsistenten Verhalten zeigt. Es entsteht in der Organisation eine Vertrauenskultur, die von den Mitarbeitern durch gemeinsam geteilte Werte und Grundüberzeugungen getragen wird.

Organisationales Vertrauen

Vertrauenskultur

Die Grundlage für eine Vertrauensbeziehung sind in allen Bereichen Loyalität und Fairness, Diskretheit und Vertraulichkeit, Ehrlichkeit und Offenheit, Glaubwürdigkeit und Echtheit, Beständigkeit und Zuverlässigkeit.

Das entgegengebrachte Vertrauen schlägt sich in der Verantwortungskultur einer Organisation nieder. Ein über- bzw. unterverantwortliches Verhalten der Teamleitung und eine abgestimmte Verantwortungskultur verdeutlichen die Handlungsweisen in der nachfolgenden Abbildung.

Überverantwortliches Vorgesetztenverhalten

will alles wissen	muss alle Probleme selbst lösen können
delegiert nicht	lenkt und steuert
alle Informationen laufen über sie	stimmt sich mit anderen ab
	kontrolliert angemessen
verhält sich inkonsequent ist unberechenbar	
gibt kein Feedback/ Rückmeldungen	fordert keine Leistung ein
handelt unkoordiniert bündelt keine Kräfte	führt keine konstruktiven Kontrollen durch

vereinbart Spielregeln

fordert von allen einen Beitrag zur Zielerreichung ein

abgestimmte Verantwortungskultur

ermächtigt einzelne zu mehr Selbstständigkeit

beteiligt das Team bei Entscheidungen

klärt Teamrollen

Überverantwortliches Vorgesetztenverhalten

Abb. 24: Verantwortungskultur (vgl. Raab 1997, S. 201)

Auf den Punkt gebracht

Die Teamentwicklung verläuft in deutlich voneinander abgrenzbaren **Phasen.** Bei dauerhaft bestehenden Teams ergibt sich folgender Verlauf: Forming (Orientierungs- und Teamfindungsphase), Storming (Konflikt- und Kontrollphase), Norming (Organisations- und Dialogphase) und Performing (Integrations- und Hochleistungsphase). Besteht das Team zeitlich befristet, dann schließt die Teamentwicklung mit Adjourning (Auflösungs- und Trennungsphase) ab.

Die Teamleitung hat in der Forming-Phase mehr koordinierende Aufgaben und ist für das Kennenlernen der Teammitglieder verantwortlich. In der Storming-Phase sind die Auseinandersetzungen zwischen den Teammitgliedern mithilfe psychosozialer Techniken (z. B. Perspektivenwechsel, Reflexion auf der Meta-Ebene) zu kanalisieren. Die Teamleitung wird in der Norming-Phase zur Moderatorin und Beraterin, die dem Team zunehmend anspruchsvollere Aufgaben gibt. In der Performing-Phase koordiniert sich das Team weitgehend selbst. Die Teamleitung ist beispielsweise für Evaluationsprozesse zuständig.

Die Interaktions- und Kommunikationsabläufe lösen **gruppendynamische Prozesse** aus. Die **Gruppenkohäsion** kennzeichnet das Ausmaß an Geschlossenheit und Festigkeit des Teams. Die Attraktivität des Teams und die Einsicht, dass nur im Team die Ziele erreichbar sind, beeinflussen die Gruppenkohäsion. Das **Wir-Gefühl** kommt in gemeinsamen Visionen, gegenseitiger Akzeptanz, der Loyalität untereinander, im gegenseitigen Vertrauen und der persönlichen Verpflichtung gegenüber den gemeinsam angestrebten Teamzielen zum Ausdruck. Ein starkes Wir-Gefühl fördert die **Teamidentität.** Die Teammitglieder fühlen sich der eigenen Gruppe verpflichtet und grenzen sich gegen andere Gruppen ab.

Das **Gruppendenken** (Groupthink-Syndrom) verdeutlicht Gefahren, denen sich das Team bewusst sein sollte. Eine hohe Kohäsion kann zur Überschätzung des Teams, zu Engstirnigkeit und zu Gruppendruck führen, sodass fragwürdige, risikohafte Gruppenentscheidungen getroffen werden. Die zunehmende Komplexität von Aufgaben und Zielen in der Teamentwicklung erfordert die Delegation von Verantwortung auf Teammitglieder. Die Basis für die Weitergabe von Verantwortung an Teammitglieder ist eine **Vertrauenskultur,** aus der sich wiederum die **Verantwortungskultur** einer Institution entwickeln kann.

Methoden der Teamarbeit

Die Teamleitung und die Teammitglieder müssen über ein umfangreiches Methodenrepertoire verfügen, um die Teamarbeit erfolgreich zu gestalten. Wesentliche Verfahren werden in diesem Kapitel erläutert. Die **Leitung von Teamsitzungen** ist hinsichtlich des Informationsflusses, der Transparenz von Entscheidungen und der Partizipation der Teammitglieder von Bedeutung. Eine weitere Möglichkeit zur Teamarbeit bieten **Workshops** zu ausgewählten Themenschwerpunkten sowie **Kreativitätstechniken** zur Entwicklung neuer Ansätze und Ideen. Dabei können **Moderations-** und **Fragetechniken** unterstützend wirken. **Feedbacktechniken** sowie Verfahren der **Ergebnissicherung** kommen zum Einsatz, um Gruppenprozesse zu steuern und zu stabilisieren. Als Möglichkeit der Problemlösung kann die Teamleitung auf Verfahren der **kollegialen Supervision** zurückgreifen.

5.1   Teamsitzungen

Die Teamleitung ist für die Durchführung und Nachbereitung (z. B. Umsetzung von Entscheidungen) von Teamsitzungen verantwortlich: Sie kann die Vorbereitung und Gesprächsleitung auch auf andere Teammitglieder delegieren.

Um Sitzungen effektiv zu gestalten, ist abhängig von der Zielsetzung zunächst die Entscheidung zu treffen, welche Besprechungsform vorliegt (vgl. Suter 1999):

- **Informationsbesprechung:** Im Zentrum steht der Austausch von Informationen, um einen gleichen Informationsstand innerhalb des Teams zu erreichen. Alle Teammitglieder sind aufgefordert, zu den Themen ihre Meinungen, Erfahrungen und ihr Wissen einzubringen. Bei Projektteams wird die Informationsbesprechung auch als **Statusbesprechung** bezeichnet, da über den aktuellen Stand der Projektarbeit informiert wird.

Besprechungsformen

- **Schlichtungssitzung:** Unterschiedliche, gegensätzliche Auffassungen und Interessen sollen geschlichtet, geklärt und zu einer gemeinsamen Lösung geführt werden.
- **Entscheidungsbesprechung:** Bestehen unterschiedliche Handlungsalternativen, so muss sich das Team nach ausführlicher Diskussion für eine Möglichkeit entscheiden. An diesem Prozess sind alle Teammitglieder zu beteiligen, um sicherzustellen, dass alle die getroffenen Entscheidungen mittragen.
- **Maßnahmensitzung:** In dieser Besprechung werden Vorgehensweisen und Aktionspläne, Regelungen und Vorschriften gemeinsam erarbeitet. Dabei werden Entscheidungen für ein einheitliches Vorgehen getroffen. Um die Maßnahmen organisatorisch einzubinden und zu koordinieren, ist die Teilnahme aller Teammitglieder erforderlich.
- **Problemlösungsbesprechung (Beratung):** Das gemeinsame Entwickeln von Problemlösungen aller Art steht dabei im Mittelpunkt. Die Teilnahme von Teammitgliedern

an dieser Konferenz ist von fachlichen Gesichtspunkten abhängig.

Die Besprechungsleitung muss eine klare Abwicklung der Besprechung sicherstellen. Dies erfordert im Vorfeld eine eindeutige Planung, wobei folgende Punkte zu beachten sind:

Planung der Besprechung

- Vorbereitung der Besprechung
- Entwurf der Tagesordnung
- Vorgehen während der Besprechung
- Erstellung des Protokolls
- Nachbereitung der Besprechung

Vorbereitung

Im Rahmen der Vorbereitung auf die Besprechung sind Zweck und Ziele des Meetings eindeutig zu definieren. Bei der Planung ist zu bedenken, ob eine Sitzung überhaupt nötig ist oder das Ziel mit anderen Methoden, die weniger zeitaufwendig sind, effektiver erreicht werden kann. Besprechungen sind dann angebracht, wenn Problemlösungen erforderlich sind, Entscheidungen, die das gesamte Team betreffen, zu fällen sind und Aufgaben bzw. Zuständigkeiten im Team geregelt werden müssen. Im Vorfeld sollte die geplante Teamsitzung mit den Teilnehmern abgesprochen werden. Zeitpunkt, Dauer und Themen der Teamsitzung werden für alle verbindlich festgelegt. Auch die Gesprächsdauer ist verbindlich (60 bis 90 Minuten) und liegt außerhalb der Betreuungszeit.

Tagesordnung

Zur Planung der Tagesordnung sind zunächst Gesprächsthemen zu sammeln, Zeiträume für jeden Tagesordnungspunkt einzuplanen, Personen, die zum Tagesordnungspunkt etwas beitragen können, auszuwählen und anzusprechen sowie ggf. geeignetes Material als Tischvorlage vorzubereiten bzw. den Teilnehmern vor der Veranstaltung zur Verfügung zu stellen. Die Tagesordnung ist unerlässlich, um eine Besprechung ziel- und ergebnisorientiert zu gestalten. Wechseln bei den Besprechungen die Teilnehmer bzw. wird der Teilnehmerkreis erweitert, dann sollten auf der Tagesordnung auch die Namen der Teilnehmer aufgelistet sein.

Eine Tagesordnung umfasst drei Aspekte: Informationen, Entscheidungen, Erörterungen.

Informationen werden ohne weitere Diskussionen mitgeteilt (z. B. Termine, Veranstaltungshinweise); lösen Mitteilungen weitere Fragen und Diskussionen aus, dann sollte die Diskussion zurückgestellt und bei der nächsten Besprechung wieder aufgegriffen werden.

Entscheidungen erfordern eine intensivere Auseinandersetzung und sollten durch Vorinformationen vorbereitet werden (z. B. Tischvorlagen).

Erörterungen kennzeichnen die Auseinandersetzung mit Sachverhalten (z. B. Problemsituationen, Planungen), ohne dass zunächst Entscheidungen getroffen werden.

Vorgehen während der Besprechung

Bei der Durchführung der Besprechung sind folgende Gesichtspunkte zu beachten:

Durchführung

- Pünktlich beginnen
- Rollen klar verteilen: Besprechungsleiter, Protokollführer, Teilnehmer
- Neue Teilnehmer vorstellen
- Ziele der Besprechung benennen und die Bedeutung herausstellen
- Die Tagesordnung einhalten
- Die Mitarbeit aller Teilnehmer durch den Einsatz geeigneter Methoden sicherstellen
- Entscheidungen festhalten
- Bei der Verteilung von Arbeiten an die Teilnehmer auf Ausgewogenheit achten
- Zuständigkeiten schriftlich festhalten
- Bei Entscheidungen möglichst einen Konsens herbeiführen
- Regelungen für den Umgang mit strittigen Themen schaffen (z. B. Besprechung in Arbeitskreisen)

- Die Zeitplanung im Auge behalten
- Vereinbarungen für die nächste Besprechung (Datum, Zeit und Ort) treffen
- In einer Schlussrunde Bewertungen der Teamsitzung und evtl. Verbesserungsvorschläge für weitere Treffen sammeln

Sitzungsleitung

Der Erfolg von Besprechungen wird wesentlich vom Verhalten der Besprechungsleitung bestimmt. Folgende Anforderungen sind sie gestellt (vgl. Kellner 1995):

Anforderungen an die Sitzungsleitung

Ziel- / Ergebnisorientierung: Im Hinblick auf den Erfolg der Besprechung ist es wichtig, das Ziel nicht aus den Augen zu verlieren und ausufernde Detaildiskussionen möglichst schnell zu unterbinden.

Entscheidungsfähigkeit: Wenn Entscheidungen zu treffen sind, besteht immer die Gefahr der Fehlentscheidung. Wie Kellner (1995) herausstellt, sind bei der Besprechungsleitung in unklaren Entscheidungssituationen zwei Strategien zu finden: Der Ängstliche weicht der Entscheidung aus und handelt nach der Devise „Lieber keine als eine falsche Entscheidung"; der Entscheidungsfreudige führt eine Entscheidung herbei und handelt nach dem Motto „Lieber eine falsche als gar keine Entscheidung". In unübersichtlichen Situationen sollte die Besprechungsleitung zu Entscheidungen gelangen, indem sie beispielsweise die Wirksamkeit der Entscheidung auf einen Teilbereich des Problems, der zunächst besser eingeschätzt werden kann, begrenzt. So könnte die Grundsatzentscheidung zur Umstrukturierung von einer Regeleinrichtung zu einer integrativen Einrichtung zunächst verschoben werden, da personelle Voraussetzungen, bauliche Maßnahmen, Bedarfsermittlung usw. noch nicht überschaubar sind. Dagegen könnte in der Sitzung im Team darüber entschieden werden, wie sich die Teammitglieder durch eine systematische Fort- und Weiterbildung auf die Arbeit mit beeinträchtigen Menschen vorbereiten.

Fachwissen: Die Besprechungsleitung muss zu den verschiedenen Tagungsordnungspunkten über entsprechendes (Überblicks-)Wissen verfügen; Detailwissen bringen die entsprechenden Fachvertreter ein. Zudem ist sicherstellen, dass auch die Teilnehmer ausreichend informiert werden. Dies kann beispielsweise durch Informationsblätter, die den Teilnehmern im Vorfeld zur Verfügung gestellt werden oder durch Tischvorlagen erreicht werden. Die Leitung muss im Besprechungsverlauf darauf achten, dass sich kein Fachgespräch unter Spezialisten ergibt, dem die anderen Teilnehmer nicht mehr folgen können.

Soziale Kompetenz: Zur Steuerung der Besprechung ist soziale Kompetenz und Sensibilität erforderlich. So geht es darum, mehr oder weniger verdeckte Konflikte frühzeitig zu erkennen, eine wertschätzende Grundhaltung gegenüber allen Teilnehmern einzunehmen und so vorzugehen, dass sich die Teilnehmer nicht überrumpelt fühlen. In unklaren oder problematischen Situationen sollte die Leitung auf der Meta-Ebene die Situation mit den Teilnehmern reflektieren, um Störungen rechtzeitig zu beseitigen.

Flexibilität: Die Besprechungsleitung muss einerseits auf die Einhaltung der Tagesordnung achten, andererseits Diskussionsergebnisse bzw. Teilnehmerwünsche berücksichtigen. Eine Veränderung der Tagesordnung kann durch aktuelle Ergebnisse durchaus sinnvoll sein. Neue Themenvorschläge können unter dem Tagesordnungspunkt „Sonstiges" abgehandelt werden. Veränderungen der Tagesordnung sollten mit den Teilnehmern abgestimmt werden. Auch die Entscheidung, ob Tagesordnungspunkte kürzer behandelt bzw. auf die nächste Besprechung verschoben werden, sollte gemeinsam getroffen werden.

Souveränität. Der erfolgreiche Verlauf von Besprechungen ist auch von der Souveränität der Leitung abhängig, die selbst in schwierigen Situationen den Überblick behält, den Zeitrahmen beachtet, mit Teilnehmern unterschiedlicher Hierarchieebenen sowie problematischen Teammitgliedern gut zurechtkommt.

Leitungsstil

Das Verhalten der Besprechungsleitung muss sich zum einen an den zu erreichenden Zielen orientieren, zum anderen an den Bedürfnissen des Teams (vgl. Blom 1999).

Verhaltensstil der Besprechungsleitung	
Aufgaben- / Zielorientierung	Teamorientierung
Besprechungsleitung … - gibt Tagesordnung vor - legt Vorgehensweisen (z. B. Redezeiten) und Regeln mit den Teilnehmern fest - bewertet die Informationen bzw. Beiträge der Teilnehmer - schlägt Lösungen vor - führt zum Thema zurück - unterbindet Nebengespräche - legt Fristen fest (z. B. Abgabe des Protokolls)	Besprechungsleitung … - regt Teilnehmer zur Mitarbeit an - vergewissert sich, dass alle Teilnehmer die Entscheidungen mittragen - sorgt für eine entspannte Atmosphäre - hört aktiv zu - spricht Gefühle an - wirkt bei Spannungen vermittelnd - stellt das gemeinsam Erreichte heraus

Anforderungen an die Sitzungsleitung

Abb. 26: Verhaltensstile der Besprechungsleitung

Auf der Basis dieser beiden Dimensionen, der Aufgaben- und Zielorientierung sowie der Teamorientierung, lassen sich vier Typen von Leitungsstilen in Besprechungen unterscheiden:

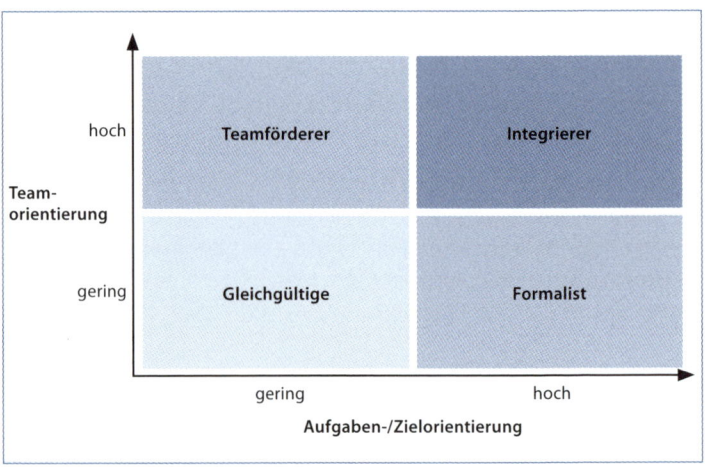

Abb. 27: Vier Leitungsstile der Besprechungsleitung

METHODEN DER TEAMARBEIT

Der **Gleichgültige** ist weder an Ergebnissen noch am Wohlergehen der Teammitglieder interessiert. Er geht unvorbereitet in Besprechungen und greift bei ausufernden Diskussionen nicht ein.

Der **Formalist** legt bürokratisch Wert auf die Einhaltung von Regeln (z. B. Beschränkung von Redezeiten, Einhalten der Tagesordnung, Vorgaben zur Protokollverfassung, Genehmigung von Protokollen, Abstimmungen). Die Interessen der Teammitglieder werden kaum berücksichtigt.

Besprechungsstile

Der **Teamförderer** achtet vor allem auf das Wohlergehen des Teams. Wichtig sind für ihn die Zufriedenheit der Teilnehmer und die Entwicklung eines Wir-Gefühls im Team. Er geht Konflikten aus dem Weg und ist um Kompromisse bemüht, die keinem wehtun.

Dem **Integrierer** gelingt es, die Interessen der Teammitglieder mit den formalen Regelungen in Einklang zu bringen. Er führt notwendige Entscheidungen herbei, lässt aber zuvor ausreichend Zeit für erforderliche Diskussionen. Er hält Vereinbarungen zuverlässig ein (z. B. Gesamtdauer der Besprechung, Pausenregelung), ist aber bereit, den Interessen aller entgegenzukommen.

In Teamsitzungen wird für alle Teilnehmer sichtbar, wie beispielsweise Aufgaben verteilt, mit Vorschlägen umgegangen oder Diskussionen geleitet werden. Unterschwellig steuern zahlreiche emotionale Kräfte das Geschehen (siehe Abb. 28). So können beispielsweise ergebnislose Diskussionen zu Sachthemen auf Beziehungsproblemen zwischen einzelnen Teammitgliedern beruhen, die ihre persönlichen Konflikte auf der Sachebene austragen.

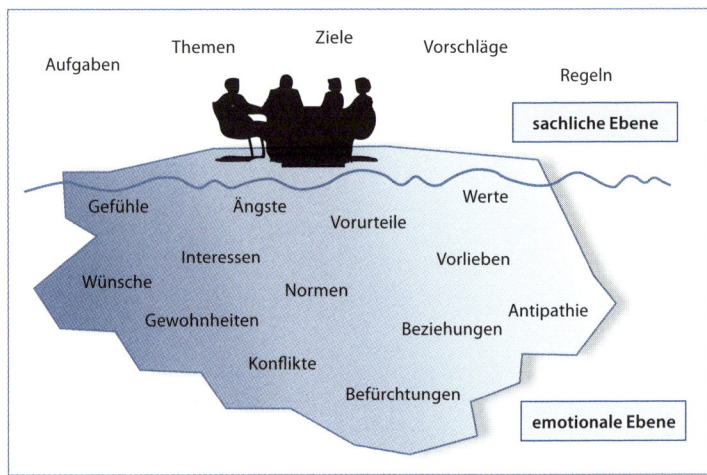

Abb. 28: Ebenen der Teamsitzung (in Anlehnung an Kellner 1995, S. 32)

Für die Teamleitung ergeben sich verschiedene Reaktionsmöglichkeiten, um die Teamprobleme zu verringern:

Aufgabenorientiertes Verhalten sicherstellen (Zielorientierung)	
Problemverhalten	Reaktionsmöglichkeiten
Diskussion schweift ab	Verweis auf die Tagesordnung Beiträge ignorieren, nicht darauf eingehen
Vielredner	Begrenzung von Redezeiten
Zwischen den Tagesordnungspunkten springen	Redner unterbrechen und auf Tagesordnung verweisen; bereits abgeschlossene Tagesordnungspunkte nicht mehr diskutieren
Vorgehensweise wird infrage gestellt	Verbesserungsvorschläge einfordern; Meta-Kommunikation anstoßen (Wie erleben andere die Situation?)
Diskussion dreht sich im Kreis	Diskussionsstand zusammenfassen, ggf. Entscheidungen herbeiführen
Zuspätkommen, Verlassen des Sitzungsraums während der Besprechung	Zurechtweisung, Hinweis auf vereinbarte Verhaltensregeln

METHODEN DER TEAMARBEIT

Positive Gesprächsatmosphäre erhalten (Teamorientierung)	
Problemverhalten	Reaktionsmöglichkeiten
Persönliche Konflikte zwischen Teilnehmern	Sofort eingreifen und persönliche Angriffe unterbinden; private Regelung der persönlichen Konflikte einfordern; neutrale Zusammenfassung der emotional vorgebrachten Argumente; Entschärfung der Situation
Unmotivierte Teilnehmer	Methodenwechsel; Wortmeldungen dieser Teilnehmer verstärken (aktives Zuhören)
Unterschwellige Konflikte	Mitteilen, wie belastend die Situation erlebt wird (Ich-Botschaften); gemeinsame Verantwortung für eine positive Atmosphäre herausstellen; mit betroffenen Teilnehmern ein gesondertes Gespräch vereinbaren
Diskussion kommt nicht voran	Gesprächsstand zusammenfassen; durch Beispiele den Sachverhalt konkretisieren; offene Fragen stellen
Mangelndes Interesse mit geringer Beteiligung	Eigene Betroffenheit rückmelden; Pause einlegen; Meta-Kommunikation über die Sitzung; Vertagung der Besprechung; Methodenwechsel

Abb. 29: Reaktionen auf Teamprobleme

Ergebnissicherung nach Besprechungen

Bei Besprechungen erfolgt die Ergebnissicherung zumeist durch das Sitzungsprotokoll. Der Protokollführer wird zu Beginn der Sitzung festgelegt und er schaltet sich dann aktiv ein, wenn er der Besprechung nicht mehr folgen kann oder Unklarheiten (z. B. Beschlusstext) bestehen. Das Protokoll sollte spätestens zwei Wochen nach einer Besprechung vorliegen. Zwischen folgenden Protokollformen kann gewählt werden (Kellner 1995):

Das **Ergebnisprotokoll** umfasst lediglich die am Ende von Diskussionen getroffenen Entscheidungen und Beschlüsse. Die Beiträge der Teilnehmer, der Diskussionsverlauf und die Pro- und Contra-Argumente bleiben unberücksichtigt.

Protokollformen

Im **erweiterten Ergebnisprotokoll** werden der Diskussionsverlauf und wichtige Beträge der Teilnehmer erfasst.

Das **Verlaufsprotokoll** dokumentiert den gesamten Ablauf der Besprechung. Alle Argumente und Meinungen werden berücksichtigt und die Beschlüsse wortgenau wiedergegeben. Auch Gegenargumente und Einwände können nachgelesen werden.

Im **Wortprotokoll** werden alle Aussagen der Teilnehmer im Wortlaut festgehalten. In der Regel wird das Wortprotokoll auf der Basis von Tonbandaufzeichnungen angefertigt.

Sind im Protokoll Beiträge von Teilnehmern namentlich gekennzeichnet, so sollte man sich vor der Veröffentlichung des Protokolls bei den zitierten Personen absichern, dass die Aussagen korrekt wiedergegeben werden.

Damit ein Protokoll auch gelesen wird, ist es möglichst kurz zu halten, was für die Erstellung von Ergebnisprotokollen spricht. Folgende Inhalte sollten im Protokoll zu finden sein:

Protokollinhalte
- Zeitpunkt, Dauer und Ort der Besprechung
- Anwesenheitsliste
- Tagesordnung (TOP)
- Teilnehmerbeiträge bzw. Entscheidungen / Beschlüsse
- Aktionslisten (Wer macht was, bis wann und was wird von wem kontrolliert?)
- Name und Unterschrift des Protokollführers

Wird ein Maßnahmenplan erstellt, dann bietet sich folgende Protokollform an (Nothdurft 2000):

Maßnahmenplan

Protokoll / Maßnahmenplan					
Datum: Uhrzeit: Ort:		Teilnehmer:			
TOP	Besprechungsergebnisse / Maßnahme	Maßnahme- Verantwortliche	Zeitraum	Überprüfung durch	

Abb. 30: Maßnahmenplanung (vgl. Nothdurft 2000, S. 85)

METHODEN DER TEAMARBEIT

Nachbereitung der Besprechung

In der Nachbereitung der Besprechung wird der Ablauf kritisch reflektiert. Verbesserungsvorschläge werden aufgegriffen und es wird festgelegt, wie die Umsetzung der Vereinbarungen zu überwachen ist. Die Ergebnisse der Nachbereitung bilden die Basis, um die nächste Besprechung vorzubereiten.

5.2 Workshops

Der Begriff Workshop wird recht inflationär verwendet, um ein Treffen von Gruppen zu beschreiben. Häufig werden die Begriffe „Workshop" „Meeting", „Besprechung / Konferenz", „Jour Fixe" nicht klar voneinander abgegrenzt, doch es bestehen folgende Unterschiede (vgl. Kellner 1995):

	Erläuterung	Beispiele
Workshop	Hierarchieübergreifendes Arbeitstreffen zur Bearbeitung von Problemen mit klaren Zielvorgaben	Entwicklung eines Beurteilungssystems
Meeting	Treffen zur gegenseitigen Information, zum Kennenlernen bzw. Erfahrungsaustausch	Erfahrungsaustausch der kirchlichen Kindertagesstätten in Neustadt
Jour Fixe	Regelmäßiges Treffen einer festen Gruppe ohne konkreten Anlass	Vierteljährliche Sitzung der Einrichtungsleitung mit dem Träger
Besprechung	Inhaltlich vorbereitetes Treffen zur Information und Entscheidungsfindung	Wöchentliche Zusammenkunft des Kita-Teams

Abb. 31: Workshop vs. Meeting, Jour-Fixe und Besprechung

Lipp & Will (2004) schlagen folgende Workshop-Definition vor:
Workshops bezeichnen Arbeitstreffen, in denen sich Personen in Klausuratmosphäre mit einer ausgewählten Thematik intensiv auseinandersetzen.

Definition
Workshop

Die Definition verdeutlicht, dass sich der Workshop durch seine Rahmenbedingungen (begrenzte Thematik, Klausursituation) von Routinesitzungen unterscheidet. Den Workshop kennzeichnen häufig weitere Merkmale:

• Die Leitung übernimmt eine geschulte Moderatorin
• Es besteht kaum Zeitdruck
• Die Teilnehmer werden aktiv eingebunden
• Die Wirkung geht über den Workshop hinaus

Die Konzentration auf eine Thematik, die intensiv in einem großzügigen Zeitrahmen bearbeitet werden kann, ermöglicht eine differenzierte Auseinandersetzung, die in Routinesitzungen nicht möglich ist. Der Workshop weist zahlreiche Nebeneffekte auf, die über die Arbeitsergebnisse hinaus wirksam sind. Die intensive Zusammenarbeit verstärkt das gegenseitige Vertrauen unter den Beteiligten und fördert das Wir-Gefühl im Team. Auch Kooperations- und Kommunikationsprozesse werden in Workshops gefördert. Nach einem Workshop ist häufig eine „Aufbruchstimmung" im Team zu beobachten, die für das weitere Handeln genutzt werden sollte.

Workshop-Ablauf

Der Ablauf von Workshops und seine „Dramaturgie" sind von der jeweiligen Form bzw. Zielsetzung abhängig. Wird beispielsweise ein Workshop zum Thema „Homepage. Unsere Einrichtung im Internet" vorgesehen, dann könnte der Workshop folgendermaßen strukturiert werden:

1. Vorbereitung: In der Vorbereitungsphase erfolgt die Festlegung der Moderatorin für den Workshop. Weiterhin werden Personen angesprochen, die zur Thematik einen Kurzbeitrag leisten können (z. B. Personen mit Kenntnissen zur Homepagegestaltung).

2. Einstieg: Die Moderatorin könnte den Workshop mit einer Kartenabfrage (siehe Kap. 5.3) starten, bei der die Teammitglieder beispielsweise folgenden Satz vervollständigen: „Wir benötigen eine Homepage, weil,…". Die Aussagen bleiben unkommentiert.

3. Zielfindung: Die Moderatorin setzt den Zielfindungsprozess in Gang. So könnte sich die Diskussion mit den Fragen auseinandersetzen: Warum wollen wir eine Homepage? Für wen gestalten wir die Homepage? Bei der Zielfestlegung ist darauf zu achten, dass über das Ziel des Workshops in der Gruppe Einigkeit besteht.

4. Information: In dieser Phase wird ein gemeinsamer Informationsstand hergestellt. Dazu können von Teilnehmern Beiträge eingebracht werden oder es erfolgt ein Input durch Experten, die mit der Erstellung einer Homepage vertraut sind und den Aufwand zur Pflege einer Homepage beurteilen können. Beispiele bestehender Homepages vergleichbarer Einrichtungen können zur Verdeutlichung herangezogen werden. Am Ende der Informationsphase sollte bei den Teilnehmern Klarheit darüber bestehen, was eine gute Homepage auszeichnet (z. B. Übersichtlichkeit, gute Lesbarkeit, ausgewogene Farbgestaltung, Nützlichkeit, Aufforderungscharakter).

5. Ideensuche: Ausgehend von der Zielsetzung kann mithilfe einer Kartenabfrage folgende Fragestellung bearbeitet werden: Welche Inhalte sollte die Homepage umfassen? In Zweiergruppen werden fünf bis acht Inhaltsbereiche auf den Karten notiert. Die Vorschläge werden an der Pinnwand zunächst unsortiert angeheftet und anschließend gemeinsam geordnet. Am Ende der Ideensuche werden die geordneten Kartenbereiche mit Überschriften versehen; z. B. Wir über uns, Termine, Konzeption, Leitbild …

6. Vertiefung: Die Vertiefungsphase umfasst die Entscheidung, welche Inhaltsbereiche endgültig in die Homepage aufgenommen werden und wie die Homepage gestaltet werden sollte. Im ersten Schritt kann über eine Punktabfrage festgelegt werden, welche Inhaltsbereiche die Homepage tatsächlich enthält. Nach dieser Entscheidung erfolgt eine Konkretisierung. In Kleingruppen wird die Gestaltung der Homepage (z. B. Bilder, Schrift, Anordnung der Inhaltsbereiche) erarbeitet und auf einem Plakat veranschaulicht.

7. Präsentation: Die Arbeitsgruppen präsentieren ihre Vorschläge im Plenum. So könnten beispielsweise die Plakate im

Raum aufgehängt werden und in einem Rundgang von Plakat zu Plakat erläutern die Mitglieder der Arbeitsgruppe ihre Konzeption der Homepage.

8. Bewertung / Entscheidung: Auf der Basis der Kriterien für eine gute Homepage (siehe Informationsphase) erfolgt eine Entscheidung (z. B. Punktabfrage, siehe Kap. 5.3) über den besten Gestaltungsvorschlag. In der anschließenden Diskussion könnte der ausgewählte Vorschlag durch Elemente anderer Vorschläge ergänzt werden.

9. Maßnahmen: Nach der Entscheidung wird ein gemeinsamer Maßnahmenkatalog erarbeitet (siehe Abb. 32).

10. Abschluss: Am Ende des Workshops beginnt die eigentliche Arbeit, die Umsetzung des Maßnahmenkatalogs. Es sollte vereinbart werden, wie die Teilnehmer des Workshops über die Umsetzung fortlaufend informiert werden.

Maßnahmenkatalog			
Was	**Wer**	**bis wann**	**Ansprechpartner**
Genehmigung zur Einrichtung der Homepage	Frau Wolf, Leiterin	20.02.	Träger
Kostenvoranschlag zur Erstellung der Homepage	Frau Wolf, Leiterin	01.04.	Firma Web-Design
Kostenzusage	Frau Wolf, Leiterin	01.05.	Träger / Finanzabteilung
Umsetzung des Konzepts	Frau Sand, Frau Wille	15.06.	Firma Web-Design
Schulung von Mitarbeitern zur Pflege der Homepage	Frau Sand, Frau Wille	01.07.	Firma Web-Design
Start der Homepage		15.07.	

Abb. 32: Beispiel für die Umsetzung des Maßnahmenkatalogs nach einem Workshop

Workshop-Teilnehmer

Die Anzahl der Teilnehmer ist abhängig von der Zielsetzung des Workshops. Die Auswahl der Teilnehmer kann unter recht unterschiedlichen Gesichtspunkten erfolgen: Betroffenheit, Kompetenz, Hierarchieebene, Multiplikatorenfunktion usw. Ideal ist eine Gruppengröße von sechs bis zehn Teilnehmern. Wird diese Zahl unterschritten, dann sind beispielsweise Einschränkungen bezüglich der Kompetenzvielfalt, der gegenseitigen Anregung, der Möglichkeit der Kleingruppenarbeit gegeben. Bei größeren Gruppen besteht z. B. die Gefahr, dass sich Untergruppen bilden oder die Teilnahme an Diskussionen eingeschränkt ist. Ist eine Begrenzung auf die optimale Teilnehmerzahl nicht möglich, weil beispielsweise alle achtzehn Mitarbeiterinnen einer Einrichtung direkt betroffen sind, dann sollten zwei Moderatorinnen eingesetzt werden. Die Teilnahme am Workshop ist in der Regel freiwillig.

Auswahl der Workshopteilnehmer

Workshop-Ort

Die Workshop-Arbeit muss in geeigneten Räumlichkeiten stattfinden, in denen ungestörtes Arbeiten möglich ist. Da häufig in Kleingruppen gearbeitet wird, sind Gruppenarbeitsräume erforderlich. Die Ausstattung der Räumlichkeiten sollte kreatives Arbeiten fördern, sie sollten leicht veränderbar und mit entsprechenden Hilfsmitteln ausgestattet sein (z. B. Pinnwände). Ein Wechsel der bisherigen Arbeitsumgebung führt zu einem neuen Arbeitsumfeld und fördert zumeist die Kreativität und Leistungsfähigkeit der Gruppe.

Auswahl und Ausstattung der Räume

Workshop-Formen

Folgende Workshop-Formen werden im Folgenden exemplarisch dargestellt:

- Problemlösungs-Workshop
- Planungs-Workshop
- Zielvereinbarungs-Workshop
- Teambildungs-Workshop

Problemlösungs-Workshop

Zielsetzung Problematische Situationen können in einem Workshop intensiv bearbeitet werden (z. B. geringe Belegungszahl am Nachmittag, Rückgang an Anmeldungen für die Ganztagsbetreuung etc.).

Ablauf Ausgehend von einer differenzierten Darstellung und Definition des Problems bestimmt das Team gemeinsam das Ziel des Workshops. An diesem Ziel wird die Problemlösung zu messen sein. Erst jetzt beginnt die Analyse der Situation, um die Einflussfaktoren zu beschreiben. Die Teilnehmer arbeiten heraus, welche Bereiche und Personen betroffen sind. Sie beschreiben die Auswirkungen des Problems auf die Situation der Einrichtung, um die Dringlichkeit der Problembeseitigung deutlich vor Augen zu führen. Im nächsten Schritt erfolgt eine umfassende Analyse der Ursachen. Bisherige Lösungsversuche und ihre Wirksamkeit werden beleuchtet, um dann neue Ideen zu entwickeln. Dabei können auch Erfahrungen in vergleichbaren Problemsituationen zur Lösungsfindung herangezogen werden. Bei der Bewertung der Lösungsideen sind auch mögliche Widerstände und Risiken der Problemlösung zu bedenken. Ist eine gemeinsame Lösungsstrategie gefunden, wird am Ende des Prozesses ein Maßnahmenkatalog (siehe oben, Abb. 32) erstellt, in dem die schrittweise Umsetzung mit der Benennung von Maßnahmenverantwortlichen aufgelistet wird.

Eine hilfreiche Technik zur Strukturierung des Problemlösungsprozesses ist die sogenannte D.I.A.N.A.- Formel: D = Definieren, I = Ideen entwickeln, A = Auswählen, N = Neudefinieren und A = Anwenden (Gamber 1996, siehe Abb. 33).

Planungs-Workshop

Zielsetzung Zur Entwicklung von Plänen für zukünftige Projekte (z. B. Alterserweiterung der Betreuungsgruppen, Umstrukturierung der Einrichtung) können Planungs-Workshops stattfinden. In die Planung ist das gesamte Team einzubinden.

Ablauf Bei der Planung von Projekten hat sich ein gestuftes Verfahren bewährt (vgl. Keller 1995): Das Planungsteam sollte aus einer kleinen Gruppe von drei bis vier Personen bestehen, die für die

Komplexe Wirklichkeit

Definieren

Problembestimmung,
Ursachen- und
Wirkungsanalyse

Ideen finden

Problemlösungen
entwickeln,
Such-raum
erweitern

Auswählen

Lösungsideen
bewerten und
geeignete
auswählen

Neudefinieren

unter Beachtung
der Erkenntnisse
das Problem
neu definieren

Anwenden

Lösungsidee mit
Maßnahmeplan
umsetzen

*Abb. 33: Struktur des
Problemlösungsprozesses
(Quelle: Gamber 1996, S. 66)*

Vorbereitung verantwortlich zeichnen. In den verschiedenen Planungsphasen sollten im Team die Zwischenergebnisse dargestellt, diskutiert und auf der Basis der Teamvorschläge ggf. korrigiert werden.

Die Entscheidungsfindung im Team kann leicht ausufern und zu endlosen Diskussionen und Machtkämpfen führen. Eine besondere Verantwortung kommt deshalb der Moderatorin zu, die dem Umgang mit schwierigen Situationen gewachsen sein sollte.

Zielvereinbarungs-Workshop

Wenn die Einrichtung ein Qualitätskonzept umsetzen will, um die Dienstleistungsqualität zu steigern, sollten mit den Mitarbeitern Ziele und Erfolgskriterien vereinbart werden. Dies gelingt gut in der konzentrierten Arbeitsatmosphäre eines Workshops.

Zunächst wird das Qualitätskonzept vorgestellt und verdeutlicht, welche Bereiche (z. B. Rahmenbedingungen, Ausstattung, Angebotsformen, Umgang mit Kindern, Elternarbeit, Teamarbeit) mit welchen Verfahren erfasst werden sollen. Die Qualitätsstandards werden herausgestellt. Bezogen auf die unterschiedlichen Bereiche erfolgt eine differenzierte Stärken-Schwächen-Analyse der Einrichtung. In kleineren Arbeitsgruppen wird die Stärken-Schwächen-Analyse bearbeitet und im Plenum präsentiert.

Zielsetzung

Ablauf

Auf der Basis der Analyse trifft das Team gemeinsam Zielvereinbarungen, um die gewünschte Qualitätssteigerung zu erreichen.
So könnten z.b. in einem Fortbildungskonzept der Einrichtung
die Teammitglieder in den Problembereichen systematisch qua-
lifiziert werden.

Als hilfreiches Instrument zur Zielvereinbarung hat sich die
SEPO-Methode erwiesen, die sowohl rückschauend als auch zu-
kunftsweisend angelegt ist.

Die Abkürzung SEPO kommt aus dem Französischen und
steht für

S = succés = Erfolg (in der Vergangenheit)
E = echecs = Probleme, Misserfolg (aus der Vergangenheit)
P = potentialités = (zukünftige) Möglichkeiten und Potenziale
O = obstacles = (zukünftige) Hindernisse.

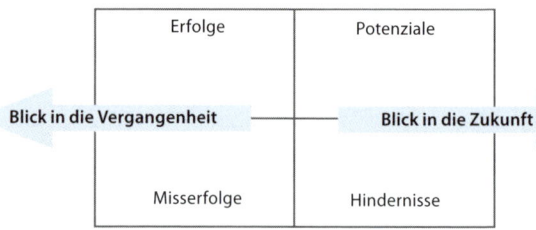

Abb. 34: SEPO-Analyse

Auf der Basis der SEPO-Analyse kann eine systematische Stand-
ortbestimmung erfolgen, die als Grundlage für die Zielvereinbarung dient. Die SEPO-Analyse führt zu einer kritischen Auseinandersetzung mit den Erfahrungen des Teams und lenkt die
Aufmerksamkeit auf die Möglichkeiten und Potenziale des Teams
sowie die erwarteten Probleme bei der Verwirklichung der gemeinsamen Ziele.

Teambildungs-Workshop

Zielsetzung

Wenn sich ein neues Team bildet, bietet ein Workshop Raum und
Zeit zum Kennenlernen, zum Aufbau von Beziehungen und zur
Klärung von Rollen (vgl. Brinkmann 2000).

METHODEN DER TEAMARBEIT

Am Anfang stehen Übungen zum Kennenlernen der neuen Teammitglieder. Anschließend formulieren die Teamleitung und die Teammitglieder ihre Erwartungen, z. B. im Hinblick darauf, was Formen der Unterstützung und der Zusammenarbeit betrifft. Kommunikationsregeln, Arbeitsweisen usw. werden gemeinsam erarbeitet („Wie wir im Team miteinander umgehen und kommunizieren!"). Der Teamerfolg wird erheblich von der Verwirklichung der verschiedenen Teamrollen (siehe Kapitel 3.2.3) bestimmt. Deshalb sollten die Teammitglieder über die verschiedenen Rollenmodelle informiert werden – die Frage, wie welche Rollen im konkreten Team besetzt werden, kann sich anschließen. Eine schriftliche Fixierung der Rollenzuordnung sollte erfolgen (Regeln für die Zusammenarbeit mit der Teamleitung! Aufgaben einer anleitenden Fachkraft!)

Ablauf

Fortlaufende Ergebnissicherung bei Workshops

Die fortlaufende Ergebnissicherung ist vor allem bei länger andauernden Veranstaltungen wie einem mehrtägigen Workshop unerlässlich. Nur so kann den Teilnehmern der Prozess und das bereits Erreichte verdeutlicht werden. Die fortlaufende Ergebnissicherung, insbesondere durch Visualisierung der (Zwischen-) Ergebnisse, bringt alle Teilnehmer auf den gleichen Informationsstand (vgl. Gamber 1966). Sehr wirksam ist die optische Darstellung, denn sie ist meist aussagekräftiger als die schriftliche Information. Die öffentliche Präsentation der Ergebnisse ist in jedem Fall ein wirksames Zeichen der formellen Anerkennung der Ergebnisse – die Teilnehmer können sich so stärker mit dem Erreichten identifizieren, das erhöht ihre Motivation, und die Auseinandersetzung mit den Inhalten löst kreative Prozesse aus.

Permanente Dokumentation

So können an einer Nachrichtenwand (vgl. Maleh 2000) alle Gruppenergebnisse dokumentiert und nachgelesen werden. Die Gruppenmitglieder haben einen Überblick über den aktuellen Ergebnisstand und die Arbeitsergebnisse der anderen Arbeitsgruppen.

Nachrichtenwand

Ein Plakat, das nur wenige Stichwörter enthält, ist zwar übersichtlich, wird aber mit zunehmendem Abstand zur Veranstal-

Protokoll

tung immer weniger aussagefähig. Es hat sich bewährt, ergänzend ein Protokoll zu erstellen (siehe Kap. 5.1).

Mit dem technischen Fortschritt verändert sich auch die Form der Dokumentation bei Workshops. An die Stelle von schriftlich versandten Unterlagen tritt immer mehr die digitale Workshop-Dokumentation. Während der Veranstaltung werden mit der Digital-Kamera Prozesse und Ergebnisse (Plakate, Flip-Charts) festgehalten. Für die Teilnehmer stehen in den Räumen Notebooks bereit, um die Ergebnisse zu protokollieren. Die Gruppenergebnisse können somit schnell gedruckt und allen Teilnehmern zeitnah ausgehändigt werden. Steht ein Bindegerät zur Verfügung, ist es sogar möglich, die Workshop-Ergebnisse und Bilder an Ort und Stelle zu einer professionell gestalteten Dokumentation zusammenzustellen. Neben dieser sehr wirksamen, direkten schriftlichen Form kann die Dokumentation auch kostengünstig auf einer CD-ROM erstellt und weitergeleitet werden.

(Randnotiz:) Digitale Dokumentationsformen

5.3 Moderation

Der Begriff der Moderation wird sehr unterschiedlich verwendet (die Moderation einer Radio- / Fernsehsendung oder einer Podiumsdiskussion); im Folgenden geht es um die Moderation als wichtige Methode der Teamarbeit. In diesem Kontext bezeichnet Moderation eine ziel- und teilnehmerspezifische Vorgehensweise zur Steuerung und Gestaltung von Kommunikationsprozessen in Gruppen.

Sperling u. a. (2004) unterscheiden drei Stufen zur Förderung der Zusammenarbeit und Kommunikation zwischen Mitarbeitern:

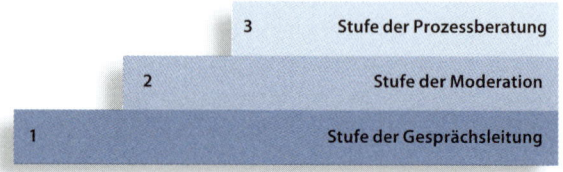

Abb. 35: Stufen der Unterstützung von Kommunikationsprozessen (Quelle: Sperling u. a. 2004. S. 11)

METHODEN DER TEAMARBEIT

Die **Gesprächsleitung** hat die Aufgabe, Gesprächssituationen zu steuern, indem sie insbesondere auf die Einhaltung von Regeln achtet. Die Gesprächsleitung muss verschiedene Gesprächstechniken beherrschen sowie die Einhaltung der Regeln mit einer gewissen Autorität, die sich beispielsweise aus ihrer Funktion als Vorgesetzte ergibt, durchsetzen können.

Die **Moderation** erfordert zudem die Bewältigung von komplexen Problemlösungs- und Entscheidungssituationen. Die Wahrnehmung dieser anspruchsvollen Aufgabe setzt die Beherrschung von Moderationstechniken voraus. Die „Macht" der neutralen Moderatorin beruht auf ihrer Fähigkeit, Prozesse kompetent zu begleiten, zu beraten und zu leiten.

Diese Fähigkeiten beziehen sich auf die Steuerung von Veränderungsprozessen in Einrichtungen. Es werden Kompetenzen zur Steuerung von sozialen Systemen benötigt, um sicherzustellen, dass die Beteiligten an den Veränderungen angemessen beteiligt werden.

Die Moderatorin nimmt die Rolle der „neutralen Dritten" ein und wirkt vermittelnd (vgl. Seifert 1995, Gamber 1996). Dies gilt sowohl auf der Beziehungsebene als auch auf der Sachebene.

Moderatorenrolle

Die Moderatorin übernimmt folgende Aufgaben:
Die Moderatorin …

- handelt unauffällig, unaufdringlich, indirekt und bleibt im Hintergrund; so werden beispielsweise Diskussionen angestoßen und Gruppenmitglieder zum Mitwirken motiviert;
- sollte alle Teilnehmer zu Beteiligten machen, indem sie den Ideenfluss in Gang hält; dabei ermuntert sie alle zum Mitmachen; sie bremst die Vielredner und aktiviert die Schweigenden und Zurückhaltenden;
- verfügt zwar über Informationen zum Thema, um die Beiträge verstehen und einordnen zu können, ist selbst aber keine ausgewiesene Fachfrau; sie verhält sich inhaltlich neutral; die Beiträge der Teilnehmer werden von der Moderatorin nicht bewertet oder kommentiert;

Aufgaben der Moderatorin

- ist eine Methoden-Expertin („Facilitator", Förderer, Unterstützer) und für die Prozesssteuerung und die Gestaltung der Rahmenbedingungen verantwortlich;
- achtet auf die klare Trennung zwischen Kreativ- und Bewertungsphasen;
- visualisiert die Diskussionsbeiträge und initiiert eine klare, strukturierte Darstellung;
- nimmt gruppendynamische Prozesse sensibel wahr und reagiert rechtzeitig auf Unzufriedenheit, aufkeimende Konflikte, Ermüdung, Langeweile;
- hat Humor und akzeptiert die Gefühle der Teilnehmer;
- vermittelt den Teilnehmenden Erfolgserlebnisse und verdeutlicht den Entwicklungsprozess;
- geht wertschätzend mit den Teilnehmern um, indem sie die Beiträge aller Anwesenden angemessen würdigt, die Teilnehmer ernst nimmt und ihre Beiträge berücksichtigt;
- hat gegenüber der Gruppe eine Prozessverantwortung und gegenüber dem Auftraggeber zusätzlich auch eine Ergebnisverantwortung; Sperling u. a. (2004) bezeichnen die Moderatorin als „Anwalt des Ziels".

Moderationsprozess

Der Moderationsablauf umfasst folgende Phasen (vgl. Seifert 1995):

Phase	Inhalte	Moderations-aufgaben	Moderations-methoden
1. Einstieg	Begrüßung Orientierung	- Positive Arbeitsatmosphäre herstellen - Regeln verdeutlichen - Erforderliche Rahmenbedingungen sicherstellen	
2. Themen-findung	Themensammlung Themenauswahl	- Themenvorschläge einholen - Auswahlprozess steuern - Konsens im Vorgehen herstellen	- Brainstorming / Brainwriting - Abfrage auf Zuruf - Themenspeicher - Punkt- / Mehrpunkt-abfrage
3. Themen-bearbeitung	Zielformulierung Analyse / Austausch Entscheidung / Vereinbarungen	- Ziele gemeinsam vereinbaren - Sachverhalt umfassend klären - Verschiedene Perspektiven beachten - Entscheidungsprozess steuern - Umsetzung mit Verantwortlichkeiten festlegen	- Fragetechnik - Mehrfelder-Tafeln - Mind-Mapping - Fischgrät-Diagramm - Maßnahmenplan
4. Abschluss	Reflexion Verabschiedung	- Ergebnisse bewerten - Weitere Vorgehensweise vereinbaren	- Blitzlicht - Feedback-Technik - Punktabfrage

Ablauf der Moderation

Abb. 36: Moderationsphasen

Moderationsmethoden

Ein wichtiger Bestandteil für den Erfolg der Moderation ist die Visualisierung des Moderationsprozesses. Mit Hilfe von Plakaten oder Pin-Wänden sollten die Gruppenergebnisse dokumentiert und für die Gruppe sichtbar im Raum platziert werden. So sind den Teilnehmern Zwischenergebnisse und Fortschritte durchgängig präsent und bewusst. Die visuelle Darstellung erleichtert das Verständnis sowie die Informationsverarbeitung und steigert die Merkfähigkeit. Zur Visualisierung können Moderationsmaterialien, wie sie in Moderationssets zu finden sind, genutzt werden. Im Folgenden werden die bewährtesten Verfahren vorgestellt.

Kartenabfrage

Die Kartenabfrage (auch Pinnwand-Moderation) oder „Metaplan-Technik" ist eine grundlegende Methode der Visualisierung, um Ideen, Themen oder Fragen zu sammeln und zu strukturieren. Dieses Verfahren ist für eine Gruppengröße von bis zu 30 Teilnehmern geeignet.

Einsatz-möglichkeiten

Die Methode der Kartenabfrage bietet sich für folgende Aufgabenstellungen an:

- Abklärung von Teilnehmererwartungen
- Erstellen eines Meinungsbilds
- Themenspeicher
- Erfahrungsaustausch
- Informationssammlung

Material

Die Moderatorin benötigt für die Kartenabfrage für alle Teilnehmer: Packpapier, farbige helle Moderationskarten (Größe 21 x 10 cm), verschiedenfarbige Filzstifte in unterschiedlicher Stärke, Pinnwände, Klebepunkte sowie Stecknadeln, Scheren, Klebstifte, Klebeband.

Regeln

Die Teilnehmer erhalten die Anweisung, auf eine Karte jeweils einen Gedanken zur Aufgabenstellung zu formulieren. Die Fragestellung muss allen klar sein und sollte auf der Pinnwand nochmals verdeutlicht werden. Die Teilnehmer erhalten Moderationskarten und Filzstifte, um ihre Ideen zu notieren. Die Teilnehmer sollten ihre Ideen in Druckbuchstaben in möglichst großer, deutlicher Schrift auf die Moderationskarten schreiben und zwar möglichst kurz und schlagwortartig. Zur optischen Gliederung und Strukturierung kann die Moderatorin verschiedene Formen (z. B. für Überschriften) und Farben (z. B. verschiedene Gesichtspunkte) einsetzen. Bei großen Gruppen sollte die Zahl der ausgegebenen

Karten begrenzt werden, da die Gefahr besteht, dass die Auswertung bei einer zu großen Anzahl von Karten sehr zeitaufwendig und unübersichtlich wird.

Für die Kartenabfrage hat sich ein vierschrittiges Vorgehen bewährt (vgl. Lipp & Will 2004): Ablauf

1. Die Fragestellung wird umfassend erläutert (z. B. Schriftgröße, nur eine Idee pro Karte, Musterkarte…) und Unklarheiten werden beseitigt.
2. Alle Karten werden zunächst ungeordnet von den Teilnehmern an die erste Pinnwand geheftet.
3. In der dritten Phase lesen sich die Teilnehmer die angehefteten Karten durch und haben die Möglichkeit, bei Unklarheiten (z. B. Abkürzungen, fehlender Bezug…) nachzufragen.
4. Zum Schluss werden die Karten gemeinsam mit den Teilnehmern an einer zweiten Pinnwand geordnet.

Eine Kartenabfrage kann bis zu eine Stunde dauern. Für die verschiedenen Phasen ist erfahrungsgemäß folgender Zeitaufwand einzuplanen: Zeitplanung

- Erklärung des Verfahrens: ca. 5 Min.
- Karten schreiben: ca. 10 Min
- Karten besprechen und sortieren: ca. 15–30 Min.
- Ergebnis bewerten: ca. 10 Min.

Die Auswertung erfolgt an der Pinnwand. Dabei werden die Karten inhaltlich strukturiert und zusammenhängende Bereiche von oben nach unten säulenartig angeheftet. Die Kärtchen werden nicht inhaltlich bewertet! Jeder Beitrag ist gleich wichtig und sollte durch Kommentare werde auf- noch abgewertet werden. Inhaltsgleiche Karten werden nebeneinander angeheftet. Am Ende des Ordnens steht die Benennung der geclusterten Bereiche. Die Auswertung sollte rasch erfolgen, um Langeweile und Ermüdungseffekte zu vermeiden. Auswertung

Folgende Regeln sollten beim Ordnen beachtet werden (Lipp & Will 2004):

- Die Teilnehmer und nicht die Moderatorin legen die Struktur fest.
- Bei Unklarheiten entscheidet der Autor der Karte über die Zuordnung.
- Mehrere inhaltsgleiche Aussagen werden untereinander und nicht übereinander angeheftet; die Häufigkeit gibt Hinweise auf die Bedeutsamkeit des Aspekts.
- Alle Karten werden an der Pinnwand berücksichtigt.

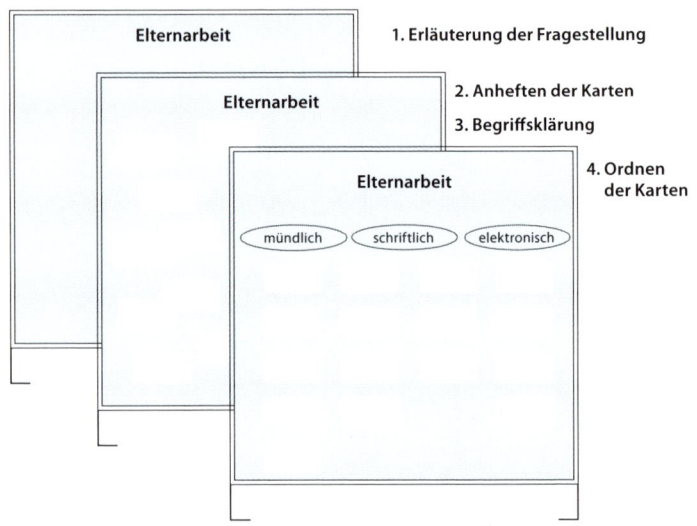

Auswertungs-
alternativen

Zur Auswertung bieten sich zudem folgende Varianten an:

Anonyme Auswertung: Die Moderatorin sammelt die ausgefüllten Karten der Teilnehmer verdeckt ein. Sind mehrere Moderatorinnen eingesetzt, ist folgende Aufgabenverteilung angebracht: Nachdem eine Moderatorin die Karte mit der Gruppe besprochen hat, heftet eine zweite Moderatorin das Kärtchen an die Pinnwand. Die Moderatorin liest das Kärtchen vor und ordnet mit Hilfe der Gruppe die Kärtchen nach Gemeinsamkeiten oder Ähnlichkeiten. Sinngleiche Kärtchen werden nebeneinander angepinnt.

Offene Auswertung: Bei einer kleinen Teilnehmergruppe (bis zu 10 Personen), ist auch eine offene Auswertung möglich.

Die Teilnehmer stehen mit ihren Kärtchen im Halbkreis vor der Pinnwand. Jeder Teilnehmer erläutert kurz das Kärtchen und geht auf Anregungen der anderen Teilnehmer ein, bevor er das Kärtchen anheftet.

Die Ergebnisse werden an der Pinnwand festgehalten. Wenn auf der Pinnwand als Unterlage ein Bogen Packpapier angebracht wird, dann können die Karten festgeklebt und damit das Ergebnis gesichert werden. Zudem können auf dem Packpapierbogen erläuternde Texte oder Symbole (Pfeile) hinzugefügt werden. Das Ergebnis der Kartenabfrage sollte im Raum für alle sichtbar aufgehängt werden, sodass der Gruppe das Ergebnis präsent bleibt. Alternativ können die Ergebnisse der Kartenabfrage abfotografiert und später dem Ergebnisprotokoll beigefügt werden.

Rosinenpicken: Soll auf das zeitaufwendige Ordnen verzichtet werden, so schlagen Lipp & Will (2004) das Rosinenpicken vor. Wenn alle Unklarheiten zu den Kartenaussagen beseitigt sind, dann wird die Gruppe aufgefordert, Karten zu benennen, die es wert sind, dass sich die Gruppe intensiver damit beschäftigt. Die ausgewählten Karten werden auf eine weitere Pinnwand geheftet.

Die Kartenabfrage ist ein sehr effektives Verfahren, mit dem in relativ kurzer Zeit Gruppenergebnisse gewonnen und ausgewertet werden können. Alle Teilnehmer sind aktiv in die Arbeit eingebunden und erfahren, dass jede Nennung für die Gruppe bedeutsam ist. Dies wirkt auf die Gruppe motivierend. Ängste, beispielsweise vor der Gruppe sprechen zu müssen, entfallen bei der anonymen Auswertung. Die Möglichkeit, das Gruppenergebnis als Plakat im Raum zu platzieren, verdeutlicht der Gruppe den Arbeitsprozess und die Arbeitsergebnisse. Jeder Teilnehmer erhält einen schnellen Überblick über den bisherigen Stand der Arbeit.

Bewertung der Kartenabfrage

Bei großen Gruppen besteht die Gefahr, dass die Auswertung zu langwierig und die Besprechung der Ergebnisse zu zeitaufwendig werden. Die Moderatorin sollte dann keine Untergruppen bilden, die gemeinsam Karten ausfüllen. Die Kleingruppenarbeit führt in der Regel zu einer Qualitätssteigerung bei den Ergebnissen.

Ungeübte Teilnehmer haben bisweilen Schwierigkeiten, ihre Anregungen prägnant in wenigen Stichwörtern zusammenzufassen. Als Nachteil kann gesehen werden, dass sehr viel Zeit auf die Sammlung von Vorschlägen verwendet wird, aber letztendlich nur wenige Ideen weiter verfolgt werden.

Punkt- / Mehr-Punkt-Abfrage

Die Punktabfragen sind ein sehr gut geeignetes Verfahren, um in der Gruppe mit geringem Aufwand in kurzer Zeit zu einem klaren Meinungsbild zu gelangen. Das Verfahren ist in allen Phasen des Moderationsprozesses einsetzbar und hat das Ziel, Transparenz herzustellen oder Entscheidungen herbeizuführen.

Einsatzmöglichkeiten

Transparenz über den Verlauf einer Veranstaltung kann beispielsweise geschaffen werden, wenn die Teilnehmer am Ende der Veranstaltung ihre Zufriedenheit rückmelden. Sind in der Gruppe Entscheidungen zu fällen, z. B. welche Themen weiter bearbeitet werden sollen oder wie weiter vorzugehen ist, so kann mit Hilfe der Punktabfrage recht schnell ein klares Meinungsbild als Entscheidungsgrundlage erstellt werden.

Ablauf

- Die Moderatorin bereitet eine Punktabfrage vor, indem sie die Frage und die Wahlmöglichkeiten an der Pinnwand oder Flip-Chart visualisiert.
- Jedes Gruppenmitglied erhält einen Klebepunkt, mit dem es sein Votum abgeben kann.
- Stehen mehrere Alternativen zur Auswahl (z. B. Themen für die nächsten Sitzungen), dann kann auf die Mehr-Punkt-Abfrage zurückgegriffen werden. Die Anzahl der Punkte pro Teilnehmer richtet sich nach der Anzahl der Alternativen; es wird empfohlen, dass die Anzahl der Klebepunkte maximal der Hälfte der zur Wahl stehenden Alternativen entsprechen sollte. So kann beispielsweise bei sieben Wahlmöglichkeiten jedes Gruppenmitglied drei Punkte vergeben. Die maximale Punktzahl, die das Gruppenmitglied für eine Alternative einsetzen darf, ist zu begrenzen. In der Regel sollten die Teilnehmer für jede Wahlmöglichkeit maximal zwei Punkte vergeben können.

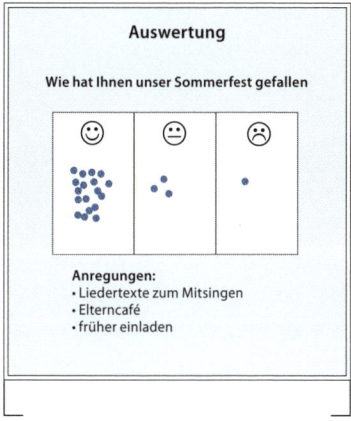

Die Moderatorin bespricht mit der Gruppe das Ergebnis. Alternativ kann auch die Gruppe das Ergebnis kommentieren oder jedes Teammitglied erläutert kurz sein Votum (vgl. Seifert 1995[8]).

Auswertung

Mehrfelder-Tafeln

Das Zwei- und Mehrfelder-Schema kann zur strukturierten Auseinandersetzung mit einem Problem eingesetzt werden. Das Thema wird mit den Teilnehmern unter verschiedenen Blickwinkeln (pro – contra, Vor- und Nachteile…) differenziert analysiert, sodass Entscheidungsprozesse vorbereitet und Lösungsansätze deutlich werden. Die Mehrfelder-Tafeln sind besonders für Kleingruppenarbeit geeignet. Die Gruppen setzen sich strukturiert in kurzer Zeit mit einer neuen Thematik auseinander. Die vorgegebene Struktur erleichtert die Auswertung der Gruppenergebnisse, da alle an derselben Fragestellung arbeiten. Entscheidend für die Qualität der Ergebnisse und die Effizienz der Gruppenarbeit ist die Auswahl und die Formulierung der ausgewählten Aspekte, die den verschiedenen Feldern zugeordnet sind.

Einsatzmöglichkeiten

- Die Moderatorin erläutert den Teilnehmern die Zielsetzung, die mit der Einteilung der Mehrfelder-Tafel verbunden ist, und verdeutlicht die Fragestellungen in den verschiedenen Feldern. Es muss sichergestellt sein, dass die Fragestellung von allen Teilnehmern in gleicher Weise verstanden wird.
- Die Teilnehmer bearbeiten in Kleingruppen die Mehrfelder-Tafel. Dabei sollte jede Gruppe gemeinsam möglichst konkrete Aussagen finden und formulieren.

Ablauf

Kooperation mit Sportverein	
Was spricht dafür?	**Was spricht dagegen?**
• Nutzung einer großen Turnhalle • weitere qualifizierte Bewegungsangebote • Unterstützung durch Verein	• Entfernung zur Kita • Schulung des Personals erforderlich • Sicherheitsbestimmungen
Was ist noch unklar?	**Wie gehen wir vor?**
• Genehmigung durch Träger • Versicherung • Kooperationsvertrag	• Träger einladen • Vergleichbare Einrichtungen besuchen • Zeitplan erstellen

Die Ergebnisse der Gruppen werden im Plenum ausgewertet. Jede Fragestellung wird getrennt bearbeitet. Auf Zuruf hält die Moderatorin die Ergebnisse auf dem Plakat fest. Nach dieser Phase der Dokumentation werden die Gruppenergebnisse im Plenum reflektiert und das weitere Vorgehen festgelegt.

Themenspeicher

Einsatzmöglichkeiten
Zur Sammlung von Vorschlägen der Teilnehmer bietet sich der Themenspeicher an, um den Überblick zu behalten und Transparenz beim weiteren Vorgehen herzustellen.

Ablauf
• Die Moderatorin sammelt mittels Kartenabfrage oder auf Zuruf die Themen, die in der Gruppe besprochen werden sollen.
• Durch eine Punktabfrage werden die Prioritäten und damit die Reihenfolge ermittelt, in der die Themen abgearbeitet werden.

Thematischer Elternabend		
Themen		**Rang**
Einnässen	••	5
Übergang Grundschule	•••••	1
Angst	••••	3
Freundschaften	•	6
Fremdsprache in Kita	••••	4
Computer-Spiele	•••••	2

Können aus Zeitgründen nicht alle Themen bearbeitet werden, dann kann anhand des Themenspeichers mit der Gruppe abgeklärt werden, wie mit den offenen Themen umgegangen werden soll. In der Gruppe ist Konsens über das Vorgehen herzustellen, um die weitere Mitarbeit aller Teilnehmer sicherzustellen und Frustrationen über die Nichtbeachtung von Vorschlägen zu vermeiden.

Zurufliste

Ein besonders einfaches Verfahren, um Ideen zu sammeln, ist die Zurufliste (vgl. Lipp & Will 2004). Im Durchschnitt beträgt der Zeitaufwand für die Erstellung der Zurufliste nur etwa zehn Minuten. Dieses Verfahren regt die Teammitglieder zur Entwicklung neuer Ideen an.

Einsatz-möglichkeiten

- Die Moderatorin umreißt das Thema und hält auf dem Flipchart bzw. Pinnwand die Fragestellung fest.
- Bis zu zwei Teilnehmer unterstützen als schreibende Helfer die Moderatorin beim Notieren der Vorschläge.
- Die Moderatorin erläutert das Vorgehen: Diskussionen und Rückfragen werden erst nach Abschluss der Ideensammelphase zugelassen; Zurufe können ohne Wortmeldung erfolgen.
- Nach kurzer Bedenkzeit gibt die Moderatorin das Startsignal; die Helfer halten an dem Flipchart die Äußerungen gut lesbar fest. In dieser Phase muss die Moderatorin darauf achten, dass kein Zuruf überhört wird.
- Erfolgen keine Zurufe mehr, dann werden mögliche Unklarheiten bezüglich der Zurufe beseitigt.

Ablauf

Ein Problem beim Erstellen der Zurufliste besteht darin, dass einzelne Teammitglieder dominieren können. Durch eine Vielzahl von Meldungen Einzelner kann der Eindruck entstehen, dass hier ein Abbild der Aussagen der „Selbstbewussten" und kein allgemeines Meinungsbild entsteht.

Ein Hemmnis für „authentische" Zurufe kann auch die fehlende Anonymität der Zurufliste sein (vgl. Briegel 2002). Hier ist erneut auf die eingangs bereits erwähnten Rahmenbedingungen für kreativitätsförderndes Verhalten hinzuweisen. Nur wenn die Teammitglieder das Gefühl haben, sich in ihrer Unterschiedlichkeit einbringen zu können, werden Kreativitätstechniken wie die Zurufliste funktionieren und im Team zu kreativen Ideen führen.

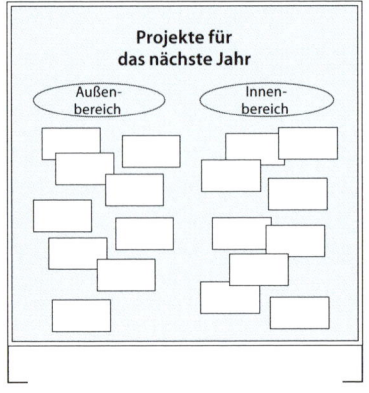

Strukturierend eingreifen muss die Moderation beim Sortieren der Ideen. Sind im Vorfeld Kategorien bildbar (z. B. Vor- und Nachteile, Möglichkeiten und Grenzen, pro und contra), dann können diese Kategorien bereits auf dem Flipchart notiert werden. Das erleichtert die Zuordnung. Eine andere Möglichkeit besteht darin, die Zurufe auf Karten festzuhalten; das Sortieren entspricht dann dem Vorgehen bei der Kartenabfrage (4. Phase).

Fragetechniken

Anforderungen an Fragestellungen

Die Fragetechnik ist für das Gelingen der Moderation von zentraler Bedeutung. Die Moderatorin kann den Diskussionsprozess durch Fragen anregen und steuern. Es gilt der Grundsatz: Die Moderatorin sollte mehr fragen als sagen! (Lehmann 2002). Folgende Überlegungen sind bei der Fragestellung zu berücksichtigen (vgl. in Krämer & Walter 2002):

Zentrale Fragestellung vorbereiten: Im Hinblick auf zu erwartende Antworten die Fragestellung überprüfen. Zentrale Fragen schriftlich fixieren und an der Pinnwand visualisieren.

Positive Formulierungen wählen: Negative Formulierungen lösen in der Gruppe eher Widerstand, Missverständnisse oder Trotzreaktionen aus. Deshalb sollte der Fokus auf die positiven Aspekte gelegt werden.

Zweigeteilte Fragen vermeiden: Beinhaltet die Frage zwei Aspekte, wird ein strukturiertes Vorgehen erschwert (z. B. „Warum häufen sich nach der Neuorganisation die Qualitätsmängel?"). Die Teilnehmer bearbeiten die beiden Gesichtspunkte (z. B. Problematik der Neuorganisation bzw. Qualitätsmängel) unsystematisch und unvollständig.

Es kann durchaus sinnvoll sein, zwei Aspekte in einer Fragestellung zu berücksichtigen (z. B. „Welche Vor- und Nachteile hat die Neuorganisation der Nachmittagsbetreuung?"). Dann ist es aber erforderlich, die Antworten farblich (z. B. Kartenfarbe) und räumlich (z. B. Aufteilung der Pinnwand) klar zu trennen.

Fragwürdige Behauptungen und Unterstellungen vermeiden: Werden nicht belegbare Aussagen oder Unterstellungen mit der Frage verbunden, sind Widerstände und unproduktive Diskussionen zu erwarten. Durch die Frage „Wie wirkt sich das schlechte Betriebsklima in der Einrichtung auf die Mitarbeitermotivation aus?", können Diskussionen über das unterstellte schlechte Betriebsklima ausgelöst werden.

Offene Fragen formulieren: Offene Fragen geben den Teilnehmern ein breites Antwortspektrum, engen nicht ein und regen zur Entwicklung neuer Ideen an (z. B. „Wie könnte es weitergehen?").

Eindeutige Fragen stellen: Die gestellten Fragen sollten selbsterklärend sein und keine weitere Erläuterungen erfordern.

Rückfragen: Die Rückfragetechnik verhilft der Moderatorin, einen Sachverhalt abzuklären bzw. das allgemeine Verständnis unter den Teilnehmern zu erhöhen. Mit Fragen kann die Moderatorin spiegeln, indem sie sich vergewissert, dass sie den Sachverhalt richtig verstanden hat (z. B. „Habe ich Sie richtig verstanden, dass …"). Wird die Moderatorin zu einer Positionierung aufgefordert („Was raten Sie uns? Wie würden Sie sich in dieser Situation verhalten? Was sollen wir jetzt tun?"), dann sollte sie durch die Rückfrage das Problem wieder an die Teilnehmer zurückgeben.

Klärungsfragen: Missverständnisse treten häufig auf, wenn die Teilnehmer die Begriffe unterschiedlich verstehen. Jeder interpretiert den Begriff auf seinem individuellen Erfahrungshintergrund. Die Moderatorin sollte recht früh durch Rückfragen und Verständnisfragen sicherstellen, dass die Teilnehmer ein gemeinsames Begriffsverständnis haben.

Paradoxe Fragen: Sperling u. a. schlagen vor, in der Moderation durch paradoxe Fragen Impulse zu geben. Eingefahrene Denkgewohnheiten können durch paradoxe Fragestellungen oder einen Perspektivenwechsel durchbrochen werden und kreative Prozesse auslösen (z. B. „Wie würden Sie vorgehen, wenn sie als Vertreter der Aufsichtsbehörde das Produkt zu prüfen hätten?").

Fragen visualisieren: Die Wirkung von Fragen kann deutlich gesteigert werden, wenn die Moderatorin die Frage nicht nur verbal stellt, sondern zusätzlich visualisiert (Text, Bild, Karikatur). Die Beantwortung der Frage kann dabei sowohl verbal (auf Zuruf) oder schriftlich (z. B. Kartenabfrage, Punktabfrage) erfolgen.

Zeitmanagement

Der richtige Umgang mit der Zeit ist ein aufwendiger sozialer Lernprozess. Die Moderatorin ist für das Zeitmanagement verantwortlich. Dabei ist sie mit Teilnehmern konfrontiert, die ein recht unterschiedliches Zeitverständnis haben. Sperling u. a. (2004) differenzieren plakativ zwischen „Zeitzerteilern" und „Zeiteinteilern". *Zeitzerteiler* neigen zur Unpünktlichkeit, lassen angefangene Arbeiten liegen, sind leicht ablenkbar, weisen ein hohes kreatives Potenzial auf, lehnen zeitliche Fremdbestimmung ab und verpassen nicht selten Termine. *Zeiteinteiler* sind pünktlich und diszipliniert, sie arbeiten Aufträge nacheinander und nicht nebeneinander ab, gehen systematisch vor und orientieren sich an klaren Zielvorgaben. Treffen Zeiteinteiler auf Zeitzerteiler, sind Konflikte unausweichlich.

Die Moderatorin sollte ihre Rolle nicht als Zeitmahner und Zeitwächter sehen, sondern die Teilnehmer in die Zeitplanung einbinden. In der Gruppe sollte die Fertigkeit zur Selbstregulation hinsichtlich der zeitlichen Organisation aufgebaut werden. Jede Gruppe wird einen spezifischen Umgang mit der Zeit entwickeln und perfektionieren. Diesen Prozess kann die Moderatorin mit Hilfe der Visualisierung von Zeitvorgaben sowie zeitspezifischen Planungshilfen unterstützen. Die Teilnehmer entwickeln mit der Zeitverantwortung auch Prozesskompetenz.

Zur Erstellung eines Grobzeitrasters dient nachfolgende Planungshilfe. Der Zeitplan gibt lediglich eine Orientierung und ist nicht als Festschreibung zu verstehen. Der Zeitaufwand ist bei

Zeitzerteiler und Zeiteinteiler

einem offenen Auftrag wesentlich höher als bei einem geschlossenen Auftrag, bei dem klare Zielvorgaben und Zielsetzungen den Ablauf bestimmen.

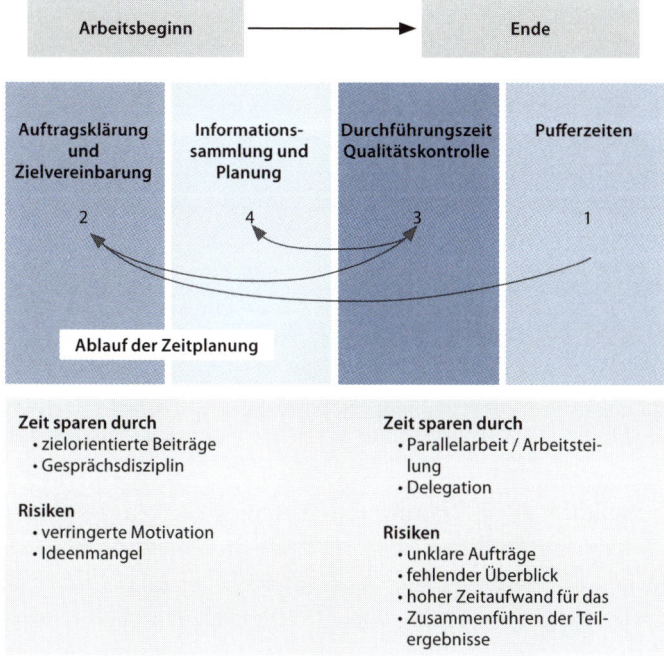

Abb. 37: Zeitplanung (Quelle: Sperling u. a. 2004, S. 86)

5.4   Kreativitätstechniken

Immer wenn es darum geht, gewohnte Wege zu verlassen, und mit dem Team neue Ideen zu entwickeln, sind Kreativitätstechniken gefragt. Die Wirkung von Kreativitätstechniken ist aber nur dann gegeben, wenn die Rahmenbedingungen kreative Verhaltensweisen zulassen und fördern. Kreativitätsunterstützend sind folgende Haltungen der Teilnehmer (vgl. Sperling u. a. 2004):
- Offenheit / Neugierde
- Risiko- und Leistungsbereitschaft

- Problemsensibilität
- Flexibilität
- Bereitschaft, Fehler zuzulassen
- Mut zu ungewöhnlichen Lösungsideen

Kreativität entsteht aus den sozialen Beziehungen in einem Umfeld, in dem eine gute Mischung von Personen mit z. T. gegensätzlichen Persönlichkeits- und Fähigkeitsprofilen handeln. Die Teammitglieder sind sich ihrer Unterschiedlichkeit bewusst, haben aber Interesse daran, sich in einem gegenseitigen Lernprozess zur Aktivierung ihrer kreativen Potenziale einzubringen – in der Konzentration auf ein gemeinsames Ziel. Die Akteure sind gleichberechtigt, handeln selbstbestimmt, sind aus eigenem Antrieb aktiv und tragen gemeinsam Verantwortung.

Kreativitätsfördernde Einstellung

Im Zusammenhang mit den Rahmenbedingungen, die kreative Verhaltensweisen zulassen, sind unbedingt auch die Hemmnisse zu berücksichtigen, die zu Blockaden für die Kreativität der Teammitglieder und für das Gesamtteam führen können – auf ganz verschiedenen Ebenen (Köppen 1997, siehe Abb. 38): Auf der affektiven Ebene kann die Angst vor Fehlern, mangelndes Vertrauen in die eigenen Fähigkeiten, ein übergroßes Sicherheitsbedürfnis, die Angst vor Veränderungen sowie das Bedürfnis nach schnellen Lösungen kreative Verhaltensweisen hemmen. Aber auch Denkweisen, Wahrnehmungsformen und Lernverhalten, also die kognitive Ebene, kann kreative Prozesse negativ beeinflussen. Wenn ein Denken vorherrscht, das sich nur in Wenn-dann-Schritten bewegt und neue Möglichkeiten unbedacht lässt, wenn Abweichungen von einmal eingeschlagenen Lösungswegen generell ausgeschlossen werden, ist es schwierig, neue Ideen zu entwickeln. Andere Hemmnisse können von außen an das Team herangetragen werden und sind situativ bedingt: dazu zählen Zeit- und Erfolgsdruck – schnelle und überzeugende Lösungen werden von diesem bewährten Team, in dieser Situation gefordert. Auch das kann zu einer Blockade führen.

Hemmnisse für die Kreativität von Teams können auf der affektiven, der kognitiven und der situativen Ebene entstehen (Köppen 1997):

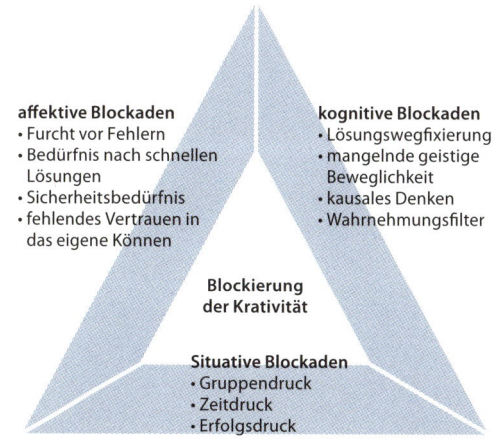

affektive Blockaden
• Furcht vor Fehlern
• Bedürfnis nach schnellen
  Lösungen
• Sicherheitsbedürfnis
• fehlendes Vertrauen in
  das eigene Können

kognitive Blockaden
• Lösungswegfixierung
• mangelnde geistige
  Beweglichkeit
• kausales Denken
• Wahrnehmungsfilter

**Blockierung
der Krativität**

Situative Blockaden
• Gruppendruck
• Zeitdruck
• Erfolgsdruck

Abb. 38: Blockierung der Kreativität (vgl. Köppen 1997)

Im Folgenden werden die bekanntesten Kreativitätstechniken – Brainstorming, Brainwriting, die Methode 6-3-5, das Fischgrät-Diagramm und Mind-Mapping vorgestellt.

Brainstorming

Die bekannteste Kreativitätstechnik ist das Brainstorming. Die Ideensammlung zu einer bestimmten Fragestellung erfolgt mündlich durch Zuruf und Mitschrift an dem Flipchart. Der Prozess der Ideensammlung sollte frei von Einschränkungen und Vorgaben erfolgen, um möglichst viele Ideen zu generieren. Kommentare oder Bewertungen sind in dieser Phase der Sammlung kreativitätshemmend. Bereits bekannte Ideen können von anderen Personen aufgegriffen und weiterentwickelt werden. Innerhalb von 10 bis 30 Minuten werden beim Brainstorming recht schnell kreative, ungewöhnliche Lösungsalternativen entwickelt. Zielsetzung

Das Problem wird definiert und für alle sichtbar an dem Flipchart festgehalten. Die Fragestellung darf nicht zu eng und nicht zu weit sein, um zu verwertbaren Ergebnissen zu gelangen. Ablauf

Mit den Teilnehmern werden die „Spielregeln" besprochen, deren strikte Einhaltung für ein erfolgreiches Brainstorming wichtig ist:

- Ideen und Vorschläge nicht kritisieren
- Alle Gedanken können frei geäußert werden, auch wenn sie abwegig erscheinen
- Ziel ist die Vielzahl von Ideen (Quantität geht vor Qualität)
- Ideen anderer Teilnehmer können aufgegriffen werden

Nach der Phase der Ideensammlung werden die Ideen geordnet und auf ihre Verwendbarkeit überprüft.

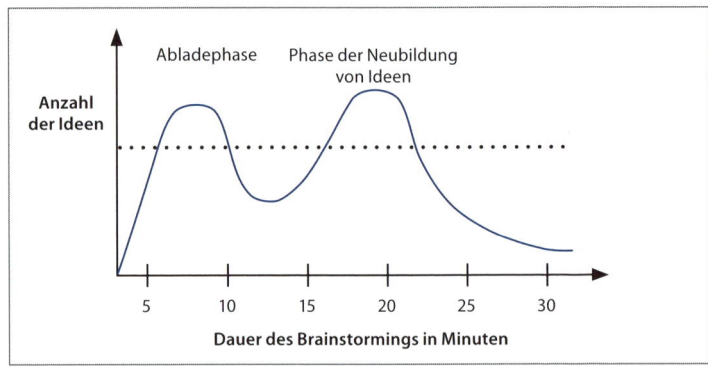

Abb. 39: Ideenbildung beim Brainstorming (Quelle: Gamber 1966, S. 88)

Verlauf der Ideen-produktion In den ersten Minuten werden zunächst spontan nicht immer themenbezogene Ideen genannt. Im Anschluss an diese Phase erfolgt eine themenbezogene Neuorientierung, in der die meisten Ideen entwickelt werden. Wie Gamber (1966) betont, werden in der letzten Hälfte des Brainstormings über 70 % der guten Ideen produziert (siehe Abb. 39). Eine Ausdehnung des Brainstormings über 30 Minuten ist jedoch nicht effektiv.

Paradoxes Brainstorming Sollte dieses Vorgehen nicht zu den gewünschten kreativen Ergebnissen führen, kann das „paradoxe Brainstorming" (vgl. Sperling 2004) eingesetzt werden, das zu einem Perspektiven-

METHODEN DER TEAMARBEIT

wechsel führt. Die Teilnehmer werden aufgefordert, Ideen zum Gegenteil zu suchen, um einen anderen Zugang zur Problemlösung zu finden („Was erschwert in unserer Einrichtung eine Problemlösung?").

Wenn die Sammlung der Ideen abgeschlossen ist, folgt die Bewertungsphase, in der die Vorschläge unter verschiedenen Gesichtspunkten (z. B. Umsetzbarkeit, Wirksamkeit, Erfahrungen) diskutiert werden.

Aufgaben der Moderatorin:

Aufgaben der Moderatorin

- Sie initiiert den Prozess, indem sie die Frage bzw. das Problem als Impuls in die Gruppe gibt;
- sie erläutert das Vorgehen und achtet darauf, dass die Vorgaben eingehalten werden (z. B. keine Kommentare, Bewertungen);
- sie notiert die Vorschläge bei Zuruf an dem Flipchart.

Brainwriting

In der Intention und Vorgehensweise entspricht das Brainwriting weitgehend dem Brainstorming. Der Unterschied liegt in der Dokumentation der Ideen. Beim Brainwriting notieren die Teilnehmer ihre Ideen auf Karten oder ein Blatt Papier und legen ihre Ergebnisse nach und nach auf den Tisch bzw. befestigen ihre Ideen an der Pinnwand. Die neuen Ideen können von den anderen Teilnehmern aufgegriffen und erweitert werden. Es entwickeln sich Ideenketten. Im Gegensatz zum Brainstorming, das eine offene Äußerung in der Gruppe erfordert, werden beim Brainwriting auch zurückhaltende Teilnehmer aktiviert und in den Ideensammlungsprozess integriert.

Zielsetzung

Ablauf

Aufgaben der Moderatorin:

Aufgaben der Moderatorin

- Wie beim Brainstorming gibt sie die Frage bzw. das Problem als Impuls in die Gruppe und verdeutlicht das Vorgehen;
- sie organisiert die Weitergabe der schriftlich fixierten Ideen an die Nachbarn bzw. das Anheften der Ideenkarten an die Pinnwand.

Methode 6-3-5

Zielsetzung
Die Methode 6-3-5 ist mit dem Brainwriting verwandt, allerdings sind Ideenzahl und Ablauf des Schreibprozesses vorgegeben.

Die Gesamtgruppe wird in Sechsergruppen aufgeteilt. Bei Anwendung der Methode 6-3-5 erhält jeder Teilnehmer ein gleich großes Blatt Papier (oder ein bereits vorbereitetes Formblatt, sie-

Ablauf
he Abb. 40). Dieses wird mit drei Spalten (vertikal) und sechs Reihen (horizontal) in 18 Kästchen aufgeteilt. Nun wird jeder der sechs Teilnehmer aufgefordert, in der ersten Reihe drei Ideen (je Spalte eine) zu formulieren. Jedes Blatt wird nach angemessener Zeit – je nach Schwierigkeitsgrad der Problemstellung etwa 3 bis 5 Minuten – von allen gleichzeitig im Uhrzeigersinn weitergereicht. Der Nächste soll nun versuchen, die bereits genannten Ideen aufzugreifen, zu ergänzen und weiterzuentwickeln. Innerhalb von 30 Minuten und sechs Durchläufen hat jede Sechsergruppe 108 Ideen entwickelt.

Fragestellung:						
Teilnehmer:						
	1.1	2.1	3.1	4.1	5.1	6.1
Ideen	1.2	2.2	3.2	4.2	5.2	6.2
	1.3	2.3	3.3	4.3	5.3	6.3

Abb. 40: Das 6-3-5 Formblatt

Auswertungs-möglichkeiten
Die Vorschläge werden in der Auswertungsphase an die Pinnwände geheftet. Jeder Teilnehmer wird aufgefordert, die Vorschläge zu lesen und die besten drei Ideen mit einem Markierungspunkt zu kennzeichnen. Die besten Vorschläge werden in der Gruppe diskutiert. Sperling u. a. (2004) schlagen vor, zur Bewertung der Ideen die „Pro-und-Kontra-Technik" anzuwenden. Die Gruppe wird in zwei Untergruppen aufgeteilt, die Argumente für bzw.

gegen die gefundenen Vorschläge sammeln und notieren. In der Gesamtgruppe werden die Vorschläge auf der Basis der Pro- und Kontra-Argumente diskutiert.

Aufgaben der Moderatorin:

Aufgaben der Moderatorin

- Sie bereitet die 6-3-5-Formblätter vor und erläutert den Ablauf;
- sie legt mit der Gruppe fest, in welcher Reihenfolge die Blätter weitergegeben werden;
- sie organisiert die Auswertung der Vorschläge (z.B. Pro- und-Kontra-Technik).

Fischgrät-Diagramm

Das Fischgrät-Diagramm, auch Ursachen-Wirkungs-Diagramm oder Ishikawa-Diagramm genannt, ist ein einfaches aber strukturiertes Verfahren, um systematisch nach Problemursachen zu suchen. Das Problemfeld wird vorstrukturiert und dient als Basis für die gemeinsame Problemanalyse in der Gruppe. Empfehlenswert ist es, von vier bzw. fünf Hauptarmen (Ursachenbereiche) als Strukturierungshilfe auszugehen (Seifert 2004, Krämer & Walter 2002):

Zielsetzung

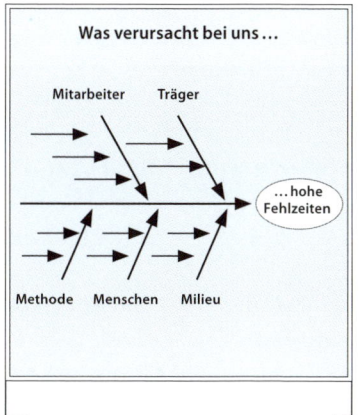

Mitarbeiter: Qualifikation, Kompetenzen, Einstellungen, Motivation …

Methode/Vorgehen: mangelhafte Arbeitsorganisation, Strukturierung …

Milieu/Bedingungen: Beleuchtung, Lärm, Hitze …

Menschen: Bewohner, Kinder, Eltern …

Träger: Anforderungen, Sach- und Personalausstattung

KREATIVITÄTSTECHNIKEN

Die Moderatorin erläutert das Vorgehen nach dem Fischgrät-Modell, indem sie zunächst die verschiedenen Ursachenbereiche (z. B. Mitarbeiter, Methode usw.) benennt und differenziert. Von zentraler Bedeutung ist die Suche nach den Ursachen der Ursache. Dabei sollte fünfmal nach dem Warum gefragt werden.

Ein Beispiel: In der Einrichtung nehmen nur wenige Eltern an den thematischen Elternabenden teil.

Auf die erste Warum-Frage lautet die Antwort: Die Uhrzeit (20.00 Uhr) ist für die Elternabende zu spät.

Die zweite Frage nach der Ursache dieser Ursache führt zur Antwort: Zu dieser Zeit ist die Betreuung der Kinder problematisch.

Die dritte Warum-Frage ergibt die Antwort: In der Einrichtung sind zahlreiche Mütter alleinerziehend bzw. die Väter sind durch Schichtarbeit nicht in der Lage, die Kinderbetreuung am Abend sicherzustellen.

Auf die vierte Warum-Frage lautet die Antwort: Eine Versorgung der Kinder mit einem Babysitter ist für die meisten Eltern zu teuer bzw. zu aufwendig.

Die fünfte Warum-Frage ergibt die Antwort: Für die Eltern steht der erwartete Erkenntnisgewinn mit dem erforderlichen Aufwand in keiner angemessenen Relation.

Auf der Basis dieser Ursachenanalyse wird als Ziel formuliert: Thematische Elternabende sind so zu organisieren, dass die Betreuung der unversorgten Kinder für die Eltern kostengünstig zu realisieren ist. Die Teammitglieder schlagen einen früheren Termin (z. B. 18.00 Uhr) mit einem Betreuungsangebot für die Kindergartenkinder in der Einrichtung vor.

Aufgaben der Moderatorin:
- Sie initiiert den Prozess, indem sie die Frage bzw. das Problem als Impuls in die Gruppe gibt;
- sie erläutert das Vorgehen und achtet auf das Einhalten der Vorgaben (z. B. keine Kommentare oder Bewertungen).

Mind-Mapping

Mind-Mapping ist ein Verfahren, um Gedankenabläufe zu strukturieren und sichtbar zu machen. Ausgehend von einem Schlüsselbegriff werden alle Assoziationen in Form von Verknüpfungen visualisiert und benannt. Jeder neue Begriff kann weiter differenziert werden, sodass ein verästeltes Bild aller Gedankenvorgänge entsteht.

Folgende Ziele werden mit dem Einsatz von Mind-Maps verfolgt:

Ziele

- Umfangreiche bzw. komplexe Sachverhalten strukturieren;
- Verknüpfungen und Zusammenhängen verdeutlichen;
- assoziative Gedankengänge bewusst machen;
- kreative Prozesse in der Gruppenarbeit anregen;
- Gruppenergebnisse darstellen und dokumentieren;
- Behaltensleistung durch Visualisierung verbessern.

Mind-Mapping bringt zahlreiche Vorteile (vgl. Buzan & Buzan 1999[4]): Die Zeitersparnis beträgt gegenüber einer Mitschrift bis zu 90 %; dies ergibt sich sowohl beim Mitschreiben als auch beim Wiederholen der Inhalte anhand der Mind-Maps. Darüber hinaus regen Mind-Maps zur kreativen Auseinandersetzung mit den Inhalten an. Im Vergleich zur Kartenabfrage ist Mind-Mapping ein flexibleres Verfahren, das schneller zu Ergebnissen führt.

Vorteile Mind-Mapping

Das Mind-Mapping baut auf den Ergebnissen der Gehirnforschung auf und stellt eine Methode dar, um größere Informationsmengen zu strukturieren und damit dem menschlichen Gehirn die schnelle Aufnahme und Verarbeitung von Informationen zu ermöglichen. Die Ergebnisse der Gehirnforschung belegen, dass die beiden Hirnhälften unterschiedliche Funktionen wahrnehmen. Während die linke Hirnhälfte vorwiegend Sprache, logische Beziehungen, Analysen, Details verarbeitet, stehen für die rechte Hirnhälfte vor allem Bilder, kreative Prozesse und emotionale Vorgänge im Mittelpunkt. Die beiden Großhirnzentren arbeiten voneinander unabhängig und sind über einen Nervenstrang miteinander verbunden, sodass beispielsweise das aufgenommene Wissen (linke Hirnhälfte) mit Gefühlen und Bildern (rechte Hirnhälfte) verknüpft wird. Mind-Mapping aktiviert beide Hirnhälften, wenn beispielsweise sprachliche Inhalte bildhaft dargestellt werden. Die Gehirnpotenziale werden somit umfassend genutzt.

Vorgehensweise Mind-maps (Gedächtniskarten) weisen vier Eigenschaften auf:

1. Im Mittelpunkt steht ein Zentralbegriff bzw. Zentralbild.
2. Vom Zentralbegriff strahlen Hauptthemen wie Äste aus.
3. Die Äste beinhalten Schlüsselbegriffe, die auf einer mit dem Zentralbegriff verbundenen Linie notiert werden. Äste haben Zweige mit untergeordneten Begriffen. Dabei können Haupt- und Nebenäste, Zweige und Unterzweige (Gliederungsebenen) abgeleitet werden.
4. Die Äste stellen ein Gefüge mit verbundenen Knotenpunkten dar. Ein Hauptast mit seinen Zweigen und Nebenzweigen wird Komplex genannt.

Die Technik des Mind-Mappings führt zu einem klar strukturierten Bild, das beliebig differenziert und durch Symbole zusätzlich visualisiert werden kann.

Grundregeln Folgende Grundregeln sind bei der Erstellung eines Mind-Maps zu beachten (vgl. Kirckhoff 1991[5]):

Substantive: Als Schlüsselwort sollten lediglich Substantive verwendet werden, die prägnant zum Wesentlichen führen. Abkürzungen sind zu vermeiden.

Blockbuchstaben: Werden die Begriffe in Blockbuchstaben geschrieben, dann ist der Text für andere leichter lesbar. Die Größe der Schrift sollte der Bedeutung des Inhalts entsprechen.

Ausrüstung: Mind-Maps sollten auf unliniertem Papier in ausreichender Größe festgehalten werden; ggf. kann das Blatt durch Ankleben weiterer Blätter erweitert werden. Der Text sollte mit Bleistift geschrieben werden, um Korrekturen zu erleichtern. Zur Gestaltung sollten verschiedene Farben (mind. drei Farben) verwendet werden, da dadurch bestimmte Schlüsselbegriffe gezielt betont werden können. Die Farbigkeit verhindert Langeweile und Eintönigkeit in der Darstellung.

Symbole / Bilder: Wenn es möglich ist, sollten Symbole oder einfache Zeichnungen hinzugefügt bzw. an die Stelle von Wörtern gesetzt werden. Symbole (z. B. Hinweissymbole) können farblich vom Text abweichen. Die Bilder sollten klar erkennbar sein.

Das Mind-Map sollte im Gruppenraum ausgehängt werden, damit die Teammitglieder jederzeit weitere Ideen hinzufügen können.

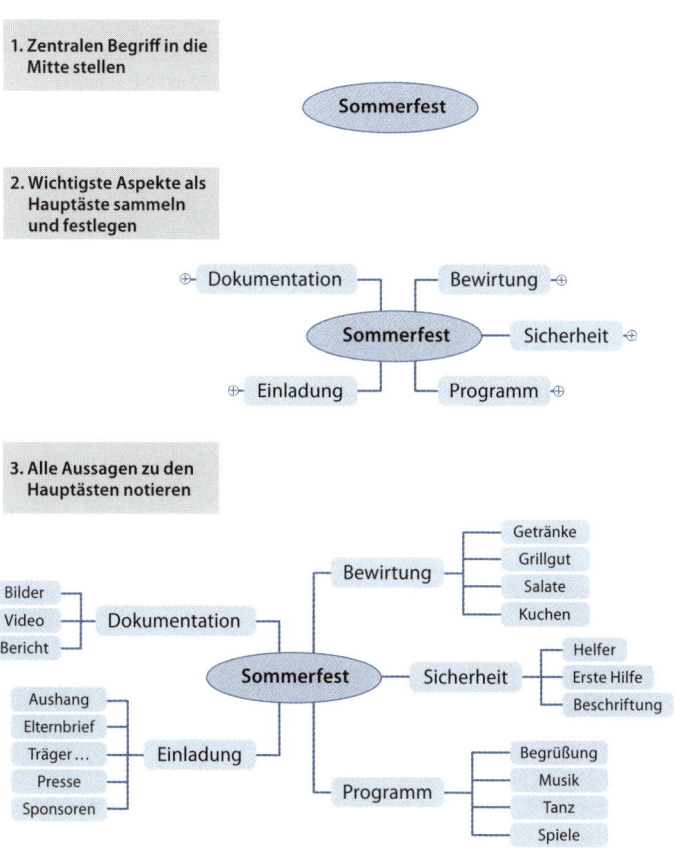

Abb. 41: Ablauf der Ideensammlung durch Mind-Mapping

Zukunftswerkstatt und Szenariotechnik

Verfahren zur Zukunftsgestaltung

Elementarpädagogische Einrichtungen müssen auf zukünftige Entwicklungen vorbereitet sein und bereits heute Prognosen zur Zukunft erstellen, um rechtzeitig mit der Planung und vorbereitenden Maßnahmen zu beginnen. Für die langfristige Planung geeignete Vorgehensweisen sind die **Zukunftswerkstatt** und die **Szenariotechnik.**

	Szenariotechnik	Zukunftswerkstatt
Schwerpunkt	Methodischer Schwerpunkt: Planungsverfahren	Inhaltlicher Schwerpunkt: Konzeptionsentwicklung
Kennzeichen	Bereitstellung eines methodischen Instrumentariums zu Situationsanalysen und zu Problemlösungen	Entwicklung von Visionen und daraus abgeleitete Strategien zur Verwirklichung der langfristigen Ausrichtung der Einrichtung
Ziele	• Auseinandersetzung mit zukünftigen Situationen (Szenarien) • Förderung des systemischen Denkens • Handeln in komplexen Situationen	• Kritische Analyse der Rahmenbedingungen • Gemeinsame Ideensammlung • Erarbeitung vom Strategien zur Verwirklichung der Ideen
Verfahren	Szenariotrichter, Assoziationsverfahren	Moderation, Visualisierung, Kreativitätstechniken
gemeinsame Intention	Bewältigung von zukünftigen Herausforderungen	

Abb. 42: Vergleich Szenariotechnik und Zukunftswerkstatt

Mit Hilfe dieser Verfahren können komplexe Situationen berücksichtig und alternative Zukunftsbilder entwickelt werden.

Zukunftswerkstatt

Zielsetzungen

Neben dem Begriff Zukunftswerkstatt werden in der Literatur auch die Begriffe von Lern-, Prognose- oder Strategiewerkstatt verwendet. In der Zukunftswerkstatt werden innerhalb eines vorgegebenen Rahmens eine Ideensammlung oder Problemlösungen entwickelt. Die Teilnehmer denken in einer angstfreien, fantasieanregenden Atmosphäre über Problembereiche, Fragen oder Visionen nach. In diesem Umfeld werden kreative Potenziale freigesetzt. Entscheidend für den Erfolg der Zukunftswerkstatt ist das

Engagement der Teilnehmer, die offen ihre Interessen, Wünsche und Kritik äußern und bereit sind, sich aktiv für die Entwicklung von Hilfen und Problemlösungen einzusetzen. Bei den Teilnehmern der Zukunftswerkstatt sollte eine optimistische Grundeinstellung hinsichtlich der Überwindung von Problemen und der Gestaltung der zukünftigen Entwicklung bestehen. So könnte sich das Team mit der Frage auseinandersetzen: „Wie soll unsere Kindertagesstätte in zehn Jahren arbeiten?" Im Team wird eine Vision („konkrete Utopie") entwickelt, die möglichst anschaulich die zukünftige Kindertagesstättensituation kennzeichnet.

Nach Albers (2001) können folgende Phasen unterschieden werden:

Ablauf

Zukunftswerkstatt	
Phasen	**Durchführungsschritte**
Vorbereitungsphase	**Rahmenbedingungen** für kreative, kooperative Prozesse schaffen
Orientierungsphase	**Einstimmung und Information** der Teilnehmer über die Ziele, Philosophie, Regeln und Vorgehensweisen
Kritikphase	**Sammlung** von Kritikpunkten, Problembereichen, Beschwerden, Unzufriedenheiten mit der Arbeitsleistung bzw. in der Kooperation mit Partnern **Strukturierung** der Problemfelder
Fantasiephase	**Entwicklung von Visionen zur Beschreibung der angestrebten Situation, Sammlung von Ideen** bzw. Vorschlägen zur Lösung ausgewählter Problemfelder
Umsetzungsphase	**Auswahl** von realisierbaren Lösungsvorschlägen **Erarbeitung** von Umsetzungsstrategien und Maßnahmen
Nachbereitung	**Fortlaufende Überprüfung der eingeleiteten Schritte im Hinblick auf die Verwirklichung der Maßnahmen**

Abb. 43: Phasen der Zukunftswerkstatt (Albers 2001, S. 16; 70)

Für die Moderatorin der Zukunftswerkstatt nennt Albers (2001) folgende Anforderungen:

- Beherrschung der Moderationstechnik
- Einsatz von Visualisierungsverfahren
- Erfahrung mit kreativitätsfördernden Methoden

Anforderungen an die Moderatorin

Die Moderatorin regt Prozesse an und schafft dazu die erforderlichen Rahmenbedingungen. Sie unterstützt die Prozesse, indem sie die Teammitglieder bei der Entwicklung von Ideen und der Benennung von Problemfeldern bestärkt. Albers (2001) schlägt vor, als Erinnerung und Ermunterung ein Plakat gut sichtbar zu platzieren. Auf dem Plakat könnten folgende Aspekte berücksichtigt werden:

Leitgedanken für die Zukunftswerkstatt		
Teilnehmer	**Team**	**Vorgehen**
Jedes Teammitglied ist wichtig. Jeder Beitrag ist wertvoll. Jeder verfügt über Kreativität.	Wir äußern uns frei und offen. Wir arbeiten zusammen. Wir visualisieren Prozesse. Wir handeln ziel- und ergebnisorientiert. Wir halten Spielregeln und Vereinbarungen ein.	• Moderation statt Leitung • Nutzung verschiedener Kreativitätstechniken • Strukturierung anhand des Planungsschemas

Abb. 44: Plakat zur Zukunftswerkstatt (in Anlehnung an Albers 2001, S. 68)

Zur Vorbereitung dient die nachfolgende Checkliste (siehe auch Albers 2001, S. 23f.).

Zukunftswerkstatt			
	erforderlich	vorhanden	verantwortlich
Vorbereitungsphase			
Vorgespräch			
Teilnehmerauswahl			
Terminierung			
Raum			
Moderationskoffer			
Pinnwände, Stelltafeln			
Laptop / Beamer			
Overheadprojektor			
Videokamera / Videorecorder			

Zukunftswerkstatt			
	erforderlich	vorhanden	verantwortlich
Orientierungsphase			
Vorinformation			
Regeln / Vereinbarungen			
Organisatorisches			
Durchführungsphase			
Info-Text / Anleitung zu den Übungen			
Materialien zu den Übungen			
Theaterrequisiten			
Formulare zur Auswertung der Übungen			
Verbrauchsmaterial (Papier, Poster			
Nachbereitung			
Feedback-Bögen			

Abb. 45: Checkliste Zukunftswerkstatt (Quelle: Albers 2001, S. 73 f)

Szenariotechnik

Albers (2001) kennzeichnet die Szenariotechnik als ein „Denken auf Vorrat". Die Teammitglieder setzten sich mit der Zukunft auseinander und entwickeln mit Hilfe der Szenariotechnik Modelle, Bilder (Szenarien) im Hinblick auf zukünftige Problemstellungen, Veränderungen und Herausforderungen. Unter Szenario versteht Reibnitz (1992) die Beschreibung zukunftsgerichteter Entwicklungen und Situationen sowie die Darstellung des Weges, der aus der gegenwärtigen zur zukünftigen Situation führt. *(Zielsetzungen)*

Die Szenariotechnik ist eine Planungsmethode, mit der unterschiedliche, in sich konsistente Zukunftsbilder entwickelt und Konsequenzen für die Institution abgeleitet werden. Die Szenariotechnik geht von folgenden Grundannahmen aus: Die Teilnehmer verfügen über ein gutes Fachwissen zu den ausgewählten Frage- *(Ablauf)* stellungen und sind bereit, ihr Wissen einzubringen und in komplexen Zusammenhängen zu denken. Dabei wird systemisches Denken gefordert, d. h. die Teammitglieder müssen in der Lage sein, das gesamte Umfeld in der Analyse der zunächst unübersichtlichen Wirkzusammenhänge zu berücksichtigen. Visionäres Denken, das vielfältige, auch ungewöhnliche Ideen zulässt, ist dabei gefragt.

Phasen der
Szenariotechnik

Szenariotechnik	
Phasen	**Durchführungsschritte**
Planung	Festlegung der Rahmenbedingungen: • Bestimmung und Analyse der Fragestellung • Festlegung der Zeitperspektive
Erstellung	Analyse der Schlüsselfaktoren: • Identifikation, Auswahl und Analyse von Einflussfaktoren, die in der Zukunft bedeutsam sein werden Entwicklung von Zukunftsprojektionen: • Erarbeitung alternativer Entwicklungsmöglichkeiten der ausgewählten Schlüsselfaktoren Szenarioformulierung: • Bewertung der erarbeiteten Entwicklungsalternativen und Bündelung der Einschätzungen zu realistisch erscheinenden Zukunftsbildern
Transfer	Erstellung von Veränderungsmaßnahmen: Entwicklung von Zielen, Strategien und Maßnahmen, die auf den erstellten Szenarien beruhen

Abb. 46: Phasen der Szenariotechnik (Quelle: Albers 2001, S. 17)

Zur Vorbereitung dient die nachfolgende Checkliste (siehe Albers 2001):

Szenariotechnik			
	erforderlich	vorhanden	verantwortlich
Planungsphase			
Vorgespräch			
Teilnehmerauswahl			
Terminierung			
Raum			
Absprachen mit vorgesetzten Stellen			
Moderationskoffer			
Pinnwände, Stelltafeln			
Laptop / Beamer			
Overheadprojektor			
Videokamera / Videorecorder			
Erstellungsphase			
Szenario-Planungsschema			
Regeln / Vereinbarungen			
Organisatorisches			
Transferphase			
Info-Text / Anleitung zu den Übungen			
Materialien zu den Übungen			
Feedbackbögen			
Verbrauchsmaterial (Papier, Poster …)			

Abb. 47: Checkliste Szenariotechnik (Quelle: Albers 2001, S. 127f.)

5.5   Feedbacktechniken

Ziele

Durch ein Feedback erhält das Team bzw. das Teammitglied eine Rückmeldung, wie das Verhalten wahrgenommen und eingeschätzt wird. Das Feedback erlaubt dem Teammitglied, sein Selbstbild mit dem Fremdbild eines von ihm akzeptierten Teampartners zu vergleichen. Ein Feedback kann als Lernchance begriffen werden, das eigene Verhalten zu überprüfen und gegebenenfalls zu korrigieren. So gehen beispielsweise 83 % der Führungskräfte davon aus, dass sie die Mitarbeiter kooperativ führen; die geführten Mitarbeiter dagegen bezeichnen zu 86 % das Verhalten ihrer Führungskräfte als autoritär.

Jede gute Rückmeldung bietet die Chance, sich persönlich weiterzuentwickeln. Wer kein Feedback gibt oder annimmt, der blockiert mögliche Entwicklungschancen. Das Feedback verbessert die Fähigkeit zur Selbstwahrnehmung. Allerdings ist das Feedback, das auf die Wirkung eines Verhaltens bezogen ist, immer subjektiv. Somit sind Rückmeldungen keine Wahrheiten, sondern Spiegelungen aus verschiedenen Blickwinkeln – das kann sogar dazu führen, dass man auf ein und dasselbe Verhalten völlig konträre Rückmeldungen erhält. Das Feedback gibt die Möglichkeit, die Selbstwahrnehmung (Verhaltensabsicht) und die Fremdwahrnehmung (Verhaltenswirkung auf andere) miteinander in Beziehung zu setzen und dadurch erfahrbar zu machen, wie das Verhalten tatsächlich von anderen Personen erlebt wird. Der Umgang mit negativen Rückmeldungen ist nicht einfach. Ein unangenehmes Feedback kann Abwehrhaltungen auslösen, Verunsicherung hervorrufen oder peinlich sein.

Feedback als Instrument der Teamarbeit

Feedback ist ein wichtiges Instrument in der Teamarbeit (vgl. Fengler 1998 und Raab 1997), denn …

Wirkungen des Feedback

- es fördert die positive Gestaltung von Kommunikationsprozessen.
- es stützt und fördert positive Verhaltensweisen.
- es aktiviert Potenziale zur Leistungsoptimierung.

- es hilft bei der Selbsteinschätzung und der Selbststeuerung.
- es motiviert und ermutigt.
- es setzt Veränderungsenergie frei.
- es unterstützt die persönliche Weiterentwicklung.
- es sorgt für Transparenz im Hinblick auf die Leistungssituation im Team.
- es korrigiert Verhaltensweisen, die den Betreffenden und dem Team nicht weiterhelfen.
- es vermittelt einen Einblick in die Wirkung von Verhaltensweisen auf andere Personen.
- es verdeutlicht gewohnheitsmäßiges Verhalten, das der Person selbst nicht oder nur am Rande aufgefallen ist.

Über einen konstruktiven Feedbackdialog können Missverständnisse zwischen Teamleitung und Teammitgliedern sowie innerhalb eines Teams beseitigt werden, Beziehungen und Konflikte geklärt sowie Vertrauen und Wir-Gefühl im Team dauerhaft gestärkt werden. Jeder hat in der Vergangenheit über sein eigenes Verhalten von anderen Personen Rückmeldung bekommen. Viele verbinden solche Rückmeldungen mit Vorwürfen, Hinweisen auf Versäumnisse und Fehler, sodass sie auf Rückmeldungen lieber verzichten würden. Damit das Feed-back richtig ankommt, muss der Feedbackgeber verschiedene Spielregeln beachten.

Für den Feedbackgeber bedeutet dies:
- Ein Feedback wird angeboten, aber dem anderen nicht aufgezwungen.
- Immer direkt mit den Personen sprechen, deren Verhalten oder Leistung beurteilt wird.
- Möglichst unmittelbare Rückmeldung geben. Das Feedback soll zeitlich möglichst nahe an dem Ereignis liegen, auf das sich die Rückmeldung bezieht.
- Das Feedback ist auf Verhaltensweisen bezogen, die der Feedbacknehmer auch wirklich ändern kann.
- Immer sollte klar herausgestellt werden, dass eine Verhaltensweise oder eine verbesserbare Leistung bewertet wird und niemals die gesamte Person. Der Feedbackgeber macht

Regeln für den
Feedbackgeber

dem Gesprächspartner seine Wahrnehmung als Wahrnehmungen, seine Vermutung als Vermutungen und seine Gefühle als Gefühle kenntlich.
- Bewertungen und Interpretationen von Verhaltensweisen sind zu vermeiden.
- Ein Feedback sollte positiv beginnen.
- Beim Feedback die Beobachtungen konkret beschreiben.
- Ich-Botschaften senden und nicht mit „man" oder „wir" sprechen.
- Feedback sollte nur gegeben werden, wenn dies vom Feedbacknehmer erwünscht ist.

Für den Feedbacknehmer bedeutet dies:

Regeln für den Feedbacknehmer

- Genau zuhören und die Rückmeldung auf sich wirken lassen.
- Verständnisfragen können gestellt werden.
- Sich nicht rechtfertigen, sondern das Feedback als Verhaltenswahrnehmung der anderen Person akzeptieren.
- Selbst darüber entscheiden, welche Bedeutung die Rückmeldung hat und welche Konsequenzen aus dem Feedback abzuleiten sind.
- Sich für das Feedback und die damit verbundene offene Rückmeldung bedanken.

Feedback-Komponenten
Ein wirksames Feedback umfasst nach Raab (1997) folgende drei Aspekte:

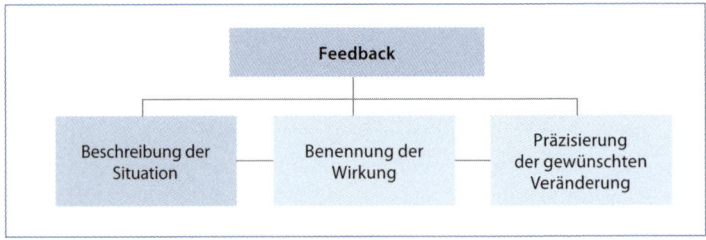

Abb. 48: Feedback-Komponenten

Die **Situationsbeschreibung** sollte sich auf einen möglichst aktuellen Vorgang beziehen, der nicht länger als zwei Monate zu-
rückliegt. Die Beschreibung ist konkret mit Beobachtungen und
Erlebnissen zu präzisieren. Aktuelle Beispiele können zur Verdeutlichung herangezogen werden. („Ich habe beobachtet…, Ich
habe gehört…"). Moralische Bewertungen und Interpretationen
sind zu vermeiden.

Die **Benennung der Wirkung** gibt den persönlichen Eindruck
hinsichtlich der erlebten Auswirkungen wieder („Es hat mich er-
freut…, Ich habe ihr Verhalten… erlebt…").

Die **Präzisierung der gewünschten Veränderung** umfasst
Vorschläge zur Verhaltensoptimierung. („Ich wünsche mir von
Ihnen…, Ich kann mir gut vorstellen, dass…"). Der Feedback-
nehmer muss diese Vorschläge nicht übernehmen.

Teamfeedback

Feedbackmaßnahmen im Team können in Form spontaner Rückmeldungen oder als strukturierte Maßnahmen erfolgen:

	– spontan / informell	– strukturiert / formell	
– teamintern	– spontane Rückmeldung der Teamleitung und von Gruppenmitgliedern	– Gruppenfeedback z. B. nach einer Teamsitzung zur Bewertung der Durchführung	Formen des Teamfeedbacks
– teamextern	– Anerkennungs-, Dank- oder Beschwerdeschreiben bzw. -anrufe	– Bewertung der Teamleistung z. B. durch gezielte Erfassung der Elternzufriedenheit – öffentliche Belobigung durch Aushang der Teamleistung am schwarzen Brett – Anerkennung von Verbesserungsvorschlägen durch ein formelles Bewertungssystem	

Abb. 49: Formen des Teamfeedbacks

Ein lernendes Team benötigt eine beständige Rückmeldung, um
das Verhalten der Teammitglieder, die Teamprozesse und die
praktizierten Verfahrensweisen zu optimieren. Die Teammitglieder lernen, sensibler mit den eigenen Verhaltensweisen und dem
Verhalten anderer im Team umzugehen.

Grundsätzlich kann die Feedbacktechnik zu unterschiedlichen Zwecken eingesetzt werden. Zu unterscheiden sind Feedbackmechanismen, mit denen vor allem **personalpolitische** Zielsetzungen verfolgt werden (Nutzung von Feedbacksystematiken zur Beurteilung/Leistungskontrolle: zum Beispiel für Entgeltfindung, Personaleinsatz), von denen mit vorwiegend **führungspolitischer** Zielsetzung (Feedback zur Erschließung von Veränderungsbedarf und Entwicklungsmöglichkeiten bei einzelnen Personen oder zur Verbesserung der Zusammenarbeit). Das heißt, das Feedback kann zum einen als *Entwicklungsinstrument* und zum anderen als *Beurteilungsinstrument* eingesetzt werden. In der wissenschaftlichen Literatur ist man sich darüber einig, dass beide Ziele nicht gleichzeitig durch ein Feedbackverfahren angestrebt werden sollten. Die Rolle des Feedbackgebers, der zum einen als Coach (führungspolitische Funktion) und zum anderen als Richter (personalpolitische Funktion) agiert, ist unvereinbar.

Ziele der Feedbacktechnik

Blitzlicht

Ziele

Das Blitzlicht ist ein Reflexionsinstrument, das universell einsetzbar ist und in der Gruppe für Transparenz sorgt. In kurzer Zeit wird ein vollständiges Meinungsbild deutlich. Auch schweigende Teammitglieder werden aktiviert und zu einer Stellungnahme veranlasst. Mit Hilfe eines sogenannten „Blitzlichtes" können

Spontane Rückmeldungen

beispielsweise Einstellungen, Erfahrungen, persönliche Meinungen zu einem Vorschlag, Zufriedenheit, Wünsche, offene Fragen erfasst werden.

Ablauf

Jedes Gruppenmitglied wird aufgefordert, reihum kurz zu einer Frage Stellung zu beziehen. Mögliche Fragestellungen: „Wie fühle ich mich im Augenblick?", „Was erwarte ich vom heutigen Zusammentreffen?", „Wie geht es mir am Ende der Besprechung?", „Welches Thema interessiert mich am stärksten?" So entsteht recht schnell ein Stimmungsbild der Gruppe. Auf die Äußerungen der Gruppenmitglieder wird zunächst nicht eingegangen (z. B. kein Nachfragen, keine Kommentare), um den Gesamteindruck möglichst unmittelbar zu erhalten. Im Auswertungsgespräch kann später abgeklärt werden, ob es Störungen in der Gruppe gibt und wie man damit umgeht, welche Bedürfnisse Einzelner zu wenig Beachtung finden, wie das Gruppenklima verbessert werden kann. Die Moderatorin kommentiert die Äußerungen nicht. Um die Qualität der Stellungnahmen zu verbessern, sollte den Teilnehmern ausreichend Zeit gegeben werden, sich auf die Stellungnahme vorzubereiten.

Statt Fragen kann die Moderatorin auch Satzanfänge, Zitate, Bilder, Musik als Sprechanreiz einsetzen. Als weitere Variation schlagen Lipp und Will (2004) das „begründete Blitzlicht" vor. Die Teilnehmer werden aufgefordert, ihre Stellungnahmen kurz zu begründen. Auf der Basis der Begründungen lassen sich leichter Kompromisslösungen finden. *Varianten*

Ein Blitzlicht ist in der Regel in weniger als fünf Minuten abgeschlossen. *Dauer*

Das Blitzlicht kann als Ausgangspunkt einer Gruppendiskussion über das weitere Vorgehen dienen. Das Ergebnis des Blitzlichts führt möglicherweise zu einer Diskussion auf der Meta-Ebene, in der sich die Gruppenmitglieder „von oben" die Gruppensituation ansehen. Die Erfahrung zeigt, dass ein Blitzlicht in Gruppen bis zu 20 Personen sinnvoll einsetzbar ist. *Einsatzmöglichkeiten*

Teambewertungsverfahren

Als Feedback-Instrument für das Team kann ein Teambewertungsbogen zum Einsatz kommen (vgl. Bay 2002, siehe Abb. 50). Die Teammitglieder halten ihre Bewertungen auf siebenstufigen Einschätzskalen fest. Der Bewertungsbogen wird anonym ausgefüllt. Auf der Basis der Ergebnisrückmeldung kann eine Diskussion initiiert werden, um Gruppenprozesse zu optimieren. *Strukturierte Rückmeldungen*

Der Vorteil dieses Verfahrens liegt darin, dass auf diese Weise die Rückmeldung aller Teammitglieder auf vorgegebene Aspekte der Teamarbeit erfasst werden kann. Der Aufwand zum Ausfüllen des Team-Bewertungsbogens ist relativ gering. Die Auswertung kann aus der Basis von Mittelwerten als Teamprofil erfolgen. Bei einem wiederholten Einsatz des Bewertungsbogens sind Vergleiche möglich und Veränderungen können erkannt werden.

Team-Bewertungsbogen					
1.	Mir waren die Teamziele	nicht klar	- 3 - 2 - 1 0 + 1 + 2 + 3	ganz klar
2	Kritik war meistens	abwertend	- 3 - 2 - 1 0 + 1 + 2 + 3	konstruktiv
3.	Die Team-Mitglieder zeigten sich mehr als	Einzelkämpfer	- 3 - 2 - 1 0 + 1 + 2 + 3	gruppen-orientiert
4.	Das Team hat sich oft thematisch	verzettelt	- 3 - 2 - 1 0 + 1 + 2 + 3	zielstrebig verhalten
5.	Die Team-Mitglieder konnten sich in ihren Beiträgen	nicht einbringen	- 3 - 2 - 1 0 + 1 + 2 + 3	einbringen
6.	Abweichende Ansich-ten wurden meistens	weggedrückt	- 3 - 2 - 1 0 + 1 + 2 + 3	gehört
7.	Konflikte im Team wurden	ignoriert	- 3 - 2 - 1 0 + 1 + 2 + 3	offen be-handelt
8.	Die Aktivitätsanteile der Team-Mitglieder waren	sehr unter-schiedlich	- 3 - 2 - 1 0 + 1 + 2 + 3	ziemlich gleichgültig
9.	Die Teamleiterin hat das Team	dominiert	- 3 - 2 - 1 0 + 1 + 2 + 3	kooperativ geführt
10.	Das Klima im Team war insgesamt	stark ange-spannt	- 3 - 2 - 1 0 + 1 + 2 + 3	entspannt und frei
11.	Die Fähigkeiten der Team-Mitglieder	blieben unge-nutzt	- 3 - 2 - 1 0 + 1 + 2 + 3	wurden voll ausge-schöpft
12.	Die Arbeitsweise des Teams war	wenig methodisch ausgerichtet	- 3 - 2 - 1 0 + 1 + 2 + 3	stark methodisch geprägt

Teambewertungs-fragebogen

Abb. 50: Teambewertungsbogen (Quelle: Bay 2002, S. 147)

Das 360°-Feedback

Ziele

Das 360°-Feedback umfasst eine Bewertung der Mitarbeiterin-nenleistung von „allen Seiten". Neben der Selbstbeurteilung ge-ben der Vorgesetzte, die Gleichgestellten und die Untergebenen eine Bewertung ab.

Das 360° Feedback kann als Feedbackverfahren innerhalb von Teamentwicklungsmaßnahmen eingesetzt werden. Die 360°-Beurteilung ist ein Instrument zur (gegenseitigen) Einschätzung einer oder mehrere Personen durch:

- die Person selbst (Selbsteinschätzung/Selbstbild),
- Führungskräfte (Mitarbeiterbeurteilung/Fremdbild),
- Mitarbeiter (Vorgesetztenbeurteilung/Fremdbild)
- Kollegen (Kollegen-/Gleichgestelltenbeurteilung/Fremdbild),
- Personen im näheren und weiteren Umfeld (z. B. Eltern),
- Freunde (Privatbereich / Fremdbild).

Das Feedback innerhalb einer sogenannten Feedback-Kultur in einer Einrichtung muss gelebt werden („Ich hole mir / wir holen uns als Team beziehungsweise im Team voneinander Rückmeldung über meine Wirkung / unsere Wirkung auf andere – jederzeit, wenn wir es notwendig erachten – und in einer von uns frei gewählten Form, d. h. anonym oder offen"). Es entscheidet jeder für sich selbst, wann, wie und von wem er ein Feedback haben möchte. Feedback-Kultur

Diese umfassende Einschätzung der Leistung führt zu einer recht objektiven Einschätzung der Mitarbeiterleistung.

Eine ausführliche und kritische Diskussion zum 360°-Feedback ist bei Neuberger (2000) zu finden.

Teamreflexivität

Eine zentrale Voraussetzung für die Teamentwicklung ist die Teamreflexivität (Dick & West 2005). Das Team selbst reflektiert beispielsweise, inwieweit die Teamziele erreicht, die ausgewählten Vorgehensweisen und Methoden angemessen sind und leitet daraus eigenverantwortlich Entscheidungen ab. Die Selbststeuerung bzw. das Selbstmanagement des Teams setzt Teamreflexivität voraus. Dick & West (2005) beziehen die Teamreflexivität auf auslösende Faktoren und Wirkungen (siehe Abb. 51).

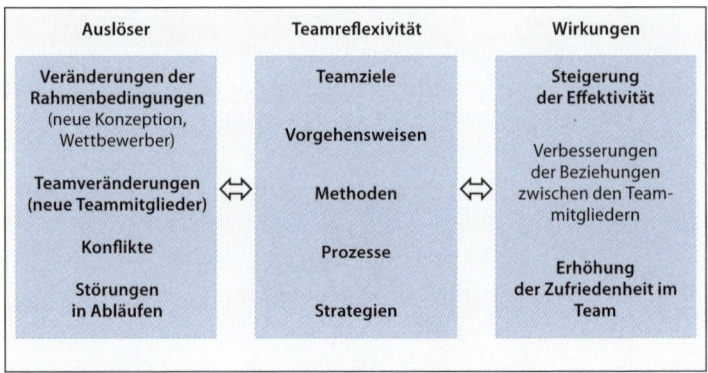

Auslöser	Teamreflexivität	Wirkungen
Veränderungen der Rahmenbedingungen (neue Konzeption, Wettbewerber)	Teamziele	Steigerung der Effektivität
Teamveränderungen (neue Teammitglieder) ⟺	Vorgehensweisen

Methoden ⟺ | Verbesserungen der Beziehungen zwischen den Teammitgliedern |
| Konflikte | Prozesse | |
| Störungen in Abläufen | Strategien | Erhöhung der Zufriedenheit im Team |

Abb. 51: Teamreflexivität (Quelle: Dick & West 2005, S. 40)

Das Team muss auf Veränderungen (z. B. neue Teammitglieder, Spannungen im Team) angemessen reagieren, um wieder ins Gleichgewicht zu kommen und Stabilität zu gewinnen. Die Teammitglieder passen daraufhin ihre Ziele, Strategien, Prozesse, Vorgehensweisen und Methoden den sich verändernden Bedingungen kontinuierlich an bzw. entwickeln vorausschauend Strategien zur Bewältigung der Herausforderungen. Auseinandersetzungen und Konflikte werden als Ausgangspunkt für notwendige Veränderungen gesehen. Dieses reflexive Handeln steigert die Teameffektivität, stärkt das Wir-Gefühl und erhöht die Zufriedenheit der Teammitglieder.

5.6 Kollegiale Supervision

Supervision kann als ein „Nachdenken unter Anleitung" verstanden werden. Es ist eine Beratungsform, die darauf abzielt, die beruflichen Kompetenzen zu verbessern. Das Konzept der kollegialen Supervision beruht auf den Trainingserfahrungen professioneller Supervisoren, die sich zunächst mit der Entwicklung von Teams oder Einzelpersonen beschäftigten. Allerdings findet die kollegiale Supervision im Team statt. Sie wird nicht von einer Supervisorin oder einem Supervisor geleitet, sondern von den Teammitgliedern selbst. Die Idee der kollegialen Supervision geht davon aus, dass im Team genügend Fachkompetenz vorhanden ist, um berufliche Fragen ohne externe Unterstützung konstruktiv bearbeiten zu können. Darüber hinaus bietet die Gruppe den Mitgliedern die Möglichkeit, sich im gegenseitigen Austausch neue Sicht- und Handlungsmöglichkeiten zu erschließen, die sowohl den fachlichen Anforderungen der jeweiligen Situation als auch den persönlichen Voraussetzungen angemessen sind.

Die kollegiale Supervision ist ein strukturiertes Reflexionsverfahren, das eine systematische und ganzheitliche Begleitung beruflichen Handelns beinhaltet. *Definition*

Ziele der kollegialen Supervision

Die Ziele der kollegialen Supervision beziehen sich auf den Supervisionsprozess selbst, den einzelnen Mitarbeiter mit seinem Anliegen und das Team. *Ziele*

Der *Prozess* der kollegialen Supervision hat folgende Ziele:

- Bewusstmachen von Handlungsmustern und äußeren Handlungseinflüssen
- Erkennen zunächst verborgener Handlungsauslöser, Zielvorstellungen oder Erwartungen
- Verbesserung der pädagogischen Kompetenz (z. B. Problemlösungskompetenz)
- bessere Bewältigung von beruflichen Situationen

Das *Teammitglied* mit seinem Anliegen verfolgt folgende Absichten:

- differenziertere Eigenwahrnehmung (Verhalten, Gefühle, Bewertungen)
- Erkennen der eigenen Stärken und Schwächen, Kompetenzen und Grenzen
- Überprüfung und Erweiterung der eigenen Wahrnehmung und des Handelns (z. B. Konfliktlösungsmuster)
- kritische Reflexion der Wirksamkeit des eigenen beruflichen Handelns
- Kennenlernen unterschiedlicher Sichtweisen / Perspektiven

- Unterstützung der Persönlichkeitsentwicklung (z. B. Abbau von Ängsten, Stärkung des Selbstbewusstseins, bessere Verarbeitung von Problemsituationen)
- Förderung der Arbeitszufriedenheit
- Erhöhung der Arbeitsmotivation

Für das *Team* ergeben sich folgende Zielsetzungen:
- Unterstützung der Teamentwicklung / Qualifizierung des Teams
- Förderung des Wir-Gefühls (Gruppenkohäsion)
- Verbesserung des Problembewusstseins
- Nutzen der Gruppenressourcen, d. h. Lernen von anderen Teammitgliedern
- Verbreiterung der Wissens- und Handlungsbasis

Die kollegiale Supervision kann nur dann gelingen, wenn bei den Beteiligten gegenseitige Akzeptanz, Offenheit und ein vertrauensvolles Miteinander bestehen. Die Teilnahme setzt die Freiwilligkeit jedes einzelnen Teammitglieds voraus. Über die Inhalte ist Verschwiegenheit zu wahren.

Grundlagen der kollegialen Supervision

Theoretische Grundlagen

Die kollegiale Supervision berücksichtigt eine Vielzahl unterschiedlicher Theorien. Die *Rollentheorie* bildet die Grundlage für die Auseinandersetzung mit wahrgenommenen und erwarteten Rollen sowie für die Entstehung und Bewältigung von Rollenkonflikten. Die Techniken des Psychodramas finden Anwendung beim Durcharbeiten von Fällen im Rollenspiel. Berufliche Situationen werden im Rollenspiel inszeniert und somit wieder erlebsowie veränderbar gemacht. Die *systemischen Ansätze* führen zu einer ganzheitlichen Betrachtung der Fälle und verdeutlichen die vielfältigen Wechselbeziehungen und Abhängigkeiten im sozialen Gefüge. Mit Hilfe der *Transaktionsanalyse* können problematische Interaktionsstrukturen erkannt und bei der Entwicklung von Hilfen berücksichtigt werden. Zur Analyse von Interaktionen können die Erkenntnisse der *Kommunikationstheorie* herangezogen werden, die sich beispielsweise mit den Aspekten der Informationsweitergabe und -verarbeitung beschäftigt. Die Prinzipien der *Gesprächspsychotherapie,* die beispielsweise im aktiven Zuhören nach Gordon aufgegriffen werden, führen zu einer problembezogenen Vorgehensweise, die durch Akzeptanz und mitfühlendes Verstehen (Empathie) gekennzeichnet ist. Die *Lerntheorie* kann die Entstehung (Wirkmechanismen) und das Aufrechthalten von Problemsituationen erklären. Zur Verdeutlichung unbewusster Prozesse, Abwehrmechanismen oder Übertragungsphänomene kann die *Psychoanalyse* herangezogen werden.

Die kollegiale Supervision führt durch das Verstehen und Reflektieren des beruflichen Alltags zu einer praxisnahen Wissenserweiterung. Die genannten Theorien bilden die Grundlagen für eine vielseitige Auseinandersetzung mit der beruflichen Wirklichkeit.

Kollegiale Fallberatung

Die kollegiale Fallberatung ist ein strukturiertes Beratungsgespräch im Team, bei dem ein Teammitglied von den übrigen Teammitgliedern nach einem standardisierten Ablauf mit verteilten Rollen beraten wird. In der kollegialen Fallberatung werden Lösungen für eine konkrete berufliche Handlungssituation entwickelt. Mit Hilfe der Fallberatung soll der Rückhalt des Gruppenmitglieds durch das Team gestärkt werden. Die Beratung führt zu einer Entlastung des Betroffenen. Auf der Basis der kollegialen Fallberatung wird der fachliche Austausch angeregt und eine Unterstützungskultur im Team aufgebaut.

Zielsetzung

Der Begriff „Fall" wird dabei recht weit gefasst und beschränkt sich nicht auf die Auseinandersetzung mit bestimmten Kindern oder Eltern oder auf Ausnahmesituationen, denen ein Teammitglied zunächst ratlos gegenübersteht. Berufliche Alltagssituationen, die von den Teammitgliedern routinemäßig bewältigt werden (z. B. Ablauf von Tür-Angel-Gesprächen), können ebenfalls zum „Fall" werden, der in der Gruppe reflektiert wird. In der Fallberatung werden Alltagsabläufe hinterfragt und ggf. verändert. Das Problembewusstsein der Teammitglieder, das in der Fallberatung auf wenig beachtete Bereiche gelenkt wird, wird gestärkt, was dazu führen kann, dass auch andere berufliche Alltagssituationen auf den Prüfstand gestellt und optimiert werden.

Bei der kollegialen Fallberatung sind die beteiligten Teammitglieder untereinander gleichberechtigt. Die Sitzungsteilnehmer nehmen bei den Fallbesprechungen wechselnde Rollen ein. Folgende Rollen sind von den Teilnehmern zu besetzen:

Rollenverteilung bei Fallbesprechungen

- Die *Fallerzählerin* präsentiert ihren Fall im Team. Bei der Darstellung werden die Inhalts- bzw. Sachebene sowie die Gefühlsebene berücksichtigt. Zur Unterstützung der Aussagen kann die Darstellung z. B. durch Pfeildiagramme visualisiert werden. Hilfreich sind auch bildhafte Darstellungen wie Metaphern („Mir hat es den Hals zugeschnürt") oder Analogien.
- Die *Moderatorin* ist für den systematischen Ablauf der kollegialen Fallberatung verantwortlich, indem sie auf den Zeitrahmen achtet, zum Thema zurückführt und in den verschiedenen Phasen des Ablaufs auf die Einhaltung von Kommunikationsregeln achtet.
- Die *Protokollantin* dokumentiert den Beratungsprozess und unterstützt die Moderatorin. Zur Dokumentation können beispielsweise die Lösungsvorschläge der Teammitglieder auf dem Flipchart festgehalten werden, Argumente der Gruppe notiert oder der Klärungsbedarf der Fallerzählerin für alle sichtbar visualisiert werden.
- Die *Beraterinnen* sind alle anderen Teammitglieder. Sie konzentrieren sich in der ersten Phase auf die Falldarstellung und bringen sich vor allem beim Durcharbeiten des Falles, dem Perspektivenwechsel und der Entwicklung von Lösungsvorschlägen ein. Der Erfahrungs- und Wissenshintergrund des Teams bildet die Basis für die Analyse und die anschließende Bearbeitung des Falls.

Gudjons (1998) entwickelte einen Leitfaden zur Fallbesprechung für Lehrergruppen. Die von ihm entwickelten Prinzipien sind auch auf die Fallbesprechungen im sozialpädagogischen Bereich übertragbar.

Der Leitfaden für Fallbesprechungen umfasst neun Phasen. Eine Fallbesprechung dauert ca. 90 Minuten.

Leitfaden für die kollegiale Fallberatung				
Phase		Dauer	Aufgabe	Leitfragen
Sondierungsphase		ca. 10 Min	Auswahl unter verschiedenen Fall-vorschlägen und Aus-wahlentscheidung der Gruppe im Konsens; Rollenvereilung: Moderatorin, Protokol-lantin, Fallerzählerin	Welche Fälle kommen für die Fallberatung in Frage? Welcher Fall soll in der heutigen Besprechung bearbeitet werden?
1. Phase	Fallbericht	ca. 10 Min.	spontaner Fallbericht ohne Unterbrechun-gen und Nachfragen	Was hat sich ereignet? Wie stellt sich die Situation für die Faller-zählerin dar?
2. Phase	Schlüssel-fragen	ca. 5 Min.	Festlegung des Klä-rungswunsches und der Klärungsrichtung	Welchen Klärungsbe-darf hat die Fallerzäh-lerin?
3. Phase	Blitzlicht	ca. 5 Min.	kurzer Überblick über die Wirkung des Falles auf die Teammitglie-der	Was hat die Fall-darstellung bei mir ausgelöst? Wie fühle ich mich jetzt?
4. Phase	äußere Wahr-nehmungen	ca. 10 Min.	Reflexion des Fallbe-richts; Auswertung der Beobachtungen bei der Falldarstellung	Was ist mir bei der Falldarstellung (Inhalt und Erzählerin) aufge-fallen?
5. Phase	innere Wahr-nehmungen	ca. 5 Min.	Reflexion der Fallwirkung auf die Zuhörenden	Welche inneren Bilder, Vorstellungen, Erfahrungen, Gefühle ruft der Fall bei mir hervor?
6. Phase	Durcharbei-ten des Falles	ca. 15 Min	Vertiefung von Einzel-aspekten, Zusatzinfor-mationen, diagnos-tische Bewertung, Analyse von Ursachen	Was hat sich genau ereignet und was löste die Situation bei den Betroffenen aus?

Leitfaden für die kollegiale Fallberatung			
Phase	Dauer	Aufgabe	Leitfragen
7. Phase **Perspektiven-wechsel**	ca. 10 Min	Hineinversetzen in die verschiedenen Rollen	Wie erleben die am Fall Beteiligten die Situation?
8. Phase **Lösungsmög-lichkeiten**	ca. 15 Min.	Entwicklung von Hilfen und ggf. Erpro-bung von Lösungen im Rollenspiel	Welche Handlungs-möglichkeiten und -al-ternativen bestehen?
9. Phase **Feedback und Vorsätze**	ca. 5 Min.	Reflexion der kollegia-len Fallberatung	Was ist mir klar ge-worden? Was werde ich konkret tun? Welche Rückmeldun-gen waren besonders hilfreich und wichtig?

Abb. 52: Leitfaden für eine kollektive Fallberatung

Ablauf der Fallberatung:
Sondierungsphase

Wenn sich das Team auf eine Situation, die in dieser Sitzung be-sprochen werden soll, geeinigt hat, beginnt der eigentliche Ablauf der Fallbesprechung. Bei der Festlegung des Falles ist darauf zu achten, dass alle Gruppenmitglieder mit der getroffenen Auswahl einverstanden sind. Im Team ist deshalb Konsens bezüglich des ausgewählten Falls herzustellen. Der Begriff „Fall" ist nicht nur auf das Besondere, Außergewöhnliche bzw. Normabweichende zu beziehen, sondern umfasst alle Situationen, die den normalen Alltag betreffen (z. B. Elterngespräch, Entwicklung eines Kin-des).

Fallauswahl und Rollenverteilung

In der Sondierungsphase erfolgt auch die Rollenverteilung unter den Teammitgliedern. Wenn sich das Team auf den Fall, der be-sprochen werden soll, geeinigt hat, ist die Rolle der Fallerzählerin festgelegt. Für die kollegiale Fallberatung sind von den Teammit-gliedern die Rollen der Moderatorin und der Protokollantin zu be-setzen.

1. Phase: Fallbericht

Die Fallerzählerin ist aufgefordert, die Situation spontan, zusammenhängend, ohne Unterbrechung durch die Teammitglieder darzustellen. Die Gruppenmitglieder hören genau zu, beobachten das Verhalten der Erzählerin und achten auf die Reaktionen, die der Bericht bei ihnen selbst auslöst.

Da die Darstellung nicht vorbereitet ist, werden die Aussagen unstrukturiert, unter Umständen sprunghaft, subjektiv wertend und häufig sehr emotional sein. Die Betroffenheit der Fallerzählerin und ihre subjektive Verarbeitung der Situation kommen im Fallbericht zum Ausdruck. Auch wenn die Zuhörenden Widersprüche, Lücken, Unklarheiten erkennen, die zum Nachfragen reizen, werden zunächst keine Fragen zugelassen.

Falldarstellung

2. Phase: Schlüsselfragen

Nachdem die Fallsituation von der Erzählerin umfassend dargestellt wurde, wird der Klärungsbedarf der Erzählerin bestimmt. Die Fallerzählerin erläutert, in welchen Bereichen sie Unterstützung wünscht und verdeutlicht, warum sie die Situation als problematisch empfindet. Im Hinblick auf die spätere Lösungssuche ist es notwendig, dass der Klärungsbedarf allen Beteiligten bewusst ist.

Klärungsbedarf

3. Phase: Blitzlicht

Das Blitzlicht gibt eine schnelle Momentaufnahme über die Haltung der Gruppe zum Fall. Jedes Teammitglied ist aufgefordert, sehr kurz mitzuteilen, wie es sich nach dem Fallbericht fühlt. Das Blitzlicht ermöglicht eine emotionale Einbindung des Teams, die emotionale Betroffenheit der Fallerzählerin wird durch die emotionale Betroffenheit des Teams erweitert. Die Teammitglieder werden zu Beteiligten, was ihre Aufmerksamkeit und ihr Engagement bei der Fallbearbeitung erhöht.

Einbindung des Teams

Am Ende der Blitzlichtrunde kann die Erzählerin kurz rückmelden, welche Aussagen für sie besonders wichtig, neu, interessant und hilfreich sind.

4. Phase: Äußere Wahrnehmungen

Nach der emotionalen Reflexion im Blitzlicht folgt die Auswertung der Beobachtungen zur Wirkung der Erzählerin bei ihrer Falldarstellung. Durch die spontane Darstellung, die von emotionaler Betroffenheit beeinflusst ist, können wichtige Informationen über die Wirkung des Falls auf die Erzählerin abgeleitet werden.

Auswertung der Beobachtungen

Die verbalen und nonverbalen Signale der Erzählerin werden im Team näher beleuchtet. Die Teammitglieder sind aufgefordert, ihre Beobachtungen wertungsfrei zu äußern. So kann der Berichtenden aufgrund der nonverbalen Informationen (Sprechtempo, Tonfall, Pausen, Betonungen, Körperhaltung, Mimik) und der verbalen Informationen (Widersprüche, Auslassungen, bildhafte Ausdrücke) ein wichtiges Feedback gegeben werden. Die Erzählerin wird durch diese Rückmeldungen der Gruppe zu einer differenzierteren Wahrnehmung des Falls angeregt.

5. Phase: Innere Wahrnehmungen

Fallwirkung auf Teammitglieder

Die Teammitglieder analysieren die Wirkung, die der Fall auf sie selbst ausgelöst hat. Der dargestellte Fall löst Assoziationen zu eigenen Erfahrungen aus und es kann zur Identifikation mit anderen Teammitgliedern kommen. Der Fallbericht kann bei den Teammitgliedern zudem Gefühle, Betroffenheit, Überzeugungen, Fantasien, Bilder usw. hervorrufen. Die subjektive Wirkung des Berichts der Fallerzählerin auf das Team steht im Mittelpunkt der fünften Phase.

6. Phase: Durcharbeiten des Falls

In dieser Phase werden verschiedene Einzelaspekte des Falles vertieft. Die Durcharbeitung des Falls umfasst verschiedene Techniken wie Rollenspiel, Rollenwechsel, theoriegeleitete Analyse von Ursachen, Selbstreflexion der Erzählerin usw. Der Schwerpunkt des Vorgehens kann entweder auf die Situation der Fallerzählerin oder auf die inhaltliche Bewältigung des Problems bezogen sein. Werden bei der Fallbesprechung beispielsweise die Probleme im Umgang mit einem hyperaktiven Kind angesprochen, so könnte zum einen die Erzieherin in ihrer Hilflosigkeit und Überforde-

Fallbearbeitung

rung thematisiert oder zum anderen auf die Hilfsmöglichkeiten für das hyperaktive Kind näher eingegangen werden.

7. Phase: Perspektivenwechsel

Aus den Aussagen der Gruppenmitglieder kann die Fallerzählerin z.B. Rückmeldung über die Sichtweisen anderer Personen, auf die sich die Falldarstellung bezieht, erhalten. Dies kann vertieft werden, wenn Gruppenmitglieder aufgefordert werden, sich in die Situation der verschiedenen Personen, die im Fall vorkommen, hineinzuversetzen und aus deren Perspektive die Situation und die ausgelösten Gefühle darzustellen. Die Fallsituation wird anschaulich in das Team hineingeholt und es beginnt eine vertiefte Auseinandersetzung mit der Situation und den beteiligten Personen. In dieser Phase wird die Fallerzählerin mit alternativen Sichtweisen konfrontiert. Aus dieser Erweiterung der Perspektive können sich neue Lösungsmöglichkeiten ergeben. In dieser Phase geht es darum, eingefahrene Sicht- und Denkweisen zu überwinden.

Alternative Sichtweisen

8. Phase: Lösungsmöglichkeiten

Erst wenn die Fallsituation ausreichend und vielseitig reflektiert wurde, werden gemeinsam Lösungsmöglichkeiten entwickelt. Werden bereits in früheren Phasen Lösungen eingebracht, so beeinträchtigen diese Vorschläge die erforderliche Reflexion der Situation und verhindern die Entwicklung angemessener Hilfen. Die verschiedenen Lösungsvorschläge können sich auf alle Beteiligten im Fall und die Aktivierung weiterer Institutionen (z.B. Träger, Jugendamt) beziehen. Konkrete Hilfen können im Rollenspiel erprobt werden. Wichtig ist die Akzeptanz der Hilfe durch die im Fall betroffenen Personen.

Entwicklung von Hilfen

9. Feedback und Vorsätze

Am Ende der kollegialen Fallberatung steht die Reflexion der Sitzung. Die Fallerzählerin gibt eine Rückmeldung, inwieweit sich ihr Klärungsbedarf, den sie in der zweiten Phase formuliert hat, vermindert hat und welche neuen Anregungen und Hilfen sie umsetzen will. Die beteiligten Teammitglieder geben im Hinblick auf den Ablauf und das Ergebnis der kollegialen Fallberatung ein Feedback.

Wie Gudjons betont, gibt es nicht für alle Fallsituationen perfekte Lösungen, aber die Fallberatung im Team führt für die Erzählerin zu einer emotionalen Entlastung – sie ist mit ihrem Problem nicht mehr allein.

Auf den Punkt gebracht

Die Gestaltung von **Teamsitzungen** ist von der Zielsetzung (Information, Schlichtung, Entscheidung, Besprechung oder Beratung) abhängig. Den Sitzungsteilnehmern ist zur Vorbereitung die Tagesordnung mit entsprechenden Unterlagen zuzuleiten. Die **Sitzungsleiterin** sollte ergebnisorientiert mit der entsprechenden Fach- und Sozialkompetenz führen. Der Leistungsstil kann auf den Dimensionen Aufgaben-/Zielorientierung und Teamorientierung verankert werden. Optimal ist ein integrierender Leitungsstil, der beide Dimensionen weitgehend berücksichtigt.
Workshops ermöglichen die intensive Auseinandersetzung mit einer ausgewählten Thematik. Die Teilnehmerauswahl ergibt sich aus der jeweiligen Thematik. Die Leistungsfähigkeit und Motivation der Teilnehmer erhöht sich, wenn der Workshop außerhalb des gewohnten Arbeitsfeldes durchgeführt wird. Workshops können schwerpunktmäßig der Problembearbeitung, der Planung, der Zielvereinbarung oder der Teambildung dienen.
Die Moderatorin handelt als neutrale Dritte und wirkt vermittelnd. Die Moderation von komplexen Problem- und Entscheidungssituationen setzt die Beherrschung von **Moderationstechniken** voraus. Zu diesen Tools gehören die

METHODEN DER TEAMARBEIT

Kartenabfrage, Punkt- oder Mehr-Punkt-Abfragen, Mehr-felder-Tafeln, Themenspeicher oder Zuruflisten. Fragetechniken und eine durchdachtes Zeitmanagement sind ebenfalls wichtige Methoden für die erfolgreiche Moderation. **Kreativitätstechniken** wie das Brainstorming und Brainwriting sowie das Mind-Mapping sind erprobte Methoden zum Sammeln von Ideen. Zukunftswerkstatt und Szenariotechnik öffnen den Blick des Teams für die Zukunft. **Feedbacktechniken** sind unerlässliche Instrumente in der Teamarbeit. Sie beziehen sich auf spontane Rückmeldungen (z.B. Blitzlicht) oder strukturierte Verfahren (z.B. Teambewertungsfragebogen).

Die **kollegiale Supervision** reflektiert strukturiert und systematisch das berufliche Handeln. Im Rahmen der kollegialen Supervision können belastende berufliche Erfahrungen im Team analysiert und aufgearbeitet werden.

6. Teamentwicklungstraining

Das Teamentwicklungstraining beinhaltet eine gezielte, systematische Stärkung von sozialen Kompetenzen der Teammitglieder. Es ist Bestandteil der Teamentwicklung und kann sich sowohl auf neu gebildete Teams, die zur vollen Leistungsstärke geführt werden sollen, oder auf bereits bestehende Teams, die sich in ihrer Effizienz steigern wollen, beziehen.

6.1 Ziele und Anlässe des Teamentwicklungstrainings

Ein Teamentwicklungstraining hat folgende Ziele (Comelli 1999):

Allgemeine Ziele:

- Effizienzsteigerung und Optimierung von Teams
- Motivationssteigerung der Teammitglieder
- Beseitigung von Störungen im Team

Spezifische Ziele:

- Sensibilisierung für Teamprozesse
- Stärkung des Wir-Gefühls und der gegenseitigen Unterstützung
- Verbesserung des Rollenverständnisses und der Wahrnehmung von Teamrollen
- Optimierung der Kommunikationsprozesse zwischen den Teammitgliedern
- Beseitigung von Konflikten und Verbesserung der Fähigkeit, Konflikte positiv zu nutzen
- Optimierung der Problemlösefähigkeit
- Beziehungsklärung und -verbesserung
- Stärkung der Vertrauensbasis
- Verbesserung der Kooperation mit anderen Teams

Das Teamentwicklungstraining zielt nicht auf eine „Standardisierung" der Teammitglieder, sondern berücksichtigt deren Individualität, indem die Stärken des Einzelnen zum Vorteil der Gruppe eingebracht werden. Die Heterogenität der Gruppenmitglieder ist ein wichtiges Element für den Teamerfolg.

Folgende Signale legen in bereits bestehenden Teams ein Teamentwicklungstraining nahe (Comelli 1999):

Wann ist ein Teamentwicklungstraining nötig?

- Ineffektive Besprechungen,
- unzureichende Kommunikation im Team oder zwischen Mitarbeitern und Vorgesetzten,
- Kommunikationsstörungen und häufige Missverständnisse,
- ungenügende Einbeziehung der Mitarbeiter in Entscheidungsprozesse,
- schwindende Identifikation der Mitarbeiter mit den Zielen,
- Leistungsabfall, Resignation und nachlassendes Engagement.

6.2 Voraussetzungen für Teamentwicklungsmaß-nahmen

Der Erfolg von Teamentwicklungsprojekten ist von folgenden Be-dingungen abhängig:

- Der unmittelbare Vorgesetzte muss voll und glaubwürdig hinter den Teamentwicklungsmaßnahmen stehen.
- Eine gemeinsame Interessenslage der teilnehmenden Teammitglieder sollte gegeben sein.
- Die vereinbarten Spielregeln für die Teamentwicklung müssen von allen Teammitgliedern eingehalten werden (z. B. Offenheit, Vertraulichkeit …).
- Ein offener Dialog sollte die Teamentwicklungsmaßnahmen begleiten, d. h. die Teilnehmer taktieren nicht, bilden keine Allianzen oder vereinbaren keine bilateralen Absprachen.
- Konflikte gelten nicht als Störfall, sondern werden in der Teamentwicklung als normaler Vorgang eingestuft und als Chance gesehen. Konflikte weisen auf Blockaden hin. Wenn es gelingt, die Konflikte zu lösen, dann werden Energien für eine positive Teamentwicklung freigesetzt.
- Das Verhalten unter den Teilnehmern sollte wertschätzend und akzeptierend sein. Hierarchien, Rituale, Formalien dürfen bei den Teamentwicklungsmaßnahmen keine Rolle spielen.
- Zwischenergebnisse, Maßnahmen, Vereinbarungen und Erfolge sollten festgehalten und visualisiert werden.
- Die in der Teamentwicklung ausgelösten Veränderungs-prozesse müssen nach den Maßnahmen konsequent umge-setzt und weiterentwickelt werden. Deshalb ist ein Umset-zungscontrolling erforderlich.
- Die Moderatorin muss vom Team und dem Vorgesetzten akzeptiert sein.
- Vor der Teamentwicklungsmaßnahme bedarf es einer gründlichen Problemdiagnose sowie klarer Vereinbarun-gen (z. B. Zielsetzungen des Prozesses oder Rolle der Mo-deratorin).

Bedingungen für ein erfolgreiches Teamentwick-lungstraining

6.3   Durchführung des Teamentwicklungstrainings

Ein Teamtraining umfasst fünf Schritte (Comelli 1999):

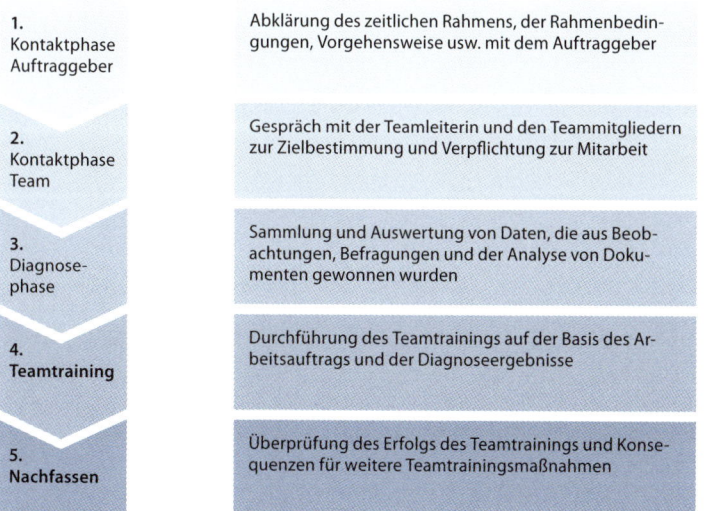

1.
Kontaktphase
Auftraggeber
Abklärung des zeitlichen Rahmens, der Rahmenbedingungen, Vorgehensweise usw. mit dem Auftraggeber

Phasen des
Teamtrainings

2.
Kontaktphase
Team
Gespräch mit der Teamleiterin und den Teammitgliedern zur Zielbestimmung und Verpflichtung zur Mitarbeit

3.
Diagnose-
phase
Sammlung und Auswertung von Daten, die aus Beobachtungen, Befragungen und der Analyse von Dokumenten gewonnen wurden

4.
Teamtraining
Durchführung des Teamtrainings auf der Basis des Arbeitsauftrags und der Diagnoseergebnisse

5.
Nachfassen
Überprüfung des Erfolgs des Teamtrainings und Konsequenzen für weitere Teamtrainingsmaßnahmen

Abb. 53: Ablauf eines Teamtrainings (Quelle: Comelli 1999)

1. Kontaktphase mit dem Auftraggeber
Als Auftraggeber kommen sowohl Vorgesetzte (z.B. Träger, Teamleitung) als auch das Team selbst infrage. In der Kontaktphase werden die Erwartungen, Zielsetzungen und Einschränkungen, die der Auftraggeber mit dem Teamtraining verbindet, abgeklärt. Folgende Absprachen bzw. Auftragsklärungen kennzeichnen die Kontaktphase:

Auftragsklärung

*   Abklärung des Handlungsbedarfs
*   Einschätzung der Kooperationsbereitschaft der Teilnehmer
*   Festlegung der Ziele
*   Gemeinsame Erarbeitung von Erfolgskriterien
*   Abklärung von Grenzen
*   Festlegung des zeitlichen Rahmens und der Rahmenbedingungen

- Verabredung von Vertraulichkeit
- Auswahl der diagnostischen Verfahren
- Bezug der Trainingsmaßnahme zu anderen Aktivitäten oder Organisationseinheiten des Trägers

Am Ende dieser Phase muss ein gemeinsames Verständnis vorhanden sein, unter welchen Rahmenbedingungen, mit welchen Spielregeln und mit welcher Ausgangslage das Teamtraining erfolgt.

2. Kontaktphase mit den Betroffenen

In dieser Phase geht es auf der Betroffenen-Ebene um die Klärung der gegenseitigen Erwartungen, der Ziele, der Rahmenbedingungen und der Spielregeln sowie die Bestimmung der Rolle der Moderatorin und der jeweiligen Prozessbeteiligten (Vorgesetzte und Mitarbeiter). Die Gespräche mit dem Vorgesetzten verfolgen verschiedene Absichten:

Persönliche Haltung des Vorgesetzten: Inwieweit ist der Vorgesetzte bereit, Zukunftsentscheidungen mit den Mitarbeitern zu treffen? Ist er bereit, sich selbst kritisch hinterfragen zu lassen und kritisches Feedback zu empfangen?

Vorhandener Spielraum: Ist der Vorgesetzte bereit, die erforderliche Zeit zu investieren, die für ein partizipatives Arbeiten erforderlich ist? Kann das Team ungestört arbeiten? Steht die notwendige Ausstattung zur Verfügung?

Unmittelbare Mitwirkung des Vorgesetzten im Teamentwicklungstraining: Es ist abzuklären, in welchem Umfang der Vorgesetzte am Teamentwicklungsprozess und den Workshops beteiligt ist.

In den Gesprächen mit den Teammitgliedern geht es darum, die Gruppe umfassend und offen über die Gespräche und Vereinbarungen mit dem Vorgesetzten zu informieren. In der Phase 2 kommt es zu folgenden Vereinbarungen:

Die Teilnehmer liefern Daten und Fakten, Eindrücke und Bewertungen, Anregungen und Ideen sowie konstruktive und be-

Ziele der Betroffenen

Inhalte von Vereinbarungen

stärkende Erfahrungen. Zudem verpflichten sich die Teilnehmer zu Offenheit, Ehrlichkeit, Engagement, Vertraulichkeit und gegenseitiger Wertschätzung.

Weiterhin ist die Form der Mitwirkung des Vorgesetzten zu klären. Beim Teamtraining können auch verdeckte Kontrakte wirksam sein, d. h. die Teilnehmer fühlen sich beispielsweise an Absprachen mit der entsendenden Stelle gebunden. Diese unausgesprochenen Erwartungen beziehen sich zum einen auf die Inhalte des Trainings, aber auch auf den Handlungsspielraum, den die Teilnehmenden bei der Umsetzung in ihr Arbeitsfeld haben. Die Teilnehmer am Teamentwicklungsprozess müssen alle mit den getroffenen Regelungen einverstanden sein.

3. Diagnosephase und Datensammlung

In dieser Phase werden Daten, Fakten und Hintergrundinformationen durch die Moderatorin erhoben. Dazu können folgende Diagnoseinstrumente, die natürlich auch während des laufenden Trainings genutzt werden können, herangezogen werden:

Teamdiagnose

- Individuelle Interviews der Moderatorin mit einzelnen Teammitgliedern
- Gruppendiskussionen
- Strukturierte bzw. standardisierte Fragebögen
- Verhaltensbeobachtungen und Prozessanalysen (Was gelingt gut, wann gab es Störungen und Konflikte? usw.); die Gruppe macht sich selbst zum Gegenstand der Betrachtung
- Stimmungsbarometer, Blitzlicht, Diagnosebögen (Erwartungsabfrage zu Beginn des Workshops; Feedback-Abfragen am Ende des Workshoptages; Spontanabfrage zu Befindlichkeit, Stimmungen usw.; Diagnosebögen zu bestimmten Themenbereichen – meistens mit einigen Statements, die schnell von den Teilnehmern bewertet werden können)
- Projektive Verfahren (z. B. Anfertigen von Collagen, Rollenspiele)
- Auswertung von kritischen Ereignissen (critical incidents)

Diagnose-instrumente

- Zur Erfassung der Gruppenstruktur können auch soziometrische Verfahren eingesetzt werden.

Die Teamdiagnose (Selbstreflexion) ist Ausgangspunkt für die Teamentwicklung. Sie liefert wichtige Erkenntnisse zur Zusammensetzung des Teams und den im Team ablaufenden Prozessen. Auf der Basis dieser Erkenntnisse können vom Team entsprechende Maßnahmen eingeleitet werden (Kauffeld & Grote 2001). Im Einzelnen haben die Teamdiagnoseinstrumente folgende wichtige Funktionen:

- Sie liefern allgemeine Informationen über die gegenwärtige Situation des Teams,
- sie initiieren einen Dialog innerhalb des Teams und
- dienen zur Institutionalisierung von Feedback-Prozessen zwischen den Teammitgliedern sowie

Funktionen der Diagnoseinstrumente

- zur Stärken-Schwächen-Analyse (Selbstdiagnose!) des Teams,
- sie dienen der Bestandsaufnahme und Bedarfsermittlung für Teamentwicklungsmaßnahmen (Wo liegen die nächsten Schwerpunkte? Wie kann man z. B. die Kompetenzen der Selbststeuerung des Teams stärken? Zur Selbststeuerung wird eine reibungslose Zusammenarbeit und Kommunikation benötigt, die durch die Festlegung von Spielregeln, Umgangsformen, Verantwortungsbereichen usw. ermöglicht wird. Ohne solche Absprachen ist die Gefahr groß, dass sich die durch die Teamarbeit gewünschte Effizienzsteigerung nicht einstellt),
- sie steigern die Sensibilität für gruppeninterne Prozesse im Team. Dreh- und Angelpunkt eines effizienten Teams ist die Fähigkeit zur Selbstdiagnose. Nur wenn die Teammitglieder die Fähigkeit haben, eigenständig ablaufende Prozesse und Probleme zu erkennen, anzusprechen und zu lösen, können auf Dauer Synergie-Effekte im Team entstehen.

4. Durchführung des Teamentwicklungstrainings

Folgende Kompetenzen können bei einem Teamentwicklungstraining im Mittelpunkt stehen (vgl. Raab 1997):

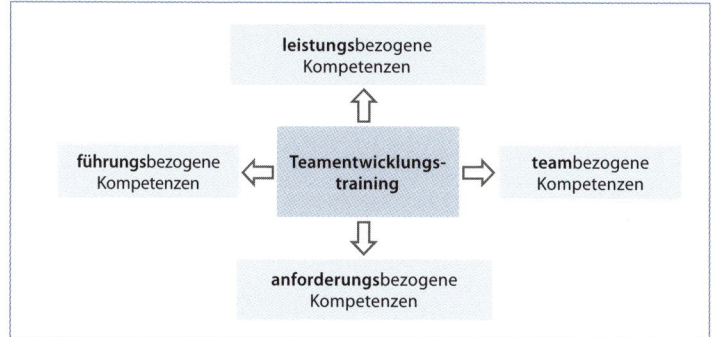

Schlüssel-
kompetenzen

Abb. 54: Inhalte eines Teamentwicklungstrainings

Die **leistungsbezogenen Kompetenzen** beziehen sich auf die Verbesserung der Teamleistung. Inhalte des Trainings sind beispielsweise die Einführung eines Qualitätskonzepts oder die Erfassung von Elternbedürfnissen.

Die Entwicklung von **teambezogenen Kompetenzen** bezieht sich auf typische Teamsituationen, die von den Teammitgliedern selbstständig zu bewältigen sind. Dazu gehören beispielsweise die Beseitigung von Konflikten, die Gestaltung von Kommunikationsprozessen, die Anwendung von Feedback-Techniken, der Aufbau einer Vertrauenskultur, Maßnahmen zur Entwicklung der Teamidentität und des Wir-Gefühls oder der Stärkung sozialer Kompetenzen.

Entwicklung von
Schlüsselkompe-
tenzen

Die **führungsbezogenen Kompetenzen** werden im Team nicht nur von der Teamleitung gefordert, sondern sollten bei allen Teammitgliedern entwickelt werden, da auch sie im Team Verantwortung für bestimmte Bereiche übernehmen. Zu den Kompetenzen gehören beispielsweise die Erarbeitung und Umsetzung von Lösungen, die Präsentation der Arbeitsergebnisse vor anderen Gruppen, die Vorbereitung und Durchführung von Teamsitzungen.

Die **anforderungsbezogenen Kompetenzen** werden z.B. durch folgende Inhalte angesprochen: die Nutzung des Teamwissens, die Entwicklung neuer Betreuungskonzepte, die Erstellung eines Fortbildungskonzepts, der Umgang mit unterschiedlichen Kulturen, der Erwerb neuer Arbeitstechniken, die Erhöhung der Flexibilität.

Folgende Arbeitsmethoden können beispielsweise im Rahmen eines Workshops zur Teamentwicklung Anwendung finden:

Arbeitsmethoden

Arbeit im Plenum: Im Plenum erfolgen grundsätzliche Abstimmungen und Diskussionen, gemeinsame Problemlösearbeit, Präsentationen und Besprechung der Ergebnisse von Teilgruppen. Das Plenum kann auch zur allgemeinen Informationsvermittlung genutzt werden.

Arbeit in Kleingruppen: Im Rahmen des Problemlösungsprozesses arbeiten verschiedene Teilgruppen an gleichen oder unterschiedlichen Teilaspekten eines Problems. Anschließend werden im Plenum die Ergebnisse präsentiert und diskutiert.

Einzelarbeit: Jeder arbeitet für sich (z.B. im Rahmen einer Kartenabfrage). Danach kann die Bearbeitung der Einzelergebnisse im Plenum, in der Kleingruppe oder in Zweiergruppen erfolgen.

Arbeit in Selbsterfahrungsgruppen für gruppendynamische Übungen: Den Teilnehmern werden Erfahrungen über oder an sich selbst vermittelt.

Ergänzt werden diese Arbeitsformen durch einen gezielten Input von Leitungskräften, die beispielsweise Ziele vorstellen, durch die Beraterin bzw. Moderatorin, die z.B. Feedback-Regeln erläutert, oder durch einen externen Gast, der als Experte eingebunden wird.

Themenzentrierte Interaktion (TZI)

Zur Optimierung der Zusammenarbeit ist die Berücksichtigung der Regeln zur Themenzentrierten Interaktion (TZI) von Vorteil. Mit Hilfe der TZI gelingt es leichter, im Team eine gute Kommunikationsplattform aufzubauen, indem Spielregeln für das Miteinanderumgehen festgelegt werden und zwar so, dass die Interessen des Einzelnen und der Gruppe im Gleichgewicht bleiben und dabei gleichzeitig das gemeinsame Ziel vor Augen bleibt.

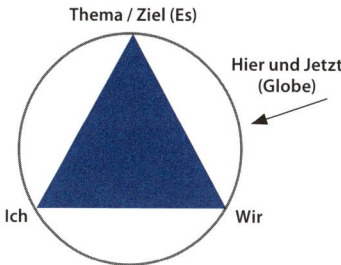

Abb. 55: Themenzentrierte Interaktion (Quelle: Comelli 1999, S. 423)

Nur wenn es zu einer Balance zwischen den Bedürfnissen des Einzelnen, der Gruppe und der eigentlichen Zielsetzung kommt, kann das Workshop-Ergebnis für alle befriedigend sein.

TZI-Elemente

Hier und Jetzt (Globe)
Globe umfasst die gegenwärtige Situation (Zeitbudget, finanzielle Möglichkeiten, Vorgaben und Grenzen, berufliches Umfeld sowie Alter, Kompetenzen, Geschlecht der Gruppenmitglieder). Je mehr sich die Themen an der gegenwärtigen Situation orientieren, desto besser können Lösungen erarbeitet und eine Flucht in die Vergangenheit verhindert werden („Früher war alles besser …", „Hätten wir damals …, dann könnten wir jetzt …").

Jeder ist für sich selbst verantwortlich
Die Verantwortung für den Workshop liegt beim einzelnen Teilnehmer selbst. Er muss selber dafür sorgen, dass seine Themen zur Sprache kommen, er kann jederzeit „nein" sagen.

Ich spreche per „Ich" und nicht per „Man", „Wir" oder „Es"
„Ich-Formulierungen" markieren die eigene Verantwortung und sind wirksamer als unpersönliche „Man-Formulierungen", hinter denen sich der Einzelne verstecken kann.

Störungen haben Vorrang, keine Seitengespräche
Ist ein Teilnehmer abgelenkt bzw. abgehängt, muss er dies der Gruppe mitteilen. Ein „Abwesender" verliert nicht nur die Mög-

lichkeit, seine Interessen zu verfolgen, er stellt auch einen Verlust für die Gruppe und den Gruppenprozess dar.

Was ich sage, meine ich auch – offen und ehrlich – vertraulich

Je offener Probleme angesprochen werden, desto eher sind sie zu klären. Persönliches muss aber in der Gruppe bleiben

TZI – Entwicklungs-phasen Aus der Sicht der Themenzentrierten Interaktion entwickelt sich die Gruppe über den langen Weg der einzelnen Ichs (Gruppen-mitglieder, die zunächst Kontakt aufnehmen) zu einem Wir, mit dem Gefühl der Zusammengehörigkeit. Diese Ich – Wir – Es-Entwicklung verdeutlicht die nachfolgende Abbildung.

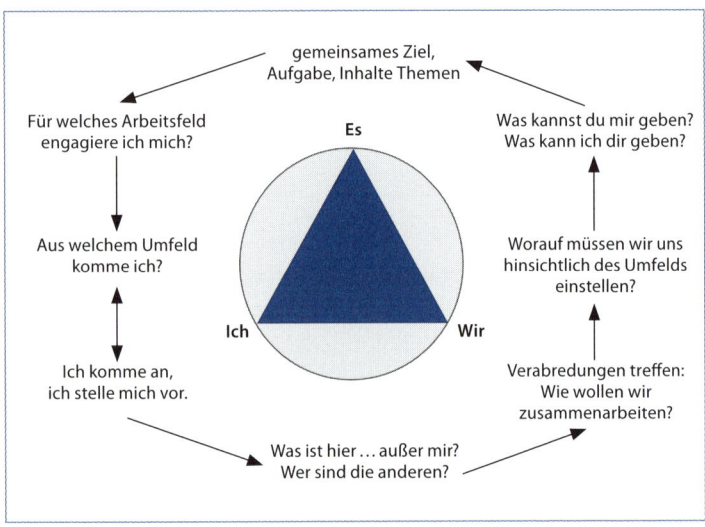

Abb. 56: Entwicklungsverlauf (Quelle: Langmaack 2004, S. 73)

Der Einzelne soll die Beziehung zwischen der Gruppe und dem Individuum besser verstehen lernen. Weiterhin werden folgende Fähigkeiten entwickelt:

- Selbstkontrolle im Sinne der Selbststeuerung
- Umgang mit Stress
- Sensibilisierung für innere Vorgänge
- Verantwortung für das eigene Verhalten übernehmen

- für sich selbst einstehen
- Artikulieren der eignen Meinung und die Interessen usw.

5. „Nachfassen"

Die Maßnahmen zur Teamentwicklung sollten evaluiert werden, d. h. die Wirkung der initiierten Prozesse ist zu überprüfen. Nach einigen Wochen könnte bereits in einer Teamsitzung überprüft werden, inwieweit die vereinbarten Maßnahmen zur Teamentwicklung umgesetzt sind. Dadurch wird auch der Prozesscharakter der Teamentwicklung deutlich. Nach circa zwei bis drei Monaten sollte es einen Review-Workshop geben. Die Durchführung eines gezielten Reviews hat eine zusätzliche wichtige aktivierende Wirkung und stellt sicher, dass geplante Aktivitäten und Ziele auch tatsächlich im Arbeitsalltag umgesetzt werden bzw. Relevanz zeigen.

6.4   Wirkung des Trainings

Die beabsichtigte Wirkung von Trainingsmaßnahmen lässt sich am Johari-Fenster gut verdeutlichen. Auf Joe Luft und Harry Ingham (1971) geht das Johari-Fenster zurück, das zur Beschreibung der Selbst- und Fremdwahrnehmung im Verlauf der Teamentwicklung herangezogen werden kann. Sie unterscheiden vier Felder:

Johari-Fenster

		Feedback	
		Mir selbst bekannt	Mir selbst unbekannt
Selbst-öffnung	anderen bekannt	ARENA / ÖFFENTLICHE PERSON Bereich des freien Handelns 1	BLINDER FLECK Bereich der unbewussten Wirkung 2
	anderen unbe-kannt	3 FASSADE Bereich des Verbergens	4 UNBEKANNTER BEREICH Bereich des Unbewussten

Abb. 57: Das Johari-Fenster

Die **Arena** bzw. **öffentliche Person** (1) beinhaltet Informationen über eine Person, die von ihr selbst der Gruppe mitgeteilt werden bzw. für die anderen wahrnehmbar sind wie Name, Alter, Größe, Wohnort, Interessen, Familiensituation. In diesem Bereich kann die Person frei handeln. Der **blinde Fleck** (2) bezeichnet all das, was andere an der Person wahrnehmen, der Person selbst aber nicht bewusst ist oder verdrängt wurde. Dazu gehören Gewohnheiten im Sprachverhalten („äh…"), in der unbewussten Gestik und Mimik, Äußerlichkeiten (Kleidungsstil, Farbenwahl), Körper- oder Mundgeruch. Die **Fassade** bzw. **private Person** (3) umfasst Bereiche, die der Person zwar selbst bewusst sind, über sie die anderen aber nicht informieren möchte, wie Misserfolge oder Missgeschicke, finanzielle Situation, gescheiterte Beziehungen. Der **unbekannte Bereich** (4) bezieht sich auf das Verhalten in neuartigen, extremen, ungewohnten Situationen (z.B. Verhalten bei einem Unglück, Zeuge einer Gewalttat).

Bereiche des Johari-Fensters

Im Verlauf der Teamentwicklung ergeben sich folgende Veränderungen:

Trainings-Wirkung

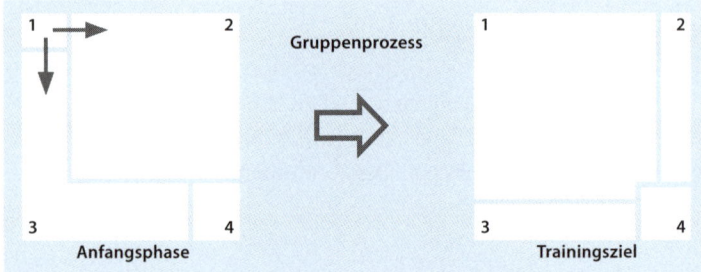

Abb. 58: Änderungen des Johari-Fensters im Gruppenprozess

Die **öffentliche Person** (1) erweitert sich durch Feedback der Gruppenmitglieder in Richtung Feld 3, d.h. der **blinde Fleck** (2) verringert sich, da die Person von den Gruppenmitgliedern Rückmeldungen über die Wirkung auf andere erhält. Die **private Person** (3) verkleinert sich im Verlauf des Gruppenprozesses, da Gruppenmitglieder zunehmend offener miteinander umgehen und auch Informationen über die Privatsphäre der Person erhalten. Der **un-**

bekannte Bereich (4) bleibt in der Regel konstant, es sei denn, es werden Trainingseinheiten durchgeführt, die eine Person bzw. eine Gruppe in Extremsituationen bringen, um deren Teamverhalten zu stärken (Survival-Training). In welchem Maß eine Veränderung in die beschriebene Richtung eintritt, ist von der Bereitschaft einer Person abhängig, Privates in der Gruppe preiszugeben und Rückmeldungen der Gruppenmitglieder angemessen zu verarbeiten.

6.5   Trainingsformen

Zur Teamentwicklung werden sowohl Outdoor- als auch Indoor-Trainings angeboten. Es stellt sich grundsätzlich die Frage, ob das Training in der Einrichtung oder in einem neuen unbekannten Umfeld als Outdoor-Training angesetzt wird. Folgende Trainingsformen können zum Einsatz gelangen:

Formen des Entwicklungstrainings

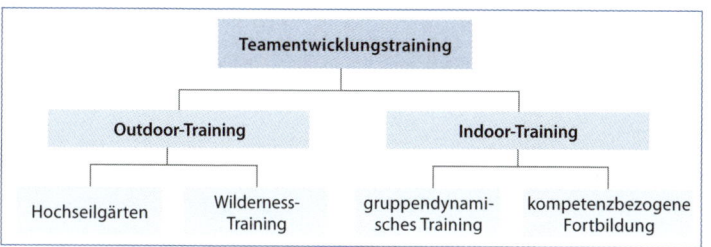

Abb. 59: Formen des Teamentwicklungstrainings

6.5.1   Indoor-Training
Das Indoor-Training umfasst alle Teamentwicklungsmaßnahmen, die innerhalb von Gebäuden (z. B. einrichtungsintern) durchgeführt werden können.

Formen des Indoor-Trainings
Gruppendynamisches Training. Im Mittelpunkt des Trainings können sowohl einzelne Gruppenmitglieder stehen, die von der Gruppe ein Feedback erhalten, aber auch das gesamte Team, indem Prozesse im Team ausgelöst und anschließend analysiert werden.

Beim **einzelpersonenbezogenen Training** geht es um die öffentliche Person (siehe oben, Johari-Fenster, Kap. 6.4), die im Verlauf des Trainings eine Erweiterung erfährt. Die Übungen sind so angelegt, dass zum einen das Teammitglied mehr von sich weitergibt und zum anderen jede Person von den anderen Teammitgliedern ein Feedback erhält. Dazu dienen folgende Übungen:

Ebene Einzelperson	
Ziel: Selbstöffnung	Ziel: Feedback
Spaziergang mit verbundenen Augen	Soziogramm
3-D-Minenfeld	heißer Sitz
Selbst- und Fremdeinschätzung	erweitertes Soziogramm

Abb. 60: Individuelles gruppendynamisches Training

Ausführungen zum Training sind im nächsten Abschnitt „Übungsbeispiele für das Indoor-Training" zu finden.

Das **teambezogene Training** verstärkt die gruppendynamischen Prozesse der Kohäsion, des Wir-Gefühls sowie der Teamidentität. In den Übungen erfahren die Teilnehmenden mehr über das Selbstverständnis im Team (Ziel: Selbstöffnung), und in der Reflexionsphase zu den Übungen erhält das Team eine Rückmeldung über den Stand in der Teamentwicklung (Ziel: Team-Feedback). Die Übungen können zwar schwerpunktmäßig einem Ziel zugeordnet werden, enthalten aber auch immer Aspekte der anderen Zielrichtung.

Ebene Team	
Ziel: Selbstöffnung	Ziel: Feedback
Rollenspiele	Soziogramm
Team-Werbespot	Turmbau
Achtmal Ich und achtmal Wir	Pipeline

Abb. 61: Teambezogenes gruppendynamisches Training

TEAMENTWICKLUNGSTRAINING

Kompetenzbezogene Fortbildung. Dazu zählen alle mitarbeiterbezogenen Fort- und Weiterbildungen, die zur Kompetenzerweiterung der einzelnen Teammitglieder führen. Auf der Basis eines teambezogenen Fortbildungskonzepts ist die systematische Kompetenzerweiterung zu organisieren. Das Team, das sich als lernende Organisation versteht, ist für das Wissensmanagement verantwortlich (siehe Kapitel 2.3: Teamarbeit in einer lernenden Organisation).

Übungsbeispiele für das Indoor-Training

Die Durchführung von gruppendynamischen Übungen sollte stets professionell begleitet werden. Durch die Selbstöffnung wird eine Person angreifbarer, da beispielsweise auch Schwächen, Defizite, negative Erfahrungen im Team bekannt werden. Die Selbstöffnung setzt ein hohes Maß an Vertrauen in die anderen Teammitglieder voraus. Ein Missbrauch des Vertrauens würde für lange Zeit die Teamentwicklung beeinträchtigen. Aber auch das offene Feedback von Teammitgliedern bzw. Beobachtern bei den Übungen beeinflusst die Beziehung zu anderen Teammitgliedern. Vor allem persönlich verletzende Aussagen, Hinweise auf Schwächen, denen sich die Person nicht bewusst ist („blinder Fleck"), oder negative Rückmeldungen in geballter Form führen zu starker Betroffenheit und emotionalen Reaktionen. Deshalb sei vor psychologischen „Spielen", deren Wirkungen oft nicht abschätzbar sind und deren Konsequenzen verheerend sein können, ausdrücklich gewarnt.

Soziogramm

Ziel: Verdeutlichen der Gruppenstruktur auf der Basis von Sympathie

Erkennen der Teamstrukturen

Ablauf: Die Teammitglieder werden aufgefordert, sich im Raum so zu platzieren, wie sie ihre Position im Team sehen. Wenn jeder seine Position gefunden hat, werden die Gesamtsituation sowie die Position der einzelnen Teammitglieder gemeinsam reflektiert. Abstand und Nähe, Zugewandtheit und Ablehnung werden beispielsweise durch die Abstände oder den Blickkontakt deutlich.

Das Soziogramm kann auch in schriftlicher Form durchgeführt werden, indem die Personen in einer vorgegebenen Situation bzw. Bewältigung einer bestimmten Aufgabe entsprechende Teammitglieder auswählen bzw. ablehnen.

Wird ein Soziogramm anonym durchgeführt, so weiß lediglich die Trainerin, wer wen gewählt hat. Dann steht bei der Reflexion die Gruppenstruktur (z. B. Paarbildung, Außenseiter, Abgelehnte, Star) im Mittelpunkt.

Dauer: Zur Durchführung eines Soziogramms sind bis zu 1 ½ Stunden einzuplanen.

Erweitertes Soziogramm

Fremdwahr-
nehmung von
Eigenschaften

Eine Variante des Soziogramms stellt das erweiterte Soziogramm dar, das über die Sympathieeinschätzung hinausgeht und Erwartungen über die Kompetenzen der anderen Teammitglieder verdeutlicht.

Ziel: Rückmeldung über vermutete Eigenschaften der Teammitglieder (vgl. Schwäbisch & Siems 1974)

Ablauf: Die Teammitglieder wählen aus den anwesenden Teammitgliedern Personen aus, die sie für bestimmte Aufgaben am besten geeignet bzw. am wenigsten geeignet halten.

Aufgabe / Funktion	am besten geeignet	am wenigsten geeignet
als Teamleiter/in		
als Kollege/in bei einer gemeinsamen Aufgabe		
als Begleiter/in für eine gefährliche Alpenwanderung		
als Mitbewohner/in in einer Wohngemeinschaft		
als Gesprächspartner/in in einer schwierigen Situation		
als Organisator/in eines Teamfestes		
für eine aggressive Auseinandersetzung		
für das gemeinsame Verfassen eines Gedichts		
als Repräsentant/in des Teams in der Öffentlichkeit		
usw.		

Abb. 62: Erweitertes Soziogramm

TEAMENTWICKLUNGSTRAINING

Die Auswertung erfolgt offen in drei Phasen: Im ersten Schritt liest jedes Teammitglied die für die Aufgaben ausgewählten Personen vor. Die genannten Personen notieren, für welche Aufgabe sie von welchem Teammitglied vorgeschlagen werden. Nachdem alle Eintragungen von allen Teammitgliedern vorgelesen wurden, besteht in der zweiten Phase die Möglichkeit, Rückfragen zu den Nennungen zu stellen, um sich die Einschätzung begründen zu lassen. In der letzten Phase erfolgt ein Blitzlicht, bei dem jedes Teammitglied sein Ergebnis bewertet.

Bei der Auswertung der Einschätzungen sollte in der Gruppe herausgearbeitet werden, welche Eigenschaften für die erfolgreiche Wahrnehmung der jeweiligen Aufgaben bzw. Funktionen gefordert sind.

Dauer: ca. 60 Minuten

Turmbau

Ziel: Verbesserung der Zusammenarbeit bzw. Kooperationsfähigkeit

Förderung der Kooperation

Die Auswirkungen von Wettbewerbssituationen auf die Gruppe werden aufgezeigt. Im Vergleich der Gruppenergebnisse werden die Auswirkungen unterschiedlicher Vorgehensweisen auf die Gruppenleistung sichtbar. Das Kooperationsverhalten im Team kann analysiert werden.

Ablauf: Es werden eine Jury, pro Team zwei Beobachter und Arbeits-Teams mit mindestens acht Teilnehmern festgelegt. Im Arbeitsteam sind folgende Rollen zu übernehmen: Leiter (Baumeister), Planungsteam, Zuschneideteam und ein Klebeteam.

Die Gruppe hat die Aufgabe, mit Hilfe von vorgegebenen Materialien innerhalb von 60 Minuten einen möglichst hohen, standfesten Turm zu errichten, der auf eigenen Fundamenten stehen muss, wobei nicht auf eine Unterlage geklebt werden darf. Die Kartonstreifen dürfen nicht länger und breiter als das Lineal sein. Jede Gruppe erhält vier große Karton-Blätter für die Turmkonstruktion, vier Bögen Entwurfspapier, ein Lineal, einen Bleistift, ein Radiergummi, eine Schere und eine Flasche Klebstoff. In jeder Gruppe werden zwei Beobachter eingesetzt, die den Turmbau-Prozess erfassen. Die Jury, die sich während der Arbeitszeit der Arbeitsteams mit der Präzisierung von Bewertungskriterien befasst, beurteilt die Türme nach den Kriterien Höhe, Standfestigkeit, Schönheit und Originalität. Die Auswertung erfolgt unter den Gesichtspunkten: „Wie hat sich das Team organisiert?", „Wie war das Arbeitsklima?", „Wie haben sich die Gruppenmitglieder eingebracht?", „Welche Phasen waren beim Turmbau erkennbar?"

Dauer: Zur Durchführung der Turmbau-Übung werden etwa 2 ½ Stunden benötigt.

3-D-Minenfeld

Stärkung des Vertrauens

Ziel: Aufbau von Vertrauen, Stärkung der Konzentration, Verbesserung des Kommunikationsverhaltens (vgl. Kriz & Nöbauer 2006)

Ablauf: Auf einer eingegrenzten Spielfläche (z. B. ein Rechteck in der Größe von 4 m x 8 m) werden unterschiedlich große Bälle sowie Hindernisse wie Stühle oder gespannte Seile platziert. Der Schwierigkeitsgrad der Übung ist abhängig von der Anordnung und der Anzahl der Hindernisse im Spielfeld. Die Teilnehmer dürfen dieses Minenfeld vorher nicht sehen und bereiten sich im Nachbarraum auf die Übung vor. Es werden jeweils Paare gebildet. Einer Person werden die Augen verbunden und der sehende Partner hat die Aufgabe, die „blinde" Person mit Zurufen durch das Feld zu lotsen. Folgende Regeln sind zu beachten: der „Blinde" darf kein Hindernis oder eine andere „blinde" Person berühren. Der sehende Partner steht außerhalb des Spielfelds und darf den „Blinden" nicht berühren. Zur Vorbereitung haben die Paare fünf Minuten Zeit, ihr Vorgehen abzustimmen, sich zu besprechen sowie Kommandos zu vereinbaren. Danach müssen alle „Blinden" gleichzeitig das Minenfeld betreten und von einem festgelegten Startpunkt aus zu einem definierten Endpunkt gelangen. Wird ein Hindernis oder eine andere Person berührt, so muss die Person zurück zum Start.

TEAMENTWICKLUNGSTRAINING

Dauer: Die Durchführungsdauer ist vom Schwierigkeitsgrad des Minenfelds abhängig.

Pipeline

Ziel: Steigerung des Qualitätsbewusstseins, der Kooperation und der Strategieplanung (vgl. Kriz & Nöbauer 2006)

Stärkung des Qualitätsbewusstseins

Ablauf: Eine große Menge unterschiedlich kleiner Bälle sind mit Hilfe einer „Pipeline" von einem Eimer (Starteimer) in einen etwa 10 m entfernten leeren Eimer zu transportieren. Jeder Teilnehmer erhält eine Halbröhre mit unterschiedlicher Länge und Breite. Die Gruppenaufgabe besteht darin, in einer relativ kurzen Zeit (drei bis fünf Minuten) möglichst viele Bälle im Zieleimer abzulegen. Die Bälle dürfen während des Transports nicht berührt und die Röhren dürfen weder geknickt noch verbogen werden. Wenn sich eine Kugel in der Röhre befindet, dann darf sich die Person, die diese Röhre hält, mit Beinen und Füßen nicht mehr bewegen. Lediglich Hände, Arme und Oberkörper dürfen bewegt werden. Die Person muss warten, bis sich ein Teammitglied ihr nähert und mit seiner Röhre den Weitertransport der Kugel sicherstellt. Fallen Bälle auf den Boden, dürfen sie nicht aufgehoben werden. Vor jedem Versuch wird dem Team eine Planungsphase von etwa 5 Minuten eingeräumt.

Dauer: ca. 45 Minuten

Achtmal Ich und achtmal Wir

Ziel: Entwicklung des Wir-Gefühls und der Teamidentität; Verknüpfung von Individualität und Teamzugehörigkeit (vgl. Maaß & Ritschl 1997)

Förderung des Wir-Gefühls und der Teamidentität

Ablauf: Jedes Teammitglied hat den Auftrag, auf einem Flipchartplakat acht Sätze, die mit „Ich bin…, Ich habe…, Ich möchte…" beginnen, zu vervollständigen. Auf der Rückseite beginnen die acht Sätze, die zu ergänzen sind, entsprechend mit „Wir sind…, Wir haben…, Wir wollen…". Die Teammitglieder bringen dadurch zum Ausdruck, was sie in das Team einbringen wollen und was sie vom Team erwarten. Nach 20 Minuten erfolgt eine Ausstellung der Plakate mit einer Aussprache über die Aussagen der Teammitglieder.

Dauer: ca. 60 Minuten

Team-Werbespot

Förderung des Wir-Gefühls und der Teamidentität

Ziel: Entwicklung des Wir-Gefühls und der Teamidentität (vgl. Maaß & Ritschl 1997)

Ablauf: Die Gruppe hat den Auftrag, einen Werbespot von ca. fünf Minuten Dauer zu erstellen, um für die Dienstleistung der Einrichtung zu werben. In der ersten Phase (ca. 45 Minuten) wird ein Manuskript erarbeitet, danach werden Bandaufnahmen des Werbespots erstellt. Die Kassette sollte eine Speicherzeit von 90 Minuten haben. Die Endfassung des Werbespots wird anderen Personen vorgestellt, die ein Feedback geben. In der Auswertungsphase wird das gesamte Band nochmals angehört und im Hinblick auf Kooperation, Stärken, Schwächen analysiert.

Dauer: ca. 90 Minuten

Heißer Sitz

Fremdwahr-nehmung

Ziel: Feedback für Teammitglieder (vgl. Schwäbisch & Siems 1974)

Ablauf: Die Teammitglieder sitzen im Kreis. In der Mitte befindet sich ein leerer Stuhl, der „heiße Sitz". Ein Teammitglied setzt sich auf diesen Stuhl und wählt aus dem Team vier Personen für das Feedback aus. Die Feedback-Geber machen jeweils zwei Aussagen mit dem gleichbleibenden Satzbeginn „Mir gefällt an dir…", „Mir missfällt an dir…". Insgesamt werden vier Feedbackrunden absolviert, sodass die Person auf dem heißen Sitz 16 positive und 16 negative Rückmeldungen erfährt. Das Teammitglied auf dem heißen Sitz hält zwar Blickkontakt zu den Feedbackgebern, darf sich aber zu den Rückmeldungen nicht äußern, sich weder rechtfertigen noch nachfragen. Erst wenn alle Rückmeldungen erfolgt sind, kann das Teammitglied auf dem heißen Sitz über die augenblicklichen Gefühle sprechen. Diese Übung löst eine sehr hohe Betroffenheit aus, da die Rückmeldungen sehr kompakt erfolgen. Die Anwesenheit eines professionellen Trainers ist unbedingt erforderlich.

Dauer: ca. 120 Minuten

6.5.2 Outdoor-Training

Das Outdoor-Training wurde entwickelt, um den Teammitgliedern in einem neuen Umfeld die Möglichkeit zu geben, aus bestehenden Rollenmustern und Verhaltensweisen herauszukommen. Das neue Setting soll dazu führen, die Outdoor-Erfahrungen auf zukünftige betriebliche Alltagssituationen zu transferieren. Im Outdoor-Training werden beispielsweise in neuen Situationen die Auswirkungen des eigenen Handelns und Verhaltens auf das Team erfahrbar gemacht. Beim Outdoor-Training werden Aufgaben bearbeitet, die beispielsweise die gegenseitige Abhängigkeit der Teammitglieder bewusst machen und einen Zuwachs an Vertrauen untereinander bewirken. Das Outdoor-Training ist so angelegt, dass die Teilnehmer ihre Personal- und Sozialkompetenzen sowie Führungskompetenzen erweitern. Die Teambildung wird durch das gemeinsame Bewältigen realer Herausforderungen unterstützt. Das gemeinsame Planen wird in realen „Miniprojekten" eingefordert und trainiert. Durch außergewöhnliche Erlebnisse und Grenzerfahrungen ist ein hoher Erinnerungswert gegeben. Die Durchführung erfolgt in Gruppen mit 10 bis 25 Teilnehmen und dauert in der Regel mehrere Tage.

Ziele des Outdoor-Trainings

Das Outdoor-Training verfolgt folgende Ziele:

- Förderung von kooperativem und team-orientierten Verhalten (z.B. Stärkung des Vertrauens)
- Stärkung des Zusammengehörigkeitsgefühls.
- Entwicklung von Regeln für die Zusammenarbeit
- Bereitschaft, Konflikte konstruktiv zu bewältigen und konsensfähige Entscheidungen zu treffen
- Verbesserung des Kommunikationsverhaltens an Team-schnittstellen
- Nutzung der Eigendynamik von Teams für die Erreichung von gemeinsamen Zielen

- Entwicklung von aufgabenspezifischen Kompetenzen
- Schulung von Präzision und Sorgfalt
- Optimierung des Zeitmanagement
- Förderung des Vertrauens und Übernahme von Verantwortung
- Auseinandersetzung mit herausfordernden Situationen und risikohaftem Verhalten, verbunden mit eigenen Grenzerfahrungen
- Stärkung der Selbstverantwortung bei der Planung und Durchführung von Projekten
- Hierarchiefreies Arbeiten bei Betreuung durch einen Coach.

Formen des Outdoor-Trainings

Outdoor-Aktivitäten können Modelle für Grenzüberschreitungen jeglicher Art darstellen. Das Angebot von Outdoor-Trainings reicht von Hochseilgärten über Problemlöseaufgaben in der freien Natur (z. B. Überquerung eines Sees in einem von der Gruppe zu bauenden Floß) bis hin zu längeren Touren abseits der Zivilisation. Im Training werden gewohnte, beherrschte Situationen verlassen, was in der Regel für die Teilnehmer mit Stress verbunden ist.

Kennzeichen des Outdoor- Trainings

Die verschiedenen Outdoor-Angebote weisen folgende Gemeinsamkeiten auf:

- Sie finden unter freiem Himmel statt, d. h. die Natur wird zum Lernfeld;
- sie erfordern eine hohe physische Handlungskompetenz;
- sie verdeutlichen, dass Fehler (z. B. Kommunikationsprobleme im Team) unmittelbar erfahrbare Konsequenzen nach sich ziehen;
- sie konfrontieren die Teilnehmer mit Herausforderungen und Grenzerfahrungen;
- sie kombinieren Elemente aus klassischen Natursportarten (z. B. Bergwandern, Klettern, Kanu fahren oder Rafting) mit Vertrauensübungen und Problemlöseaufgaben.

Formen des Outdoor-Trainings

Die Outdoor-Angebote sind inzwischen sehr vielfältig, und Übungen können auch in überdachten Hallen durchgeführt werden, sodass die Übergänge zwischen Indoor- und Outdoor-Training fließend sind.

Hochseilgärten sind in zahlreichen Schulungszentren bzw. in der Nähe von Tagungshotels zu finden. Der Hochseilgarten ist ein Parcours mit statischen Seilen, Balken und Netzen, die in mehreren Metern Höhe zwischen den Bäumen gespannt sind. Die Teilnehmer bewegen sich an Seilen gesichert durch den Parcours. Zum Standardangebot zählen das Besteigen eines mit Haltegriffen versehenen Baumstamms und der „Fall" von einer in relativ großer Höhe befestigten schmalen Plattform in die Sicherungsseile, die von den Teilnehmern gehalten werden.

Hochseilgärten sind leicht erreichbar und die Durchführung von Angeboten ist planbar und standardisierbar. Übungen können variiert oder wiederholt durchgeführt werden, sodass Lernfortschritte im Team sofort erkennbar sind.

Das Training im Hochseilgarten wirkt sich nur begrenzt auf die Teamentwicklung aus, da in der Regel zumeist ein bis zwei Personen gleichzeitig agieren können. Darüber hinaus ist zu bedenken, dass das hohe Maß an Sicherheitslogistik die aktive Übungszeit im Hochseilgarten einschränkt und auch der Transfer der Erfahrungen in die betriebliche Praxis nicht nachgewiesen ist (vgl. Ameln & Kramer 2007). Das Bewältigen von Mutproben in mehreren Metern Höhe muss nicht unbedingt zur Verbesserung der Teamfähigkeit oder des Führungsverhaltens beitragen. Es wird lediglich sichtbar, wie Menschen mit Herausforderungen umgehen. So unterstützen Hochseilgärten eher die Persönlichkeitsentwicklung als die erwartete Teamentwicklung. Der Erfolg bei den verschiedenen Übungen ist in Hochseilgärten vor allem von den physischen Voraussetzungen der Teilnehmer wie Geschicklichkeit und Bewegungskoordination abhängig. Teambezogene Kompetenzen stehen nicht im Vordergrund. Kritisch ist ein Training im Hochseilgarten auch deshalb zu betrachten, weil

Hochseilgärten

Nachteile des Trainings im Hochseilgarten

die Übungen Angst erzeugen können (auch die Angst, sich vor den Teamkollegen zu blamieren) und dadurch Wahrnehmungsprozesse, Handlungsbereitschaft und der Erwerb neuer Kompetenzen eingeschränkt sein können. Die physische und psychische Stressbelastung darf nicht unterschätzt werden, sodass vorab von den Teilnehmern ein Gesundheitscheck absolviert werden sollte.

Seilgärten Als Alternative zu den Hochseilgärten werden inzwischen niedrige Seilgärten angeboten, sodass die Überwindung von Höhenangst entfällt.

Wildnis-Training Wilderness-Trainings sind die Urform des Outdoor-Trainings. Unter Anleitung eines erfahrenen Trainers begeben sich die Teilnehmer in die unberührte Natur, beispielsweise ins Hochgebirge oder in abgelegene Gegenden fernab der Zivilisation. Die Aktivitäten umfassen häufig Biwakbau, Lagerbau, Feuer machen, Kräuterkunde, Bogenbau, Spurenlesen etc., meist eingebunden in eine GPS-Wanderung. Dabei geht es darum, einen durch GPS-Koordinaten definierten Punkt eigenständig zu erreichen. Die Aktivitäten der Gruppe werden zwar von einem Coach begleitet, die Entscheidungen treffen die Mitglieder jedoch ohne Unterstützung des Trainers. Nur wenn ernsthafte Gefahren drohen, greift der Trainer ein.

Das Ziel solcher Orientierungstouren besteht darin, dass die Teilnehmer die Konsequenzen von Fehlentscheidungen oder Konflikten unmittelbar und hautnah erfahren. Die komplexe Ausgangssituation setzt beim Wildnis-Training ein hohes Maß an Verantwortungsgefühl, vorausschauendem Denken und Handlungskompetenz der Teilnehmer voraus. Die Lernsituation ist sehr authentisch, weil die Teilnehmer mit der Überwindung von realen Problemen beschäftigt sind. Wildnis-Trainings können daher in der Gruppe die Kohäsion intensivieren. Die Übungen verbinden spektakuläre Naturerlebnisse mit sozialem Lernen im Team. Wenn das Training mit sportlichen Herausforderungen gekoppelt ist (Kletterpassagen, Abseilübungen, Segeln, Rafting), sind ähnliche Nachteile zu bedenken, wie oben beim Hochseilgarten beschrieben. Nachteilig kann sich beim Wildnis-Training ebenfalls auswirken, dass erforderliche Reflexionsphasen nicht immer zeitnah erfolgen können und einige Teilnehmer mit der Aufgabenstellung überfordert sind.

Ablauf des Outdoor-Trainings

In der Anfangsphase von Outdoor-Übungen entsteht eine hohe Anspannung, die dann, wenn die Übung abgeschlossen und die Herausforderung bewältigt wurde, in Freude und ein positives Selbstwertgefühl umschlägt. Der Bezug zum beruflichen Alltag ist offensichtlich. Personen, die Verantwortung übernehmen, werden im Alltag häufig mit Grenzüberschreitungen konfrontiert. Nach einem Outdoor-Training können die Mitarbeiter selbstbewusster mit solchen Situationen umgehen.

Ähnlich wie das Indoor-Training verläuft das Outdoor-Training in verschiedenen Phasen (vgl. Sonntag & Stegmaier 2001):

- Analyse des Ist-Zustands der eigenen Teamarbeit im Hinblick auf hemmende und fördernde Bedingungen; Erarbeitung von Spielregeln, die von der Gruppe für die eigene Teamarbeit festgelegt werden (diese Phase des Trainings erfolgt im Seminarraum).
- Durchführung der Übungen und Aufgaben im Freien; unmittelbares Erfahrbarmachen von unterschiedlichen Verhaltensweisen.
- Auswertung der Gruppenprozesse (sowohl während der Durchführung im Freien als auch am Trainingsende im Seminarraum).

Phasen des Outdoor-Trainings

Je nach Zielsetzung können im Rahmen des Outdoor-Trainings bestimmte Übungen durchgeführt werden (Buchner & Homma 1996), diese Übungen werden im Folgenden ausführlich beschrieben.

Ziel	Übungsbeispiele:
Teamintegration	Kletterwand, Vertrauensgang, Floßbau
Teamstrukturen	Kletterwand, Spinnennetz,
Zielfindungs- und Problemlösungsprozess	Floßbau
Strategie- und Umsetzungsprozess	Kletterwand, Floßbau
Qualitätssicherung	Kletterwand, Spinnennetz, Vertrauensgang, Floßbau
Motivation	Pfahl
Selbstbewusstsein	Pfahl , Hochseil

Abb. 63: Ziele und Übungen zum Outdoor-Training

Um den Erfolg von Outdoor-Training im Hinblick auf die Übertragung der Erfahrungen in den Arbeitsalltag zu sichern, sollten bei der Konzeption des Trainings drei Grundprinzipien beachtet werden:

Grundprinzipien des Outdoor-Trainings

Konkretes Arbeiten: Die ausgewählten Übungen sind auf die Ziele des Trägers, der Abteilung beziehungsweise des Teams auszurichten. So könnten die Trainingseinheiten zur Verbesserung von Arbeitsabläufen, zur Optimierung von Teams, zur Etablierung einer neuen Führungskultur ausgewählt werden.

Exemplarische Arbeit: Mit Hilfe des Outdoor-Trainings können Strategien zur Verbesserung von Arbeitsabläufen, zur Optimierung von Teams etc. exemplarisch auf eine Handlungsebene übertragen werden, indem mit Bildern, Metaphern und Symbolen gearbeitet wird, die kreative Potenziale aktivieren.

Situative Arbeit: Der Leiter des Outdoor-Training unterstützt die Teammitglieder kontinuierlich im Veränderungsprozess. Die aktuelle Outdoor-Situation und ihre Bedeutung für den betrieblichen Alltag werden rückgekoppelt und aus verschiedenen Perspektiven analysiert. Die Erfahrungen aus dem Outdoor-Training führen zudem zu persönlichen Veränderungen.

Wirksamkeit von Outdoor-Training

Die Wirksamkeit von Outdoor-Training ist nicht eindeutig belegt. Für ein Outdoor-Training spricht die Konfrontation der Teilnehmer mit realen Problemsituationen. Von den Teilnehmern werden Handlungskompetenzen und Fähigkeiten eingefordert, die auch in komplexen Organisationsumwelten benötigt werden. Mangelhafte Absprachen, fehlende Kompetenzen und schwach ausgebildeter Teamgeist werden im Outdoor-Training unmittelbar und sofort sichtbar. Dies unterscheidet das Outdoor-Training von den üblichen Bedingungen in einem klassischen Seminar. Einige Studien belegen, dass sich nach dem Outdoor-Training das Selbstkonzept der Teilnehmer verbessert und deren Ängstlichkeit zurückgeht. Im Hinblick auf die Gruppe werden positive Auswirkungen auf die Teameffektivität und die individuelle Problemlösekompetenz nachgewiesen. Ob jedoch ein nachhaltiger Transfer auf den betrieblichen Alltag erfolgt, wird von vielen Autoren infrage gestellt.

Beispiele für das Outdoor-Training
Spinnennetz

Ziel: Förderung des kooperativen Verhaltens

Ablauf: Die Gruppe wird in mehrere Teams mit jeweils einem Trainer unterteilt. Zwischen zwei Bäumen wird ein Spinnennetz aus Seilen gespannt. Die Teilnehmer haben die Aufgabe, durch die Löcher im Netz von einer Seite auf die andere Seite zu gelangen, ohne die Netzfäden zu berühren. Wird das Netz berührt, dann müssen der Teilnehmer sowie ein weiterer Teilnehmer zur Ausgangsposition zurück. Die Löcher weisen unterschiedliche Größen auf, sodass eine Strategie zum planvollen Handeln erforderlich ist. Jede Öffnung darf nur ein Mal benutzt werden. Die unteren Öffnungen lassen sich noch ohne Probleme bewältigen. Bei den oberen Öffnungen ist die gegenseitige Hilfe der Teilnehmer erforderlich, da die Teilnehmer durch das Netz gehoben werden müssen. Die Gruppe muss darauf achten, dass keine Helfer zurückbleiben, weil die unteren Öffnungen bereits genutzt wurden und diese Helfer nicht eigenständig durch die oberen Öffnungen gelangen können.

Dauer: Der Zeitbedarf liegt bei ca. einer Stunde

Förderung des kooperativen Verhaltens

Floßbau

Ziel: Verbesserung der Zusammenarbeit; Steigerung des Qualitätsbewusstseins, der Kooperation und der Strategieplanung

Ablauf: Die Teilnehmer sollen ein Floß planen und bauen, mit dem eine vorgegebene Strecke auf einem See oder einem Fluss zurückgelegt werden muss. Das Team sollte beim Bau des Floßes auf die Qualität der Arbeit achten. Die Baumaterialien (Fässer, Holzbalken und -bretter sowie Seile etc.) sind nur in begrenztem Umfang vorhanden, sodass beim Bau des Floßes Kreativität gefordert ist. Der Trainer weist das Team zu Beginn der Übung in die wichtigsten Knotentechniken ein und überprüft vor der Floßfahrt die Fahrtüchtigkeit des Floßes.

Dauer: mindestens zwei Stunden

Pfahl

Die Überwindung der natürlichen Höhenangst stellt für jeden Teilnehmer eine besondere Herausforderung dar. Diese Übung thematisiert den Umgang mit persönlichen Ängsten. Die Teammitglieder geben zum einen Unterstützung, das entwickelt das Vertrauen untereinander, und lernen zum anderen, mit Ängsten der anderen Gruppenmitglieder umzugehen.

Ziel: Herausforderungen annehmen, Vertrauen in die Gruppe stärken

Ablauf: Die Teilnehmer haben die Aufgabe, zunächst über eine Leiter und dann einen Pfahl oder abgesägten Baum bis zu einer von ihnen akzeptierten Höhe zu steigen. Anschließend werden sie abgeseilt. Wer sich körperlich fit und geistig dazu in der Lage fühlt, kann sich auf eine kleine hölzerne Plattform auf der Spitze des Pfahles stellen und herunterspringen. Die anderen Teilnehmer, die für die Sicherung verantwortlich sind, geben Unterstützung und Ermutigung.

Dauer: ca. eine Stunde

Teamlauf

Der Teamlauf ist eine relativ einfache Outdoor-Übung mit einem geringen Verletzungsrisiko. Im Mittelpunkt steht eine Wettbewerbssituation.

Ziel: Förderung der Teamintegration, Abstimmung von Teammitgliedern aufeinander, Unterordnung unter Teamregeln

Ablauf: Auf einer großen Wiese treten zwei Teams gegeneinander an. Die Mitglieder der Teams gehen jeweils paarweise zusammen und ihnen werden die Beine unterhalb des Knies zusammengebunden. Die Laufstrecke wird genau definiert und markiert. Mit Hilfe einer Stoppuhr werden die benötigten Zeiten erfasst und addiert. Vor Beginn die Teilnehmer darauf hinweisen, dass neben der Geschwindigkeit auch die Sicherheit beim Teamlauf bewertet wird.

Dauer: ca. eine Stunde

Förderung der Teamintegration

Vertrauensgang

Diese Übung kann überall recht problemlos durchgeführt werden. Der Schwierigkeitsgrad der Übung ergibt sich aus der Topographie des Geländes.

Ziel: Stärkung des Vertrauens, Wahrnehmung von Führungsaufgaben, Verbesserung des Einfühlungsvermögens

Ablauf: Das Team wird in Paare aufgeteilt. Die Gruppenmitglieder entscheiden selbst, mit wem sie zusammenarbeiten möchten. Es wird eine Start- und Zielposition festgelegt. Um den Schwierigkeitsgrad zu erhöhen, können Hindernisse eingebaut werden. Die Paare können den Weg miteinander absprechen und ggf. die Route inspizieren. Danach werden einem Teammitglied die Augen verbunden und das andere Teammitglied hat die Aufgabe, die Person sicher zum Ziel zu führen. Nach dem ersten Durchgang tauschten die Teilnehmer die Augenbinden mit ihrem Partner und legen die Strecke auf einer neuen Route zurück. Eine Reflexion der Erfahrungen kann sowohl zur Halbzeit als auch nach dem Ablauf der Übung durchgeführt werden.

Dauer: ca. eine Stunde

Förderung des Vertrauens und der Teamintegration

Kletterwand

Die Kletterwand zählt zu den Standardangeboten im Outdoor-Training. Das Hindernis besteht aus einer vier bis fünf Meter hohen Holzwand mit einer glatten und ebenen Oberfläche.

Förderung der Kommunikation

Ziel: Stärkung der Disziplin und des Qualitätsbewusstseins, Verbesserung der Kommunikation, Übernahme von Verantwortung

Ablauf: Die Teilnehmer haben die Aufgabe, die Holzwand ohne Hilfsmittel zu überwinden. Sie müssen sich dabei gegenseitig absichern, da es keine Sicherungsseile gibt und die Teilnehmer lediglich Sturzhelme und Sicherheitswesten tragen. Da mehrere Personen zur Absicherung erforderlich sind, eignet sich diese Übung sehr gut für größere Teams. Die Trainer schreiten nur dann ein, wenn Sicherheitsvorkehrungen fahrlässig missachtet werden. Es sind intensive Absprachen erforderlich, um zu einer Strategie zu gelangen, damit alle Teilnehmer die Holzwand unter Beachtung von Sicherheitsaspekten überwinden können.

Dauer: Abhängig von der Gruppengröße mehrere Stunden

Auf den Punkt gebracht

Ein **Teamentwicklungstraining** wird zur Optimierung und Motivationssteigerung sowie der Beseitigung von Störungen im Team durchgeführt. Es kann sich auf neu zusammengestellte Teams und auf bereits bestehende Gruppen beziehen.

Der **Erfolg des Trainings** ist von der Einstellung der Teammitglieder zum Training und von der Unterstützung durch die Vorgesetzten abhängig. Am Anfang des Trainings steht die Kontaktaufnahme mit dem Auftraggeber und Zielvereinbarungen mit den Teammitgliedern. Ausgehend von einer umfassenden Analyse des IST-Zustandes (Auswertung von Dokumenten, Beobachtungen, Befragungen), erfolgt das gezielte Teamentwicklungstraining. Am Ende steht die Überprüfung des Trainingserfolgs.

Mit Hilfe der **themenzentrierten Interaktion** (TZI) kann das Teamentwicklungstraining analysiert und reflektiert werden. Die Wirkungen des Trainings verdeutlicht auch das **Johari-Fenster**, das auf der Basis von Feedback-Prozessen und Selbstöffnung Veränderungen in der Offenheit der Teammitglieder untereinander aufzeigt.

Die Durchführung des Trainings kann sowohl innerhalb der Institution (**Indoor-Training**) als auch im Freien (**Outdoor-Training**) erfolgen. Indoor-Training kann sich sowohl auf gruppendynamische Aspekte als auch auf das Training spezifischer Kompetenzen beziehen.

Das Outdoor-Training (z. B. Hochseilgärten, Wilderness-Training) hat an Bedeutung gewonnen, da in neuen Situationen grundlegende Gruppenerfahrungen gesammelt werden können. Allerdings ist der mögliche Transfer dieser Erfahrungen in den Teamalltag nicht gesichert.

Konflikte in der Teamarbeit

Definition von Konflikten

Unter Konflikten (lat confligere = kämpfen, zusammentreffen) wird das Aufeinanderprallen von scheinbar miteinander nicht vereinbaren Zielen, Wertvorstellungen und Handlungen verstanden, wobei eine Konfliktpartei versucht, ihre Position gegen die andere Seite durchzusetzen. Der Konflikt führt zu Spannungen, Blockaden, Bedrohungen und emotionalen Belastungen.

Im Alltag treten verschiedenen Formen von spannungsbezogenen Kommunikationsmustern zwischen Teammitgliedern auf, die noch nicht als Konflikt bezeichnet werden können, sich aber zum Konflikt entwickeln können. Jirtanek & Edmüller (2003) systematisieren diese Verhaltensweisen wie folgt:

	Emotionale Beteiligung	Gefahr der Eskalation	Soziale Auswirkungen	Besonderheiten	Handlungsbedarf
Kabbelei, Frotzelei, Stichelei	gering	gegeben	minimal	humorvoll verpackt, meist ernster Hintergrund	vorbeugende Maßnahmen sinnvoll
Meinungsverschiedenheit	abhängig von Beteiligten und Thematik; Reaktionen von positiv-hitzig bis negativ-aggressiv	kaum gegeben; gibt sich wieder	abhängig vom Kommunikationsgeschick der beteiligten Gesprächspartner	wichtig: Trennung von inhaltlicher und persönlicher Ebene	sinnvoll; Ziel: Verbesserung der kommunikativen Kompetenzen
argumentative Auseinandersetzung		kaum gegeben; Lösung möglich		inhaltliche Lösung in der Regel möglich	kaum erforderlich; Argumentationstraining möglich
Streit	meist hitzig – aggressiv	gering; von kurzer Dauer	in der Situation zunächst negativ und bedrohlich	Streit kann reinigend wirken; Gefahr der Kurzschlusshandlungen	vorbeugende Maßnahmen erforderlich
Territorial- / Verteilungskonflikte	meist starke emotionale Beteiligung	Gefahr des persönlichen Konflikts	deutliche Beziehungsverschlechterung	findet häufig verdeckt statt	Eingreifen erforderlich
persönlicher Konflikt	sehr hohe emotionale Beteiligung	Verschlimmerung	sehr negative Wirkung	geringer Glaube an eine Lösung	Konfliktbearbeitung dringend erforderlich

Abb. 64: Systematik menschlicher Spannungen (Quelle: Jiranek & Edmüller 2003, S. 21)

Konflikte gehören zum beruflichen Alltag dazu (vgl. Höher & Höher 2002). Studien weisen darauf hin, dass Führungskräfte im Durchschnitt 20 % ihrer Arbeitszeit mit der Bearbeitung von Konflikten verbringen.

Auf Teamprobleme weisen folgende Symptome hin (vgl. Buchner 1994, Block 2000):

Hinweise auf Teamkonflikte

- schwankende oder abfallende Leistungskurve
- fehlende Synergieeffekte, Gruppenleistung liegt unter den Einzelleistungen
- Gruppenmitglieder bringen sich zu wenig bzw. nur sporadisch ein
- Signale von Desinteresse an der Teamarbeit
- fruchtlose Diskussionen ohne Entscheidungen
- gestörter Informationsfluss im Team
- Wahrnehmungsverzerrungen
- Team kommt nicht weiter, es dreht sich im Kreis
- Abweichungen von der Zielvorgabe, häufige Korrekturen in der Zielausrichtung
- ansteigender Krankenstand
- Bildung von Untergruppen bzw. Koalitionen zwischen Teammitgliedern
- Dominanz einzelner Teammitglieder bzw. der Teamleitung
- leistungsschwache und inkompetente Teammitglieder bestimmen Leistungs- und Verhaltensnormen
- Unterdrückung von Konflikten, die latent weiterwirken
- überzogenes Wir-Gefühl mit Unterdrückung jeglicher Initiative zur Individualität
- Selbstprofilierung zulasten des Gruppenzusammenhalts
- fehlende Disziplin (z. B. Nichteinhalten von Vereinbarungen)
- geringe Toleranz bei Fehlverhalten
- respektloser Umgang mit abwesenden Teammitgliedern
- zunehmende Schuldzuweisungen und Rechtfertigungen
- Routine bzw. zu standardisierte Handlungsabläufe
- mangelnde Kommunikation mit anderen Teams

7.1 Konfliktformen

Konflikte können auf den unterschiedlichsten Ebenen auftreten: innerhalb des Individuums oder im Team; Konflikte können aber auch die Organisation, also die Einrichtung umfassen oder gar das gesamte Umfeld. Zwischen den verschiedenen Ebenen bestehen gerade in den Grenzbereichen zahlreiche Wechselwirkungen: So beeinflussen innere Konflikte und Verarbeitungsstrategien des Einzelnen den Umgang mit Konflikten im Team. Zum anderen wirkt sich die Organisation auf Teamkonflikte aus, z. B. wenn Teamstrukturen und -zusammensetzungen verändert oder Kürzungen von Ressourcen vorgenommen werden. Im Folgenden stehen die Konflikte auf der Teamebene im Mittelpunkt.

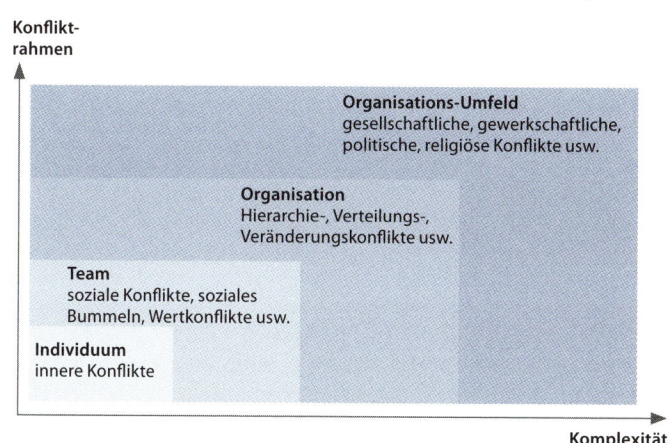

Abb. 64: Konfliktdimensionen (Quelle: Beck & Schwarz 1995, S. 45)

Die verschiedenen Konfliktformen lassen sich den heißen und kalten Konflikten zuordnen. **Heiße Konflikte** führen erkennbar zu Konfrontationen. Es handelt sich um sogenannte Annährungskonflikte, da jede Konfliktpartei versucht, der anderen Seite die eigenen Vorstellungen aktiv aufzuzwingen (Beck & Schwarz 1995). Die Atmosphäre ist angeheizt und von Überempfindlichkeit und Überreaktionen gekennzeichnet. Die eigene Position soll mit allem Nachdruck durchgesetzt werden. Die **kalten Konflikte** sind geprägt von Vermeidungsverhalten (Beck & Schwarz 1995). Die Konfliktparteien gehen der offenen Auseinandersetzung aus dem Weg und flüchten in Destruktivität, Zynismus oder Isolation. Intrigen werden gespon-

Heiße und kalte Konflikte

nen, Eifersüchteleien und Feindseligkeiten treten verstärkt auf und Gerüchte werden gestreut. Die Konfliktparteien sehen keine Lösungsmöglichkeiten und suchen auch nicht danach. Die kommunikativen Beziehungen zwischen den Beteiligten verschlechtern sich, sodass beispielsweise Missverständnisse und Fehlentscheidungen zunehmen. Häufig ziehen sich die Beteiligten auf bürokratisches Handeln, Dienst nach Vorschrift zurück. Die Motivation und die Leistungsfähigkeit der Beteiligten lassen deutlich nach.

7.1.1 Soziale Konflikte

Definition
soziale Konflikte

Von besonderer Bedeutung in der Teamarbeit sind die sozialen Konflikte. Ein sozialer Konflikt liegt vor (vgl. Mahlmann 2000), wenn,

- mindestens zwei Parteien (Einzelpersonen oder Teams) in Verbindung stehen;
- die Beteiligten von einer wechselseitigen Abhängigkeit ausgehen;
- zumindest eine Partei Unvereinbarkeiten in der Wahrnehmung, im Bewerten, im Fühlen oder Handeln erkennt;
- die Verwirklichung eigener Vorstellungen durch die anderen Parteien beeinträchtigt wird.

Soziale Konflikte können folgende Formen annehmen:

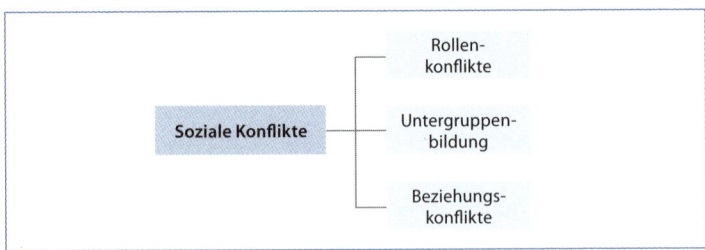

Abb. 65: Soziale Konfliktformen

Bildung von Untergruppen

Das Entstehen von Untergruppen innerhalb des Teams ist ein normaler Vorgang im Verlauf der Teamentwicklung. Auf der Basis von Sympathie, Ausbildung, Arbeitsstil, Herkunft, kulturellem Hintergrund, gemeinsamen Vorerfahrungen in anderen Teams intensiviert sich der Kontakt zwischen einzelnen Gruppenmitgliedern und es entwickeln sich Cliquen im Team. Untergruppen innerhalb des Teams können die Teamentwicklung erheblich beeinträchtigen und ggf. eine Spaltung des Teams vor allem dann herbeiführen, wenn sich Untergruppen als Reaktion auf nicht gelöste, latente Konflikte bilden.

Für die drohende Spaltung des Teams in Untergruppen gibt es einige Warnsignale (Poggendorf & Spieler 2003). Die Clique...

Hinweise auf drohende Spaltung des Teams

- hält sich nicht an Regeln (z. B. Zuspätkommen) und stellt die Souveränität der Teamleitung infrage,
- stellt eigene Regeln auf bzw. unterstützt sich gegenseitig bei der Durchsetzung von Forderungen,
- emotionalisiert die Diskussion von Sachthemen,
- sondert sich von der Gesamtgruppe ab und bleibt unter sich,
- ist für neue Ideen nicht mehr offen und beharrt auf bestehende Regelungen und Vorgehensweisen,
- mobbt einzelne Gruppenmitglieder.

Um das Konfliktpotenzial, das von Cliquen im Team ausgeht, zu vermindern, sollte die Teamleitung darauf achten, dass Aktivitäten initiiert werden, in denen alle Gruppenmitglieder eingebunden sind. Darüber hinaus sollte sie darauf achten, dass die Teammitglieder in wechselnder Zusammensetzung arbeiten, was möglicherweise durch eine entsprechende Dienstplangestaltung erreicht werden kann. In Teamsitzungen sollte der Konflikt thematisiert werden. Dabei können die Grundsätze der Zusammenarbeit diskutiert sowie die gemeinsame Zielerreichung herausgearbeitet werden. Es muss deutlich werden, dass spezielle Bedürfnisse der Untergruppen den Interessen des Teams unterzuordnen sind. Gemeinsame Vereinbarungen über die Zusammenarbeit erhöhen die Verbindlichkeit von Regelungen.

Rollenkonflikte

Wenn eine Person unterschiedliche Rollen wahrnimmt, die von der sozialen Umwelt mit bisweilen widersprechenden Erwartungen verknüpft werden, bleiben Rollenkonflikte nicht aus. Es kann dabei zwischen dem Rollendruck und dem Rollenkonflikt unterschieden werden. Der Rollendruck weist auf die Spannung hin, die mit der Übernahme und/oder der Ausführung einer Rolle empfunden wird. Wenn die Erwartungen bzw. Normen, die an den Rolleninhaber gerichtet werden, so gegensätzlich sind, dass er sie nicht in Einklang bringen kann, spricht man von einem Rollenkonflikt. Drei Konfliktformen sind unterscheidbar:

Rollendruck

Beim *Inter-Rollenkonflikt* (inter = zwischen) nimmt eine Person zwei oder mehrere unterschiedliche Rollen wahr, die jedoch nicht in Einklang zu bringen sind. Ein *Intra-Rollenkonflikt* (intra = innerhalb) besteht, wenn an den Rolleninhaber unterschiedliche Normen und Erwartungen gerichtet werden, sodass sich die Rollenerwartungen widersprechen. Der *Person-Rolle-Konflikt* kennzeichnet eine Unterform des Intra-Rollenkonflikts. Die Diskrepanz zwischen den objektiven und subjektiven Aspekten schlägt sich im Person-Rolle-Konflikt nieder. Es besteht ein Widerspruch zwischen den Rollenerwartungen der sozialen Umwelt und den persönlichen Einstellungen bzw. Bedürfnissen des Rollenträgers.

Inter- und Intra-rollenkonflikt

Folgende Möglichkeiten bestehen, Rollenkonflikte zu bewältigen:

Bewältigung von Rollenkonflikten

- **Rollenaufgabe:** Sind verschiedene Rollen nicht vereinbar, so können unvereinbare Rollen abgegeben werden.
- **Rollendistanz:** Die subjektive Interpretation der Rolle setzt eine kritische Auseinandersetzung mit den Rollenerwartungen der sozialen Umwelt voraus. Um die eigene Identität zu wahren, ist es wichtig, eine Auslegung der Rolle zu finden, die der eigenen Persönlichkeit entspricht. Dieses Rollenverständnis ist der sozialen Umwelt zu verdeutlichen.
- **Rollenneudefinition:** Mit dem Wandel in der Gesellschaft und der Entwicklung von Gruppen gehen auch Veränderungen im Rollenverständnis einher. So unterscheidet

sich die Frauenrolle in unserem Verständnis deutlich von der traditionellen Frauenrolle, wie sie vor 50 Jahren gesehen wurde. In einer Übergangsphase stehen sich die unterschiedlichen Rollenauslegungen unvereinbar gegenüber: Es ist die Aufgabe des Rolleninhabers, bei der Rollenneudefinition mitzuwirken.

- **Rollenkompromiss:** Bei Rollen, die wenig festgelegt sind, kann der Rolleninhaber die unterschiedlichen Rollen so auslegen, dass sie weitgehend vereinbar sind. In der Wahrnehmung der verschiedenen Rollen müssen Zugeständnisse gemacht werden.
- **Zeitliche Trennung:** Die verschiedenen Rollen werden, soweit dies möglich ist, zeitlich und räumlich voneinander getrennt.
- **Äußerliche Erfüllung mit innerem Protest:** Können Rollen, die man nicht wahrnehmen will, nicht aufgegeben werden (z. B. Zwangsrollen wie Kind-, Geschlechts- oder Altersrolle), so findet man häufig die äußere, formale Wahrnehmung der Rolle bei innerlicher Ablehnung. Die Rolle wird ohne innere Überzeugung und Beteiligung nur gespielt.

Beziehungskonflikte

Bisweilen beruhen Sachauseinandersetzungen auf persönlichen Beziehungsproblemen, die mehr oder weniger sichtbar zwischen Teammitgliedern bestehen. Sachentscheidungen werden dann zu Machtkämpfen zwischen den Betroffenen.

Beziehungskonflikt

7.1.2 Soziales Bummeln (Social loafing)

Teamarbeit führt nicht automatisch zur Leistungssteigerung, wie zahlreiche Untersuchungen belegen. Das Team gibt auch die Möglichkeit, sich in der Gruppe zu verstecken, andere für sich arbeiten zu lassen, sich zu schonen; man spricht dann vom „Sozialen Bummeln". Es können drei Formen des sozialen Bummelns unterschieden werden:

Das soziale Faulenzen („social loafing") weist darauf hin, dass Mitarbeiter in Gruppen bei additiven Aufgabenstellungen weni-

Soziales Faulenzen

ger leisten, als wenn sie die Aufgabe allein bearbeiten (Ringel-
mann-Effekt). Bei additiven Aufgaben führen alle Gruppenmitglieder die gleiche Handlung aus

Maximilian Ringelmann (1862–1931) führte 1882 ein Tauzieh-
experiment durch, um die Gruppeneffekte zu bestimmen. Zunächst wurde die aufgewandte Kraft jeder einzelnen Versuchsperson beim Tauziehen ermittelt; danach wurde die Leistung
von Gruppen, die gemeinsam am Seil zogen, bestimmt. Die in
der Gruppe aufgewandte Kraft lag deutlich unter der Summe der
Einzelkräfte. Um den Einfluss der Gruppe (z.B. Zurufe, Behin-
derungen…) und die Wirkung von Zuschauern auszuschließen,
wurden in einer Abwandlung des Untersuchungsdesigns von Ingham u. a. (1974) den Versuchspersonen beim Tauziehen die Augen verbunden und mittels Kopfhörer die akustische Wahrnehmung unterdrückt. Der Person wurde mitgeteilt, dass sie an der
ersten Position der Gruppe zieht. In Wirklichkeit zog die Person
allein am Seil. Wenn die Person davon ausging, dass andere hinter ihr ebenfalls am Seil ziehen, lag die aufgewandte Kraft unter
der Leistung, die eine Person allein aufbrachte. Bei acht Personen
brachten die einzelnen Gruppenmitglieder im Durchschnitt nur
noch 49 % ihrer Kraft ein.

Soziales Faulenzen konnte auch bei anderen additiven Aufgabenstellungen empirisch nachgewiesen werden. Bei den Studien
zeigte sich aber auch, dass einige Gruppenmitglieder versuchen,
den drohenden Rückgang der Gruppenleistung durch vermehrte
Anstrengung auszugleichen („social compensation effect").

Eine Leistungsverminderung von Mitarbeitern wird von folgenden Faktoren beeinflusst (vgl. Wegge 2001):
- eigener Leistungsbeitrag zum Teamerfolg ist von anderen
  Personen nicht indentifizierbar
- zunehmende Gruppengröße und dadurch verminderte soziale Kontrolle
- wenig attraktive Ziele bzw. Aufgaben
- als unwichtig eingeschätzte Aufgabenstellungen
- kein klarer Standard zur Bewertung der Gruppenleistung
- Zusammenarbeit mit unbekannten Personen

Ursachen des sozialen Faulenzens

KONFLIKTE IN DER TEAMARBEIT

- eigener Beitrag zum Gruppenergebnis wird als überflüssig betrachtet
- andere Gruppenmitglieder werden als leistungsstärker als die eigene Person eingeschätzt.

Das soziale Faulenzen geht massiv zurück, wenn trotz der Gruppenbedingungen die individuellen Leistungsergebnisse bestimmbar sind und klare Standards zur Bewertung der Gruppenleistung vorliegen.

Das soziale Trittbrettfahren („free riding") als weitere Form des sozialen Bummelns tritt auf, wenn Mitarbeiter den eigenen Leistungsbeitrag bei der Gruppenleistung als ineffektiv oder entbehrlich einschätzen. Die Leistungszurückhaltung stellt eine bewusste strategische Entscheidung des Gruppenmitglieds dar, zur Gruppenleistung nicht beizutragen. Mitarbeiter versuchen am Gruppenerfolg zu partizipieren, ohne etwas zu leisten. Dieser Effekt ist vor allem bei Aufgaben zu beobachten, bei denen die Gruppenleistung stark von der Leistung des kompetentesten Gruppenmitglieds abhängig ist (z. B. Rätsel, einfache Berechnungen, Optimierungsaufgaben). Der Trittbrettfahrer erlebt sich selbst dennoch als loyales Gruppenmitglied, da das Gruppenziel auch ohne seine (überflüssigen) Beiträge erreicht wird (Wegge 2004). Gruppenmitglieder, die ihren Beitrag zur Aufgabenerfüllung als bedeutsamer ansehen und über vermeintlich bessere Fähigkeiten zur Aufgabenerfüllung verfügen, strengen sich bei diesen Aufgabenformen mehr an.

> Soziales Trittbrettfahren

Wird das soziale Trittbrettfahren in der Gruppe verstärkt gezeigt, dann kann als Reaktion der Gimpel- oder Trotteleffekt („sucker effect") beobachtet werden. Das engagierte Gruppenmitglied geht davon aus, dass die anderen Teammitglieder bewusst ihre Beiträge zurückhalten, obwohl sie in der Lage sind, zum Gruppenergebnis beizutragen. Die Person stellt sich deshalb dumm und gibt keine Informationen weiter. Die Verminderung der eigenen Leistung erfolgt, um nicht von den anderen ausgenutzt zu werden.

> Gimpel- oder Trotteleffekt

Der Gimpel- oder Trotteleffekt ist ein bewusster Protest gegenüber dem Fehlverhalten der Gruppenmitglieder und stellt aus der

Sicht der Person, die sich ausgenutzt fühlt, wieder eine subjektive Leistungsgerechtigkeit im Team her, auch wenn das Erreichen des Gruppenziels infrage gestellt ist. Geht die Person jedoch davon aus, dass die geringere Leistung der anderen Gruppenmitglieder auf mangelnde Fähigkeiten zurückzuführen ist, tritt der Effekt nicht ein. Dieser Gimpel- oder Trotteleffekt ist vor allem dann zu beobachten, wenn das Gruppenmitglied nicht aus dem Team entfliehen kann.

7.1.3 Wertkonflikte

Weiterhin können im Team folgende Wertkonfliktformen unterschieden werden (vgl. Mahlmann 2000):

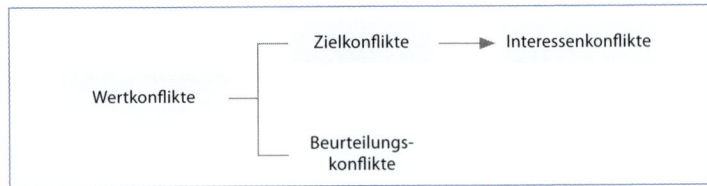

Abb. 67: Wertkonflikte

Ideologische Konflikte zeigen sich in Wertkonflikten, die von unterschiedlichen Wert- und Normvorstellungen ausgelöst werden. Wertekonflikte treten auf, wenn geforderte Handlungen den eigenen ethischen Grundsätzen widersprechen.

Interessenskonflikt

Die Teammitglieder versuchen, unterschiedliche Wünsche und Bedürfnisse durchzusetzen. Während einige Teammitglieder vorschlagen, in der Adventszeit die Kindertagesstätte am Samstagvormittag zu öffnen, um den Eltern den Einkauf zu erleichtern, lehnen andere diesen Vorschlag vehement ab.

Zielkonflikt

Interessenskonflikte gehen in der Regel auf unterschiedliche, unvereinbare Ziele zurück. Der Vorschlag, am Samstag die Einrichtung zu öffnen, basiert auf einer kundenorientierten Einstellung, die auf die Zufriedenheit der Eltern als Kunden abzielt. Die Ablehnung des Vorschlags beruht auf der Befürchtung, dass die Eltern die Einrichtung lediglich als Aufbewahrungsanstalt sehen und ihren Erziehungsauftrag nicht wahrnehmen.

KONFLIKTE IN DER TEAMARBEIT

Zwischen den Teammitgliedern besteht Einigkeit über das Ziel, über die Wege zur Zielerreichung bestehen unterschiedliche Positionen. Die Teammitglieder wollen die Auslastung der Einrichtung bei zurückgehenden Kinderzahlen langfristig sicherstellen. Einige Teammitglieder schlagen vor, mit Hilfe einer Gesamtmarktstrategie möglichst viele Angebotsformen (z.B. Krippe, Kindergarten und Hort) abzudecken, während andere Teammitglieder eine Spezialisierungsstrategie verfolgen, bei der eine bestimmte Kundengruppe gezielt angesprochen wird (z.B. Bewegungskindergarten).

Beurteilungs-konflikt

7.2   Ursachen und Wirkungen von Teamkonkflikten

7.2.1 Konfliktursachen

Probleme in der Teamarbeit können auf unterschiedliche Ursachenbereiche zurückgeführt werden:

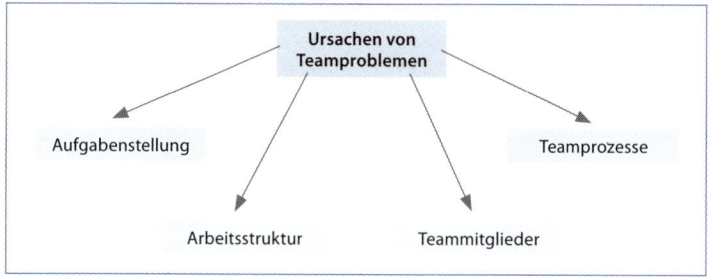

Abb. 68: Ursachenbereiche von Teamproblemen

Teamprobleme können durch die Aufgabenstellung, die nicht dem Leistungsvermögen des Teams entspricht, verursacht werden. Die Aufgaben können zum einen zu komplex sein, sodass die einzelnen Teammitglieder überfordert sind; zum anderen führt eine Unterforderung der Gruppe zu einem nachlassenden Interesse. Die Aufgabe stellt für das Team keine Herausforderung dar und motiviert nicht.

Problemursache Aufgabenstellung

Die Probleme in der Arbeitsstruktur werden beispielsweise in der Durchführung von Besprechungen sichtbar. Das Team arbeitet ziellos. Der Ablauf von Teamsitzungen führt zu Verärgerung. Ein unstrukturiertes Vorgehen mit einem ständigen Springen von einem Thema zum anderen, ohne dass die Themenbereiche abgeschlossen sind, verhindert das systematische Erledigen von Aufgaben und hinterlässt mehr offene Fragen als Lösungen. Auch das Zeitmanagement kann Teamkonflikte hervorrufen: Unbefristete und damit für die Teilnehmer unkalkulierbar lang dauernde Besprechungen lösen Verärgerung aus, die sich in Unmut oder dem Verlassen der Sitzung vor dem offiziellen Ende zeigt. Auch die inhaltliche Gestaltung von Besprechungen kann Auslöser von Problemen in der Teamarbeit sein. Stehen vorwiegend organisatorische Inhalte (z. B. Terminabsprachen) im Vordergrund und bleibt das Meeting beim Formalen stehen, dann lassen Aufmerksamkeit und Kooperationsbereitschaft der Gruppenmitglieder schnell nach.

Problemursache
Zeitmanagement

Die Teammitglieder selbst sind in vielfältiger Weise Auslöser für Teamprobleme. Entspricht die Teamleitung nicht den Anforderungen oder sind die ausgewählten Teammitglieder nicht teamfähig bzw. weisen nicht die erforderlichen Kompetenzen auf, dann sind Auseinandersetzungen unausweichlich. Dies gilt insbesondere dann, wenn Teammitglieder unmotiviert sind und die Disziplin der Teammitglieder mangelhaft ist. Bestehende persönliche Konflikte zwischen den Gruppenmitgliedern können in Teamsitzungen sichtbar werden. Die Besprechungen werden zur Plattform von persönlichen Konflikten, wenn Probleme zwischen Kollegen und Kolleginnen nicht untereinander gelöst werden können. Die emotionalen Auseinandersetzungen führen im Team zu zeitraubenden Diskussionen und spalten mitunter das Team.

Problemursache
Teammitglieder

Unterschiedliche Einstellungen und gegensätzliche Vorstellungen verhindern häufig ein gemeinsames Handeln im beruflichen Alltag und führen zu ergebnislosen Grundsatzdiskussionen, die in Teamsitzungen bisweilen in heftige Kontroversen münden. Qualifikationsunterschiede im Team werden nicht nur im unterschiedlichen theoretischen Wissen, sondern auch in unterschiedlichen Vorgehensweisen, Argumentationsketten, im Reflexionsvermögen oder beim Gebrauch der Fachterminologie deutlich.

Es besteht die Gefahr, dass Teammitglieder aneinander vorbeireden, Missverständnisse entstehen oder das Teammitglied in seiner Sichtweise nicht verstanden wird. Es können Kommunikationshemmungen aufgebaut werden, sodass die Angst, sich zu blamieren oder von anderen angegriffen zu werden, eine aktive Beteiligung in Teamsitzungen verhindert.

Eine heterogene Zusammensetzung des Teams kann sowohl eine Bereicherung (Erweiterung durch verschiedene Perspektiven) als auch Hemmschuh sein, wenn mangelnde Kenntnisse und Wissen das Verstehen des anderen beeinträchtigen. Spezialisten nehmen bisweilen zu wenig Rücksicht auf das Vorwissen und den Kenntnisstand der anderen Gruppenmitglieder und verwenden Fachbegriffe und Abkürzungen (z.B. aus dem EDV-Bereich), die von den anderen Teammitgliedern nicht verstanden werden.

Im Verlauf der Teamentwicklung sind problematische Teamprozesse vor allem in der „Storming"-Phase (siehe Kap. 4.1) zu erwarten. Die Gruppe verfügt in dieser Entwicklungsphase noch nicht über geeignete Methoden, um Konflikte frühzeitig zu erkennen, mit ihnen positiv umzugehen und zu bewältigen. Die Gruppenkohäsion ist zu gering und das Wir-Gefühl ist wenig ausgeprägt. Das Team gelangt nicht zu gemeinsam getragenen Lösungen. Es bestehen Ängste, Entscheidungen zu treffen und deren Konsequenzen zu verantworten.

Teamprozesse können auch durch einen permanenten Zeit-, Leistungs- und Konkurrenzdruck gestört werden. Zudem führt der Gruppendruck zu Teamproblemen. Dies gilt vor allem dann, wenn die Meinung der Andersdenkenden unterdrückt wird und die Harmonie im Team als wichtiger angesehen wird als die konstruktive Auseinandersetzung mit der Position von Minderheiten im Team.

Akute Krisen führen zu einer physischen und psychischen Belastung der Gruppenmitglieder, sodass deren Mitarbeit im Team oder gar ihre Gesundheit darunter leiden. Deshalb ist es wichtig, dass die Teamleitung und die Teammitglieder solche Situationen rechtzeitig erkennen und lösungsorientiert mit den Krisen umgehen.

Problemursache Teamprozesse

7.2.2 Konfliktanalyse

Für die Konfliktbearbeitung ist zunächst einmal eine bewusste Auseinandersetzung mit den verschiedenen Dimensionen des Konfliktes hilfreich (Beck & Schwarz 1995).

Abb. 69: Konfliktanalyse (Quelle: Beck & Schwarz 1995, S. 74)

Konfliktparteien

Die **Konfliktparteien** können einzelne Teammitglieder (innerhalb des Teams, zwischen verschiedenen Teams), Führungskräfte sowie Trägervertreter sein. In der Analyse wird nach Personen, die eine Schlüsselposition einnehmen gesucht und das Verhältnis zwischen den Konfliktparteien abgeklärt.

Konfliktinhalte

Die **Konfliktinhalte** umfassen die sachliche, die emotionale und die Handlungsebene. Die inhaltliche Analyse überprüft den Übereinstimmungsgrad bzw. die Unterschiede in den Positionen, die Bedeutsamkeit der Inhalte für die Konfliktparteien sowie die gegenseitigen Erwartungen der Konfliktparteien.

Konfliktdimension

Die Konfliktdimension beinhaltet die Frage nach der Reichweite des Konflikts. Der Konflikt kann sich auf einzelne Teammitglieder (z. B. Rivalität), das Team insgesamt (z. B. Rollenkonflikte), auf die Organisation (z. B. Rahmenbedingungen)

KONFLIKTE IN DER TEAMARBEIT

sowie das Organisationsumfeld (z. B. tarifliche Regelungen) beziehen.

In welchen Situationen, zu welchen Zeiten, mit welchen Personen und mit welchen Inhalten treten die Konflikte auf?

Häufigkeit

Wie hat sich der Konflikt entwickelt, welche Eskalationsstufen waren zu beobachten? Interessant für die Konfliktbearbeitung sind Aussagen über Auslöser, typische, wiederkehrende Situationen, die Ausdehnung des Konflikts auf andere Personen bzw. weitere Inhalte, Einflüsse, die den Konflikt verschärfen bzw. abklingen lassen.

Konfliktverlauf

Welche Strategien der Konfliktbewältigung wenden die Konfliktparteien bisher an? Welche Rolle spielen die anderen Teammitglieder bzw. die Führungskraft bei der Konfliktbewältigung? Im Hinblick auf zukünftige Vorgehensweisen der Konfliktbearbeitung erfolgt eine Bewertung der bisherigen Lösungsstrategien bezüglich Wirksamkeit und Nachhaltigkeit.

Muster der Konfliktbewältigung

Welche einrichtungsbezogenen Vorgaben sind mögliche Auslöser von Konflikten? Neben strukturellen Aspekten (z. B. Hierarchie), werden beispielsweise die Zielsetzungen, das Selbstverständnis des Trägers, sein Leitbild, der Umgang mit Mitarbeitern, das Betriebsklima, das Machtgefüge, die Transparenz, die zugestandene Partizipation, die Bereitstellung von Ressourcen analysiert.

Organisation als Konfliktursache

Welchen Aufwand und welche Kosten verursachten bisher angewendete Bewältigungsstrategien? Dazu gehören wirtschaftliche Verluste, Krankheitstage/Fehlzeiten, mangelndes Engagement, Fehler bei der Aufgabenerledigung, Zeitaufwand zur Konfliktregelung. In der Analyse wird auch überprüft, wer die Gewinner bzw. die Verlierer bei den bisherigen Lösungen waren und wie zufrieden die Konfliktparteien mit den bisherigen Lösungen sind.

Aufwand bisheriger Konfliktlösungen

Eine Zusammenstellung der Ressourcen zur Konfliktlösung verdeutlicht, welche Verfahren bzw. Strategien von Trägerseite bereitgestellt werden. Es wird hinterfragt, inwieweit diese Verfahren für die konkrete Konfliktsituation geeignet sind. Unterstützungssysteme innerhalb des Trägers aber auch außerhalb sollten

Ressourcen zur Konfliktlösung

in die Erarbeitung von Lösungsstrategien herangezogen werden. So könnte z. B. eine Supervision zur Beseitigung von Teamkonflikten angebracht sein.

7.2.3 Konfliktdynamik

Konflikte beinhalten dynamische, vorwärtstreibende Komponenten. Diese Konfliktenergie verhindert ein koordiniertes Zusammenarbeiten im Team, verengt die Wahrnehmung der Beteiligten, beeinträchtigt das Kommunikationsverhalten und verschlechtert die Arbeitsleistung. In diesem Teufelskreis gewinnt der Konflikt permanent an Bedeutung.

Abb. 70: Konfliktdynamik (Quelle: Berkel 1995)

Bisweilen ist zu beobachten, dass Konflikte mit zunehmender Dauer für die Beteiligten an Bedeutung verlieren. Das Problem wird ausgesessen. Diese Strategie kann beispielsweise dann erfolgreich sein, wenn neue, stärkere Konflikte auftreten. Im Allgemeinen führen Konflikte jedoch zu beständigen Spannungen, die zum einen zu heftigen spontanen Reaktionen in unerwarteten Situationen führen oder zum anderen zu strategischen Vorgehensweisen führen, um den Konfliktgegner gezielt und nachhaltig zu schädigen. Spontane Entladungen zeigen sich beispielsweise, wenn ein Thema personalisiert wird und die andere Konfliktpartei attackiert wird. Strategische Vorgehensweisen, die eskalierend wirken, bestehen z. B. in beabsichtigen Störungen von Abläufen. So wird beispielsweise eine zugesagte Unterstützung bei einer Veranstaltung kurzfristig zurückgenommen.

7.2.3 Auswirkungen von Konflikten im Team

Treten im Team Konflikte auf, so wird dies zunächst als Alarmsignal verstanden, da verschiedene negative Folgen zu erwarten sind:

- Konflikte innerhalb des Teams beeinträchtigen die Entwicklung des Gruppenprozesses in Bezug auf die Entwicklung des Wir-Gefühls. Differenzen werden stärker wahrgenommen als das Verbindende.
- Konflikte verschlechtern das soziale Klima im Team. Misstrauen, Argwohn und Unbehagen machen sich breit.
- Konflikte lösen zahlreiche innerpsychische Prozesse aus und können beispielsweise zu Verzerrungen der Wahrnehmung führen, die sich in Schwarzmalerei oder Unterstellungen niederschlagen.
- Konflikte verhindern bzw. verzögern Innovationsprozesse.
- Konflikte beeinträchtigen die Leistungsfähigkeit der Konfliktbeteiligten; statt zu kooperieren versuchen die Teammitglieder, die Aufgaben alleine zu bearbeiten.
- Konflikte erhöhen den Krankenstand und die Fluktuation im Team.
- Konflikte fördern die Untergruppenbildung und können zur offenen Opposition gegen andere Teammitglieder führen.
- Konflikte können Mobbinghandlungen auslösen.

Bei der Zusammenarbeit unterschiedlicher Personen in mehr oder weniger frei gewählten Gruppen sind Konflikte und damit Spannungen unausweichlich. Konflikte binden Energien, verringern die Leistungsfähigkeit und lösen bei einigen Teammitgliedern Ängste aus. So werden Konflikte im Alltag als unnötige Belastung oder gar als Führungsfehler (vgl. Schwarz 2003) gesehen. Konflikte können als Bedrohung erlebt und verdrängt, aber auch als Chance für Veränderungsprozesse genutzt werden. Es ist von besonderer Bedeutung, wie das Team mit Konflikten umgeht.

Positive Funktionen von Konflikten

Konflikte haben durchaus auch positive Seiten, wie Abbildung 71 verdeutlicht. Zunächst verlangen Konflikte nach Lösungen und führen damit zu Kommunikationsprozessen. Konflikte rütteln wach und machen auf Schwachstellen aufmerksam. Die Bearbeitung von Konflikten regt zudem kreative Prozesse im Team an. Die konstruktive Bearbeitung von Konflikten fördert die Gruppen- bzw. Teamentwicklung. Konflikte dienen der Überprüfung und erneuten Festlegung von Normen, Zielen und Wertvorstellungen. Bewältigte Konflikte festigen die Beziehungen zwischen Gruppenmitgliedern, schaffen klare Verhältnisse und bauen Spannungen ab. Unbewältigte Konflikte stellen den Fortbestand der Gruppe infrage. Die positive Wirkung von Konflikten fasst Berkel (1995) in der nachfolgenden Übersicht zusammen.

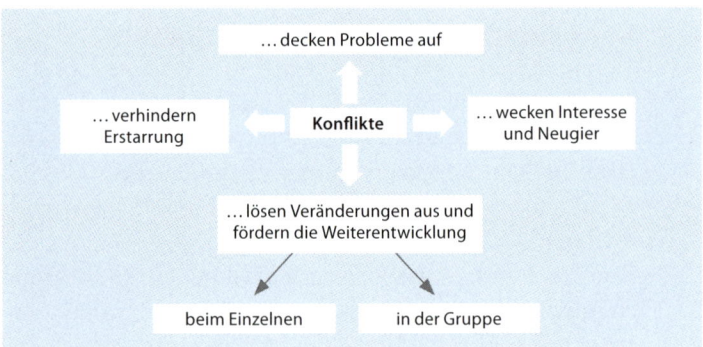

Abb. 71: Positive Funktionen von Konflikten (Quelle: Berkel 1995)

In dieser Sichtweise wird der Konflikt als Chance bewertet. Konflikte sind Ausgangspunkt für die Analyse von Problemen und führen zu notwendigen Veränderungen und damit auch zur Weiterentwicklung des Teams. Deshalb besteht das oberste Ziel nicht in der Bekämpfung von Konflikten, sondern in der Nutzung der positiven Funktionen, die in jedem Konflikt stecken. Die erfolgreiche Konfliktverarbeitung fördert sowohl die Entwicklung der Persönlichkeit des einzelnen Gruppenmitglieds als auch die Weiterentwicklung der Gruppe bzw. des Teams.

Es ist wichtig, Hinweise auf Teamprobleme frühzeitig zu erkennen und rechtzeitig geeignete Maßnahmen zu ergreifen. Spitzenteams nehmen Konflikte bereits im Frühstadium wahr und ergreifen Maßnahmen, um die Konflikte zu thematisieren und gemeinsam zu lösen.

7.3   Hilfen

Die Hilfsmaßnahmen zur Konfliktverminderung beginnen bereits mit vorbeugenden Maßnahmen. Zur Konfliktbearbeitung können Moderationstechniken sowie die Konfliktmediation genutzt werden.

7.3.1 Konfliktprävention

Zur Vermeidung von Konflikten ergeben sich auf allen Konfliktebenen Ansatzpunkte;

Teammitglied: Eine Schulung der Sozialkompetenz erhöht die Sensibilität für Konfliktsituationen und vermittelt persönliche Techniken sowie Strategien zur angemessenen Konfliktbearbeitung.

Teamebene: Eine Ausweitung des individuellen Handlungsspielraums kann Teamkonflikte verringern. Eine Optimierung der Kommunikationsstrukturen mit einer Verbesserung des Informationsflusses erhöht die Transparenz und verhindert Missverständnisse sowie Fehlinterpretationen, die zu Konflikten führen. Verteilungs- und Territorialkonflikte können bei einer Partizipation der Teammitglieder an Entscheidungen reduziert werden.

Organisationsebene: Klare Zielvorgaben und Formulierung von Erwartungen durch den Träger vermindern das Auftreten von Konflikten auf der Organisationsebene. Das Team und die

Teammitglieder benötigen Klarheit in den Aussagen und Widerspruchsfreiheit in den Forderungen. Der Abbau von Hierarchien und Machtstrukturen hat ebenso präventive Wirkung.

7.3.2 Konfliktmoderation

Um zwischen den Kontrahenten zu vermitteln, kann eine Konfliktmoderation hilfreich sein. Dies setzt jedoch voraus, dass beide Konfliktparteien sich auf diesen Prozess einlassen und das Angebot zur Konfliktmoderation annehmen.

Eine Aufgabe der Teamleitung besteht u. a. in der Moderation von Konflikten. Als Moderatorin nimmt die Teamleitung eine neutrale Position ein. Offenheit und Aufgeschlossenheit werden den Interessen und den Argumentationen beider Konfliktparteien entgegengebracht. Aussagen werden nicht bewertet, interpretiert oder infrage gestellt. Die Moderatorin wirkt entpolarisierend und fördert den fairen Umgang zwischen den Betroffenen. Sprachliche Angriffe, Herabsetzungen oder verletzende Aussagen werden von ihr unterbunden.

Aufgaben der Moderatorin

Es geht nicht um die Suche nach Sündenböcken, sondern um die gemeinsame konstruktive Konfliktbearbeitung, die zu einer für alle Seiten zufriedenstellenden Lösung führt. Die Teamleitung muss darauf achten, dass es bei der Konfliktlösung keine Verlierer gibt. Unausgewogene Lösungen sind der Ausgangspunkt für neue Auseinandersetzungen.

Bei der Konfliktbearbeitung sind Emotionen zuzulassen und nicht zu unterdrücken. Die Konfliktbearbeitung muss ganzheitlich alle Dimensionen eines Konflikts berücksichtigen.

Als geeignete Gesprächstechniken bieten sich das aktive Zuhören und die Formulierung von Ich-Botschaften als Feedback an.

Grundbausteine der Verständigung

Die Grundbausteine der Verständigung verdeutlicht Redlich (1996) durch ein auf der Spitze stehendes Quadrat, was darauf hinweist, dass eine Symmetrie zwischen Eröffnung und Abschluss besteht, was durch die Fragestellungen mit (er)öffnendem und (be)schließendem Charakter deutlich wird.

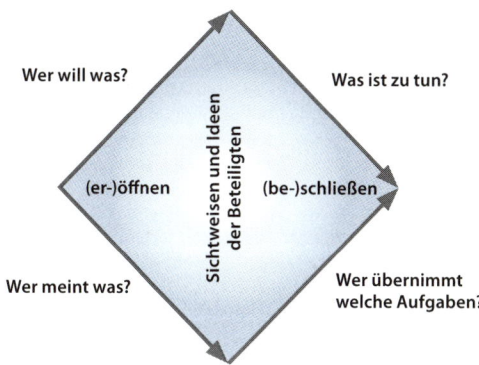

Abb. 72: Grundbausteine der Konfliktbearbeitung (Quelle: Beck & Schwarz 1995, S. 96)

In der (Er-)Öffnungsphase stehen die Sichtweisen der Konfliktparteien im Vordergrund und in der (Be-)Schlussphase werden
die Konfliktlösungen konkretisiert. Die Symmetrie weist darauf
hin, dass beide Phasen in gleicher Weise bedeutsam sind.

Zur wirksamen Problembearbeitung bietet sich folgendes Vorgehen an (vgl. Berg & Schwarz 1995):

Phase	Schritte	Moderationsaufgaben
(Er-) Öffnungs- phase	1. Konfliktthemen und Auswahl	Sammlung und Strukturierung der Konfliktthe-men; gemeinsames Festlegen, welcher Konflikt zunächst bearbeitet wird
	2. Konfliktanalyse	wertungsfreie Problemdarstellung mit Offenle-gung und umfassender Analyse der verschie-denen Sichtweisen, Interessen, Emotionen; Herausarbeiten der Konfliktpunkte, Differenzen sowie Übereinstimmungen; Sicherstellen der Dialogfähigkeit der Konfliktparteien; Abklä-rung, inwieweit Sach- oder Beziehungskonflikte vorliegen
	3. Lösungssuche	gemeinsame Entwicklung von möglichst vie-len, unterschiedlichen Lösungsalternativen (z.B. Brainstorming); Positionen der Konfliktparteien in Bewegung bringen

Phase	Schritte	Moderationsaufgaben
(Be-) Schluss-phase	4. Lösungsbewertung und Entscheidung	Festlegung von Kriterien zur Bewertung von akzeptablen Konfliktlösungen und Analyse der Vorschläge auf der Basis dieser Kriterien; gemeinsame Festlegung der akzeptierten Lösung und nochmalige eindeutige Formulierung der ausgewählten Lösungsalternative
	5. Lösungsumsetzung	Konkretisierung der Maßnahmen zur Realisierung der Lösung; klare Festlegung, wer, was, wann zu tun bzw. zu unterlassen hat
	6. Erfolgskontrolle	Festlegung eines Zeitpunktes, zu dem die Wirksamkeit der Lösung überprüft wird und in welchem Umfang ggf. Korrekturen und Ergänzungen vorgenommen werden

Abb. 73: Vorgehen bei der Konfliktbearbeitung (Quellen: Beck & Schwarz 1995 und Redlich 1996)

Die Moderatorin wird bei der Bewältigung ihrer Aufgabe möglicherweise mit verschiedenen rhetorischen Tricks konfrontiert (vgl. Drescher 2003):

Persönlicher Angriff

An die Stelle der sachlichen Auseinandersetzung treten persönliche Angriffe und Herabsetzungen des Konfliktgegners. Die Moderatorin sollte sich nicht provozieren lassen und muss die Kontrahenten wieder auf die Sachebene zurückführen und sachliche Argumentationen einfordern.

Verdrehungen

Aussagen des Konfliktgegners werden aufgegriffen und sinnentstellend wiedergegeben (z. B. „Die Anforderungen sind sehr hoch." → „Herr Müller ist mit den Aufgaben offenbar überfordert."). Die Moderatorin sollte zunächst den Sachverhalt klären (z. B. „Welche Anforderungen werden gestellt?") und ggf. mit den Konfliktparteien diskutieren.

Übertreibungen

Die Argumentation des Konfliktgegners wird so stark übertrieben, dass die Argumente beispielsweise absurd, lächerlich, unlogisch, unglaubwürdig oder gefährlich erscheinen (z. B. „Wenn hier jeder nur seine Vorstellungen verwirklicht, dann ist das Chaos im Team vorprogrammiert."). Die Moderatorin sollte zweistufig vorgehen (vgl. Drescher 2003): Zunächst sind die Befürchtungen zu konkretisieren (z. B. „Welche chaotischen Zustände erwarten Sie?"), und dann im zweiten Schritt die Befürchtungen zerstreuen, indem das Eintreten von Extremsituationen kritisch hinterfragt wird.

Dem Konfliktgegner werden unlautere Absichten unterstellt und aus den Aussagen ungerechtfertigte Folgerungen abgeleitet. Richten sich die Unterstellungen an die Moderatorin selbst, sind sachliche und wertfreie Reaktionen und Ich-Botschaften angebracht. Beziehen sich die Unterstellungen auf den Konfliktgegner, dann sollten für die Behauptung objektive, sachliche Begründungen eingefordert werden.

Beliebt ist das Ausweichen auf andere Themen oder auf unbedeutende Details in der Argumentation des Konfliktgegners. Dies wird vor allem dann auftreten, wenn die eigenen Argumente ausgehen bzw. die Situation unangenehm wird. Die Moderatorin darf ein Abweichen nicht zulassen und muss auf die zentralen Aspekte des Ausgangsthemas zurückkommen

Zur Verwirrung und Vernebelung von Sachverhalten tragen komplexe Differenzierungen und Problemvermischungen bei. Die Beteiligten verlieren den Überblick, und die Bereitschaft, tiefer in die Materie einzusteigen, schwindet. In dieser Situation kann die Moderatorin durch Strukturierung, Zusammenfassung des Diskussionsstandes, Konzentration auf wesentliche Aspekte dieser Taktik entgegenwirken.

Allgemein gilt es in diesen schwierigen Situationen, dass die Moderatorin ruhig und gelassen bleibt und mit den vorgeschlagenen Entgegnungsmöglichkeiten die Provokationen, den unfairen Umgang und die Stimmungsmache vermeidet. Die Moderatorin muss handlungsfähig bleiben und das Heft des Handelns in der Hand halten, indem sie beispielsweise Kommunikationsabläufe steuert, keine Abweichungen von der Thematik zulässt, sich von anderen nicht das Wort abschneiden lässt und auf Unruhe, Störungen oder Nebengespräche ruhig, freundlich aber mit Nachdruck reagiert.

Unterstellungen

Ausweichen

Verwirrungstaktik

7.3.3 Konfliktmediation

Definition von
Mediation

Die Mediation ist ein Verfahren zur Vermittlung zwischen den Konfliktparteien mit dem Ziel eines Interessensausgleichs und der Versöhnung der Kontrahenten. Die Mediatorin als neutrale Dritte unterstützt auf dem Weg zur Einigung und leistet Klärungshilfe.

Der Mediationsprozess ist nach vorne auf das zukünftige Zusammenleben ausgerichtet. Dazu ist eine kooperative Konfliktbewältigung, die dauerhaft wirkt und einvernehmlich gefunden wird, erforderlich. Die Mediation erfolgt freiwillig und ist vertraulich. Die Konfliktparteien müssen eine Lösung wollen und miteinander respektvoll und tolerant umgehen.

Abhängig vom Konfliktthema erfolgt die Auswahl einer geeigneten Mediatorin durch die Beteiligten. Die Mediatorin muss von allen Konfliktparteien akzeptiert werden.

Kommunikations-
techniken

Folgende Kommunikationstechniken sollte die Mediatorin souverän beherrschen:

- Aktives Zuhören,
- Zusammenfassen und Strukturieren,
- Spiegeln von Kommunikationsprozessen,
- Impulstechnik,
- Formulierung von offenen Fragen.

Die Mediation verläuft in vier Phasen:

Phasen
der Mediation

Phasen	Ziele und Vorgehensweisen
1. Vorphase	Kontaktherstellung, Motivationsabklärung Information zum Mediationsverfahren Zielvereinbarung / Mediationsvertrag
2. Mediations-gespräch	Einleitung Vertrauensbasis aufbauen Erwartungs- und Rollenklärung vornehmen Kommunikationsregeln festlegen Einverständnis einholen Konfliktthema eingrenzen Konfliktdarstellung Darstellung aus der Sicht der Konfliktparteien Ausarbeiten der hinter den Positionen liegenden Interessen Mediatorin unterstützt durch Gesprächstechniken (Zusammenfassen, Visualisierung ...) Konflikterhellung

Phasen	Ziele und Vorgehensweisen
2. Mediations-gespräch	Strukturierung des Konflikts Abgleich der verschiedenen Sichtweisen zu den einzelnen Konflikt-aspekten Herausstellen der Gemeinsamkeiten und Unterschiede Mediatorin unterstützt durch Nachfragen, Spiegeln von Gefühlen (Paraphrase), Zusammenfassen Lösungsfindung Sammlung und Visualisierung von Lösungsvorschlägen auf der Basis der Gemeinsamkeiten Bewertung der Lösungsalternativen durch Konfliktparteien
3. Übereinkunft	schriftliche Fixierung der Lösung Erstellung eines Vertrags, den die Konfliktparteien und die Mediatorin unterzeichnen
4. Umsetzung und Kontrolle	Festlegung des Umsetzungszeitraums Mediatorin als Ansprechpartnerin Korrekturen bzw. Nachverhandlungen möglich

Abb. 74: Mediationsablauf

7.3.4 Weitere Strategien der Konflikthandhabung

Die Deeskalation hat eine Beruhigung im Konfliktverlauf zum Ziel. Die Konfliktursachen werden zunächst bearbeitet. Weiterhin wird eine gezielte Erweiterung der Konfliktwahrnehmung, z. B. durch einen gezielten Perspektivenwechsel, vorgenommen. Konflikte beruhen auf der subjektiven Interpretation von Erfahrungen und der wahrgenommenen Realität. Im Bezugsrahmen einer Person kommt es zu subjektiven Deutungen, zu Fehlinterpretationen, zur selektiven Wahrnehmung und zu Fehleinschätzungen, da nicht alle Informationen von der Person bedacht bzw. angemessen verarbeitet werden. Häufig wird nur das wahrgenommen, was den eigenen Erwartungen entspricht (Filter-Effekt).

Deeskalation von Konflikten

Das Handeln der Teammitglieder wird von persönlichen Motiven, Bedürfnissen, Wünschen, Wertvorstellungen und Ängsten gesteuert, deren Verwirklichung durch mitarbeiter-, team- und organisationsbezogene Rahmenbedingungen begrenzt wird. Im Team treffen unterschiedliche Interessen der Teammitglieder aufeinander. Zum Interessensausgleich bieten sich Kompromiss und der Konsens als Lösungsmöglichkeit an.

Interessens-ausgleich

Kompromiss: Beim Kompromiss müssen beide Seiten Zugeständnisse machen und von ihrer Maximalposition zurückgehen. Sind die Konfliktgegner gleich stark, können auch Schlichter zur Konfliktlösung herangezogen werden. Der langfristige Bestand des Kompromisses ist fraglich. Oft wird eine Konfliktpartei, wenn sie Chancen für das Durchsetzen ihrer Position erkennt, den Konflikt erneut suchen.

Konsens: Ein Konsens, bei dem beide Konfliktparteien eine gemeinsame Lösung konstruktiv herbeiführen, wird als optimale Lösung gesehen. Die Konfliktgegner gehen aufeinander zu und entwickeln eine Lösung, mit der beide zufrieden sein können.

Auf den Punkt gebracht

Konflikte sind im beruflichen Alltag unausweichlich. Die Führungskraft kann an zahlreichen Symptomen entstehende Teamkonflikte bereits in einem frühen Stadium erkennen.

Neben den typischen Teamkonflikten (z. B. soziales Bummeln, Rollenkonflikte) wirken sich auch innere Konflikte der einzelnen Teammitglieder sowie organisatorische Rahmenbedingungen auf Probleme im Team aus.

Soziale Konflikte zeigen sich in der Cliquenbildung sowie in Rollen- und Beziehungskonflikten. Die Bildung von Untergruppen droht das Team zu sprengen, vermindert das Wir-Gefühl und den Zusammenhalt im Team. Die Funktionstüchtigkeit eines Teams ist besonders von der Rollenwahrnehmung der Teammitglieder abhängig. Inter- und Intrarollenkonflikte können auftreten. Die Anwesenheit anderer Personen bei der Leistungserbringung beeinflussen die Leistung der Teammitglieder und können zum **sozialen Bummeln** führen, das sich im sozialen Faulenzen, im sozialen Trittbrettfahren und im Gimpel-/Trottel-Effekt zeigt.

Wertkonflikte kommen im Interessen-, Ziel- und Beurteilungskonflikt zum Ausdruck.

Teamkonflikte können im Wesentlichen auf die Aufgaben / Anforderungen, die Arbeitsstruktur / Rahmenbedingungen, die Teammitglieder sowie die Teamprozesse zurückgeführt werden.

Eine wichtige Voraussetzung für eine wirksame Konfliktbearbeitung ist die **Konfliktanalyse**, die sich mit den Positionen der Konfliktparteien, den Konfliktthemen, der Reichweite, dem Verlauf und den Rahmenbedingungen differenziert auseinandersetzt.

Konflikte werden in der Regel mit **negativen Wirkungen** verbunden, da Konflikte Spannungen auslösen, die Leistungsfähigkeit vermindern und die Entwicklung des Teams im Hinblick auf den Zusammenhalt und das Wir-Gefühl beeinträchtigen. Es wird dabei übersehen, dass Konflikte durchaus **positive Wirkungen** haben können: Sie decken Schwachstellen auf und lösen Veränderungsprozesse aus. Die erfolgreiche Konfliktbearbeitung stärkt zudem die Weiterentwicklung des Teams.

Hilfen zur **Konfliktverminderung** beginnen mit vorbeugenden Maßnahmen. Die Stärkung der sozialen Kompetenzen (z. B. Teamfähigkeit), die Transparenz von Entscheidungen und die Partizipation der Teammitglieder sind wichtige Maßnahmen zur Konfliktprävention.

Die **Konfliktmoderation** hilft, Probleme zu strukturieren und im fairen Umgang miteinander eine gemeinsame Verständigungsbasis aufzubauen. Die **Konfliktmediation** legt den Schwerpunkt auf die Vermittlung zwischen den Konfliktparteien. Mit geeigneten Gesprächstechniken werden Verbindendes und Unterschiede herausgearbeitet und eine gemeinsame Konfliktlösung in Gang gesetzt. Bei der Konfliktverarbeitung kommen deeskalierende Techniken, ein Perspektivenwechsel sowie Maßnahmen des Interessensausgleichs zum Einsatz.

Glossar

Adjourning:
Abschlussphase im Gruppenprozess, in der sich die Gruppe auflöst

Altruismus:
Uneigennützigkeit, Selbstlosigkeit

Autonomie:
Selbstständigkeit, Unabhängigkeit

Autorität:
auf Achtung beruhendes Verhältnis zwischen zwei Personen; Unterscheidung zwischen Amtsautorität, Sach-/Fachautorität und persönlicher Autorität

Blitzlicht:
spontane Stellungnahme von Veranstaltungsteilnehmern, um ein schnelles Meinungsbild zu erhalten

Brainstorming:
Kreativitätsmethode, bei der spontane Einfällt zu einem Thema mündlich gesammelt werden

Brainwriting:
Kreativitätsmethode zur schriftlichen Sammlung von spontanen Einfällen

Coaching:
professionelle Beratung und Unterstützung von Einzelnen oder Gruppen bei der Übernahme von neuen Aufgaben

Commitment:
persönliche Verpflichtung des einzelnen Gruppenmitglieds gegenüber den Handlungen des Teams

Critical incidents:
Verfahren der Arbeitsanalyse, bei der die Befragten aufgefordert werden, aus dem eignen Erlebnisbereich über wichtige problematische Ereignisse zu berichten

Effektivität:
Wirksamkeit, Durchschlagskraft des Handelns hinsichtlich der Verwirklichung langfristiger Ziele

Effizienz:
Verhältnis zwischen dem erreichten Ergebnis und den eingesetzten Ressourcen

Evaluation:
Bewertung bzw. Überprüfung, inwieweit Vorgaben, beabsichtigte Wirkungen und Ziele verwirklicht werden

Fischgrät-Diagramm:
(Ishikawa-Diagramm) systematische Darstellung zur Ursachen- und Wirkungszusammenhängen als Basis für eine anschließende Problembearbeitung

Fluktuation:
Wechsel von Mitarbeitern

Forming:
Anfangsphase im Gruppenprozess, in der sich die Gruppenmitglieder kennenlernen und die Gruppe sich konstituiert

Free-Riding:
(soziales Trittbrettfahren) Gruppenmitglieder versuchen am Gruppenerfolg zu partizipieren, ohne etwas dafür zu leisten

Frustration:
Versagung; Ziele werden nicht erreicht

Groupware:
Software („virtuelles Büro") zur Vernetzung von Teams, um Informationen auszutauschen und gemeinsam zu nutzen

Gruppendenken:
(Groupthink-Syndrom) Denkmuster in Gruppen mit einem starken Zusammengehörigkeitsgefühl; das Groupthink-Syndrom kann zu fragwürdigen, risikohaften Entscheidungen führen

Gruppendynamik:
Prozesse der gegenseitigen Verhaltensbeeinflussung in Gruppen

Heterogenität:
Unterschiedlichkeit, Verschiedenartigkeit

Homogenität:
Gleichheit, Gleichförmigkeit

informell:
zwanglos, ohne Formalitäten

Interaktion:
wechselseitige Beziehung zwischen Menschen; das Verhalten der einen Person löst Reaktionen bei der anderen Person aus

Inter-Rollenkonflikt:
Person nimmt mehrere unterschiedliche Rollen ein, die miteinander nicht vereinbar sind (z.B. Freund und Vorgesetzter)

Intra-Rollenkonflikt:
verschiedene Personen richten an den Rolleninhaber unterschiedliche, miteinander nicht vereinbare Erwartungen

Johari-Fenster:
von Joe Luft und Harry Ingham entwickelte Systematik zur Beschreibung der Selbst- und Fremdwahrnehmung

Kausalattribuierung:
Zuordnung von Ursachen für Erfolge bzw. Misserfolge

Kohäsion:
Ausmaß an Geschlossenheit und Festigkeit von Gruppen, Zusammenhalt in einer Gruppe, Verbundenheit der Gruppenmitglieder

Kompetenzen:
Grundfähigkeiten, die erforderlich sind, den Alltag zu bewältigen; Unterscheidung zwischen Persönlichkeits-, Fach, Sozial- und Methodenkompetenz

Konformität:
Gleichheit im Gruppenverhalten, die von realem bzw. wahrgenommenem Druck auf das Verhalten von Gruppenmitgliedern ausgeht

Loyalität:
Einstehen für getroffene Vereinbarungen

Mediation:
Verfahren zur Vermittlung zwischen den Konfliktparteien mit dem Ziel eines Interessensausgleichs und der Versöhnung

Mind-Mapping:
(engl. Landkarte des Geistes) von Buzan entwickeltes Verfahren, um kreative Einfälle zu systematisieren und zu dokumentieren

Moderatorin :
Gruppenleiterin, die selbstgesteuerte Gruppenprozesse mit Hilfe vielfältiger Moderationsmethoden anregt und begleitet

Mobbing:
unfaire Auseinandersetzung zwischen Kollegen sowie zwischen Vorgesetzten und Mitarbeiter

Monitoring:
Langzeitbeobachtung, Überwachung und Steuerung von Prozessen

Norm:
mehr oder weniger verbindliche Verhaltensregel, die sich aus Gewohnheiten, Sitten, gesellschaftliche Erwartungen usw. ergeben und bestimmen, wie die Werte der Gruppe zu erfüllen sind

Norming:
Phase der Gruppenentwicklung, in der sich die Gruppe findet (Rollenverteilung, Gruppenregeln, offener Meinungs- und Informationsaustausch)

operativ:
Prozesse, die den aktuellen Berufsalltag betreffen

Qualitätszirkel:
institutionalisierte Kleingruppen, die ihren Arbeitsbereich optimieren und beispielsweise auftretende Probleme freiwillig und selbstständig bearbeiten

Partizipation:
Einflussnahme des Einzelnen oder der Gruppe auf Entscheidungen

Performing:
Hochleistungsphase in der Gruppenentwicklung, in der die Gruppe lösungsorientiert effektiv zusammenarbeitet und sich ein ausgeprägtes Wir-Gefühl entwickelt

pro-aktives Denken :
vorausschauendes Denken, um frühzeitig Initiativen ergreifen zu können; im Gegensatz zum abwartenden reaktiven Handeln

Projektteam:
zeitlich befriste Arbeitsgruppe, die gezielt zur Bearbeitung eines spezifischen Auftrags (oft abteilungs- und hierarchieübergreifend) gebildet wird

Reaktanz :
Widerstand gegen Veränderungen, die als vermeintliche Einschränkung oder Bedrohung wahrgenommen wird

Social-Loafing:
(soziales Faulenzen) der Einzelne strengt sich bei additiven Gruppenaufgaben (z. B. Tauziehen) in der Gruppe weniger an

Soziometrie:
Verfahren zur Erfassung der Gruppenstruktur; mit Hilfe von Beobachtungen oder Befragungen wird die Sympathie beziehungsweise Antipathie zwischen Gruppenmitgliedern dokumentiert

Storming:
konfliktreiche Phase der Gruppenentwicklung, in der Machtkämpfe und Cliquenbildung zu beobachten sind

Sucker-Effect:
(Gimpel- oder Trotteleffekt) Zurückhalten der eigenen Leistung als Protest gegen das Fehlverhalten von anderen Gruppenmitgliedern

Synergie-Effekt:
Zusammenwirken verschiedener Kräfte, die zu einer Leistungssteigerung führen

Team:
berufliche Gruppe, die gemeinsam Ziele verfolgt

Team-Building:
Teamtraining zur Leistungssteigerung von bestehenden Teams

Team-Designing:
Vorgehen zur optimalen Zusammensetzung von neu zu bildenden Teams

Teamentwicklung:
Maßnahmen zum Aufbau und zur Förderung der Zusammenarbeit in berufsbezogenen Arbeitsgruppen

Teamidentität:
dauerhafte Übereinstimmung des Individuums mit der Eigengruppe; damit verbunden ist die Abgrenzung der Eigengruppe von der Fremdgruppe

teilautonome Gruppe:
Gruppe mit hoher Eigenverantwortung und der Möglichkeit der Selbstregulation innerhalb eines großen Handlungsspielraums

TZI (themenzentrierte Interaktion):
von Ruth Cohn entwickelte Methode des gruppenbezogenen Lehrens und Lernens; im Mittelpunkt stehen: ICH (Persönlichkeit des

Gruppenmitglieds), WIR (Gruppe bzw. Team) und ES (Thema der Gruppenaktivität)

virtuelle Teams:
in großer räumlicher Entfernung und/oder zeitlich versetzt arbeitende Teams, deren Mitglieder über Kommunikationsmedien in Verbindung stehen

Vision:
Vorstellung von einem langfristig angestrebten Ziel („konkrete Utopie")

Wir-Gefühl:
Zusammengehörigkeitsgefühl der Gruppe und persönliche Verpflichtung der Gruppenmitglieder gegenüber den Handlungen des Teams

Literatur

Adriani, Brigitte; Schwalb, Ulrich & Wetz, Rainer: Hurra, ein Problem. Kreative Lösungen im Team. Wiesbaden 5. Auflage 1995

Ameln, Falko von & Kramer, Josef: Organisationen in Bewegung bringen. Handlungsorientierte Methoden für die Personal-, Team- und Organisationsentwicklung. Heidelberg 2007

Albers, Olaf: Gekonnt moderieren: Zukunftswerkstatt und Szenariotechnik. Regensburg 2001

Altmann, Gerhard; Fiebiger, Heinrich & Müller, Rolf: Mediation: Konfliktmanagement für moderne Unternehmen. Weinheim 1999

Antoni, Conny H.: Qualitätszirkel als Modell partizipativer Gruppenarbeit. Analyse der Möglichkeiten und Grenzen aus der Sicht betroffener Mitarbeiter. Bern 1990

Antoni, Conny H.: Teilautonome Arbeitsgruppen. Ein Königsweg zu mehr Produktivität und einer menschengerechteren Arbeit? Weinheim 1996

Antoni, Conny H. (Hrsg.): Gruppenarbeit in Unternehmen. Konzepte, Erfahrungen, Perspektiven. Weinheim 2. Auflage 1996

Antoni, Conny H.: Gruppenarbeit – mehr als ein Konzept. Darstellung und Vergleich unterschiedlicher Formen der Gruppenarbeit. In: Antoni, Conny H. (Hrsg.): Gruppenarbeit in Unternehmen. Weinheim 1996, S. 19–48

Arnscheid, Rüdiger: Gemeinsam sind wir stark? Zum Zusammenhang zwischen Gruppenkohäsion und Gruppenleistung. Münster 1999

Auer-Rizzi, Werner: Entscheidungsprozesse in Gruppen. Kognitive und soziale Verzerrungstendenzen. Wiesbaden 1998

Bachmann, Winfried & Bachmann, Fiona: Im Team zum Ziel. Die Entwicklung von Teamfähigkeiten unter dem Blickwinkel von NLP und lernender Organisation. Paderborn 1997

Bay, Rolf H.: Teams effizient führen. Teamarbeit – Teamentwicklung – TQM im Team. Würzburg 2. Auflage 2002

Beck, Reinhild & Schwarz, Gotthard: Konfliktmanagement. Alling 1995

Behrendt, Erich & Giest, Gustav (Hrsg.): Gruppenarbeit in der Industrie. Praxiserfahrungen und Anforderungen an die Unternehmen. Göttingen 1996

Belbin, Meredith.: Team roles at work: A strategy for human resource management. Oxford 1993

Berg, Christoph: Selbstgesteuertes Lernen im Team. Heidelberg 2006

Bernitzke, Fred: Teamentwicklung. Studienbrief. Riedlingen 2008

Besemer, Ingrid; Dürr, Peter u.a.: Team(s) lernen Teamarbeit. Lernkonzepte für Gruppen- und Teamarbeit. Weinheim 1988

Block, Carl Hans: Von der Gruppe zum Team. Wie Sie die Zusammenarbeit im Unternehmen verbessern. München 2000

Blom, Herman: Sitzungen erfolgreich managen. Meetings als Kommunikationsmittel und Management-Instrument richtig nutzen. Weinheim 1999

Böning, Uwe: Coaching für Manager. In: Rosenstiel, Lutz von; Regnet, Erika & Domsch, Michel (Hrsg.): Führen von Mitarbeitern: Handbuch für erfolgreiches Personalmanagement. Stuttgart 1995, S. 255–263

Born, Marius & Eiselin, Stefan: Teams – Chancen und Gefahren. Grundlagen, Anwendung am Beispiel von Lean Management. Bern 1996

Bornschein-Grass, Carin: Groupware und computergestützte Zusammenarbeit. Wirkungsbereiche und Potentiale. Wiesbaden 1994

Briegel, Klaus: Souverän moderieren. Techniken, Praxisfälle, Checklisten. Neuwied 2002

Brinkmann, Ralf D.: Mitarbeiter-Coaching. Der Vorgesetzte als Coach seiner Mitarbeiter. Heidelberg 3. Auflage 2000

Buchner, Dietrich (Hrsg.): Team-Coaching. Gemeinsam zum Erfolg. Wiesbaden 1994

Buchner, Dietrich.: Team-Coaching: „Zielorientierte Team-Ressourcen-Programmierung TRP". In: Buchner, Dietrich (Hrsg.): Team-Coaching. Gemeinsam zum Erfolg. Wiesbaden 1994, S. 13–81

Buchner, Dietrich. (Hrsg.): Outdoor-Training. Wie Manager und Teams über Grenzen gehen. Wiesbaden 1996

Buchner, Dietrich & Homma, Norbert: Wie Sie Outdoor-Trainings für Ihr Unternehmen planen und beurteilen. In: Buchner, Dietrich (Hrsg.): Outdoor-Training. Wie Manager und Teams über Grenzen gehen. Wiesbaden 1996, S. 182–193

Bungard, Walter & Antoni, Conny H.: Einsatzmöglichkeiten von Qualitätszirkeln im Verwaltungsbereich. In: Geißler, Karlheinz A. u.a. (Hrsg.): Handbuch der Personalentwicklung und Training. Köln 1993, S. 1–20

Burow, Olaf-Axel: Ich bin gut – wir sind besser. Erfolgsmodelle kreativer Gruppen. Stuttgart 2000

Comelli, Gerhard.: Qualifikation für Gruppenarbeit: Teamentwicklungstraining. In: Rosenstiel, Lutz von; Regnet, Erika & Domsch, Michel (Hrsg.): Führen von Mitarbeitern: Handbuch für erfolgreiches Personalmanagement. Stuttgart 1995, S. 405–427

Dehner, Ulrich & Dehner, Renate: Coaching als Führungsinstrument. So fördern Sie Mitarbeiter in schwierigen Situationen. Frankfurt/Main 2004

DIALOG-CONSULT: Newsletter Teamentwicklung 2001

Dick, Rolf von & West, Michael: Teamwork, Teamdiagnose, Teamentwicklung. Göttingen 2005

Dorando, Max & Grün, Josef: Teamverfassung. Instrument der Teamentwicklung. In: Personalführung 1995 (Heft 5), S. 376–382

Drescher, Peter: Moderation von Arbeitsgruppen und Qualitätszirkeln. Ein Handbuch. Freiburg 2003

Dröge, Joachim: Gemeinsam im Team. München 1999

Fengler, Jörg: Feedback geben. Strategien und Übungen. Weinheim 1998

Fischer, Helga: Teamarbeit im Kindergarten. Dienstbesprechung und Planung – erfolgreiche Beispiele für die Praxis. Freiburg 11. Auflage 2000

Fischer, Michael & Graf, Pedro: Coaching. Ein Fernworkshop. Augsburg 2. Auflage 2000

Fisher, Kimball; Rayner, Steven & Belgard, William: Tipps für Teams. Teameinsatz optimal realisieren. Landsberg/Lech 1995

Francis, Dave & Young, Don: Mehr Erfolg im Team. Hamburg 5. Auflage 1996

Freibichler, H.: Praxis der Teamarbeit. Ein programmiertes Arbeitsbuch mit Fallbeispielen und Aufgaben zur Analyse und Planung der Teamarbeit. Was sind Teams und wie funktionieren sie. Stuttgart 1976

Gamber, Paul: Ideen finden, Probleme lösen. Methoden, Tipps und Übungen für Einzelne und Gruppen. Weinheim 1966

Gebert, Diether: Innovation durch Teamarbeit. Eine kritische Bestandsaufnahme. Stuttgart 2004

Gerpott, Torsten J.: 360-Grad-Feedback-Verfahren als spezielle Variante der Mitarbeiterbefragung. In: Domsch, Michel & Ladwig, Desiree H. (Hrsg.): Handbuch Mitarbeiterbefragung. Heidelberg 2000, S. 195–220

Gemünden, Hans Georg G. & Högl, Martin (Hrsg.): Management von Teams. Theoretische Konzepte und empirische Befunde. Wiesbaden 2000

Hacker, Winfried.: Arbeitsanalyse zur prospektiven Gestaltung von Gruppenarbeit. In: Antoni, Conny H. (Hrsg.): Gruppenarbeit in Unternehmen. Weinheim 1994, S. 49–80

Hamann, Angelika & Huber, Johann J.: Coaching. Die Führungskraft als Trainer. Leonberg 4. Auflage 2001

Hardy, S. & Buchner, D.: Outdoor-Übungen: Auf die Erfahrung abgezielt. In: Buchner, D. (Hrsg.): Outdoor-Training. Wie Manager und Teams über Grenzen gehen. Wiesbaden 1996, S. 194–230

Heintel, Peter (Hrsg.): Betrifft: Team. Dynamische Prozesse in Gruppen. Wiesbaden 2006

Herrmann, Dorothea, Hüneke, Knut & Rohrberg, Andrea: Führung auf Distanz. Mit virtuellen Teams zum Erfolg. Wiesbaden 2006

Hofmann, Laila M.: Besprechungsmanagement. In: In: Rosenstiel, Lutz von; Regnet, Erika & Domsch, Michel (Hrsg.): Führen von Mitarbeitern: Handbuch für erfolgreiches Personalmanagement. Stuttgart 1995, S. 395–403

Höher, Peter & Höher Friederike: Konfliktmanagement. Konflikte kompetent erkennen und lösen. Freiburg 2. Auflage 2002

Hug, Brigitta: Wie funktionieren Arbeitsgruppen? In: Steiger, Thomas & Lippmann, Eric (Hrsg.): Handbuch der angewandten Psychologie für Führungskräfte. Führungskompetenz und Führungswissen. Band 1. Berlin 1999, S. 338–380

Jiranek, Heinz & Edmüller, Andreas: Konfliktmanagement. Planegg 2003

Jochum, Eduard & Horender, Ulrike: Managementtraining (Managementkonzepte und -instrumente). Studienbrief. Riedlingen 2002

Kälin, Karl (Hrsg.): Captain oder Coach. Neue Wege im Management. Thun 1995

Kauffeld, Simone & Grote, Sven: Teams in Organisationen: Diagnose und Entwicklung. In: Personalführung 2001 (Heft 1), S. 26–33

Kellner, Hedwig: Konferenzen, Sitzungen, Workshops effizient gestalten und nicht nur zusammensitzen. München 1995

Kinlaw, Dennis C.: Spitzenteams – Spitzenleistungen durch effektives Teamwork, Wiesbaden 1993

Kleinbeck, Uwe: Das Management von Arbeitsgruppen. In: Schuler, Heinz (Hrsg.): Lehrbuch der Personalpsychologie. Göttingen 2001, S. 509–531

Knoll, Jörg: Kleingruppenmethoden. Effektive Gruppenarbeit in Kursen, Seminaren, Trainings und Tagungen. Weinheim 1997

Kocyba, Hermann & Vormbusch, Uwe: Partizipation als Managementstrategie. Gruppenarbeit und flexible Steuerung in Automobilindustrie und Maschinenbau. Frankfurt/Main 2000

Köppen, Marc: Effiziente Gruppenarbeit. Leistungsgerecht entlohnen – wirtschaftlich nachweisen. Köln 1997

Krämer, Sabine & Walter, Hans-Dieter: Moderieren – gewusst wie. Gespräche leiten und moderieren. Würzburg 2002

Kriz, Willy Christian & Nöbauer, Brigitta: Teamkompetenz. Konzepte, Trainingsmethoden, Praxis. Göttingen 3. Auflage 2006

Kröll, Martin: Beurteilung der Gruppen- und Teamarbeit aus einzelwirtschaftlicher Sicht. In: Kröll, Martin & Schauber, Herbert (Hrsg.): Lernen der Organisation durch Gruppen- und Teamarbeit. Berlin 1997, S. 271–310

Kröll, Martin & Schauber, Herbert (Hrsg.): Lernen der Organisation durch Gruppen- und Teamarbeit. Berlin 1997

Krüger, Wolfgang: Teams führen. Freiburg 2. Auflage 2002

Langmaack, Barbara: Einführung in die Themenzentrierte Interaktion TZI. Leben rund ums Dreieck. Weinheim 3. Auflage 2004

Langmaack, Barbara & Braune-Krickau, Michael: Wie die Gruppe laufen lernt. Anregungen zum Planen und Leiten von Gruppen. Weinheim 7. Auflage 2000

Lehmann, Günter: Führungs- und Entscheidungstechniken für das Team. Der Teamführer als Moderator. Renningen-Malmsheim 2002

Lipp, Ulrich & Will, Hermann: Das große Workshop-Buch. Konzeption, Inszenierung und Moderation von Klausuren, Besprechungen und Seminaren. Weinheim 7. Auflage 2004

Maaß, Evelyne & Ritschl, Karsten: Teamgeist. Spiele und Übungen für die Teamentwicklung. Paderborn 1997

Maddux, Robert B.: Team-Bildung. Der Schlüssel zur professionellen Zusammenarbeit. Wien 1993

Mahlmann, Regina: Konflikte managen. Psychologische Grundlagen, Modelle und Fallstudien. Weinheim 2000

Metz, Ansgar & Roth, Stephan: 360°-Feedback und 360°-Beurteilung sind grundverschieden. In: management & training 1/2000, S. 36–39

Nagel, Kurt: Praktische Unternehmensführung. Analysen – Instrumente – Methoden. Landsberg am Lech 1995

Neuberger, Oswald: Besser führen. Problemfeld 5: Gruppenprozesse erkennen und gestalten. München 1996

Neuberger, Oswald: Das 360°-Feedback: Alle fragen? Alles sehen? Alles sagen? München 2000

Nordhause-Janz, Jürgen & Pekruhl, Ulrich: Arbeiten in neuen Strukturen? Partizipation, Autonomie und Gruppenarbeit in Deutschland. München 2000

Nothdurft, Michael: Im Team an die Spitze. Handbuch der Teamarbeit. Offenbach 2000

Philipp, Elmar: Teamentwicklung in der Schule. Konzepte und Methoden. Weinheim 1996

Poggendorf, Armin & Spieler, Hubert: Teamdynamik. Ein Team trainieren, moderieren und systemisch aufstellen. Paderborn 2003

Quest Qualiy Education (Hrsg.): Der Weg zum Team. Ein Leitfaden zur Teamentwicklung. Farncombe Hill 1996

Raab, Stefan: Full Power. Wie Sie aus Einzelkämpfern ein Hochleistungsteam formen. Neuwied 1997

Redlich, Alexander: Konfliktmoderation. Handlungsstrategien für alle, die mit Gruppen arbeiten. Hamburg 1996

Reibnitz, Ute von: Szenario-Technik. Instrumente für die unternehmerische und persönliche Erfolgsplanung. Wiesbaden 2. Auflage 1992

Rippinger, Tanja: Ökonomie des Vertrauens. Tübingen 2. Auflage 2003

Ros, Jay: Erfolgsgeheimnis Teambildung. Niedernhausen/Ts 1998

Rosenkranz, Hans: Von der Familie zur Gruppe zum Team. Familien- und gruppendynamische Modelle zur Teamentwicklung. Paderborn 1994

Rosenstiel, Lutz von: Die Arbeitsgruppe. In: Rosenstiel, Lutz von; Regnet, Erika & Domsch, Michel (Hrsg.): Führen von Mitarbeitern: Handbuch für erfolgreiches Personalmanagement. Stuttgart 1995, S. 359–376

Schauenberg, Angelika: Outdoor-Transfer: Darauf kommt es an. In: Buchner, Dieter. (Hrsg.): Team-Coaching. Gemeinsam zum Erfolg. Wiesbaden 1994, S. 173–181

Schmaling, Nathalie; Tenne, Dietmar & Wirbals, Harald: „Vor-Ort und Out-Door". Trainingskonzept zur Gruppenarbeit – erlebt und reflektiert. In: Behrendt, Erich & Giest, Gustav (Hrsg.): Gruppenarbeit in der Industrie. Praxiserfahrungen und Anforderungen an die Unternehmen. Göttingen 1996, S. 9–26

Schneider, Helmut & Knebel, Heinz.: Team und Teambeurteilung. Neue Trends in der Arbeitsorganisation. Köln 1995

Schwäbisch, Lutz & Siems, Martin: Anleitung zum sozialen Lernen für Paare, Gruppen und Erzieher. Kommunikations- und Verhaltenstraining. Reinbek 1974

Schwarz, Gerhard: Konfliktmanagement. Konflikte erkennen, analysieren, lösen. Wiesbaden 6. Auflage 2003

Seifert, Josef W.: Gruppenprozesse steuern. Als Moderator Energien bündeln, Konflikte bewältigen, Ziele erreichen. Offenbach 1995

Sonntag, Karlheinz & Stegmaier, Ralf: Verhaltensorientierte Verfahren der Personalentwicklung. In: Schuler, Heinz (Hrsg.): Lehrbuch der Personalpsychologie. Göttingen 2001, S. 265–287

Sperling, Jan Bodo; Stapelfeldt, Ursel & Wasserveld, Jaqueline: Moderation. Planegg 2004

Steiger, Thomas Das Rollenkonzept der Führung. In: Steiger, Thomas & Lippmann, Eric (Hrsg.): Handbuch der angewandten Psychologie für Führungskräfte. Führungskompetenz und Führungswissen. Band 1. Berlin 1999, S. 43–73

Steiger, Thomas & Lippmann, Eric (Hrsg.): Handbuch der angewandten Psychologie für Führungskräfte. Führungskompetenz und Führungswissen. Band 1. Berlin 1999

Suter, Werner: Arbeitskonferenzen. In: Steiger, Thomas & Lippmann, Eric (Hrsg.): Handbuch der angewandten Psychologie für Führungskräfte. Führungskompetenz und Führungswissen. Band 1. Berlin 1999, S. 395–417

Tuckman, Bruce W.: Developmental sequence in small groups. Psychological Bulletin 1965 (Vol. 63), S. 384–399

Ueberschaer, Norbert: Mit Teamarbeit zum Erfolg. So steigern Sie die Effizienz im Unternehmen. München 2. Auflage 2000

Unger, Helga: Organisationales Lernen durch Teams. Methode und Umsetzung eines teambasierten Projektmanagements. München 2. Auflage 2002

Vialon, Hans: Synergie: Outdoor und Vernetzung in schnell wachsenden Unternehmen. In: Buchner, Dieter (Hrsg.): Team-Coaching. Gemeinsam zum Erfolg. Wiesbaden 1994, S. 83–98

Voigt, Bert: Team und Teamentwicklung. In: Organisationsentwicklung 1993 (Heft 3), S. 34–49

Wahren, Heinz-Kurt, E.: Gruppen- und Teamarbeit in Unternehmen. Berlin 1994

Wegge, Jürgen: Gruppenarbeit. In: Schuler, Heinz (Hrsg.): Lehrbuch der Personalpsychologie. Göttingen 2001, S. 483–507

Wegge, Jürgen: Führung von Arbeitsgruppen. Göttingen 2004

Wildenmann, Bernd: Professionell Führen. Empowerment für Manager, die mit weniger Mitarbeitern mehr leisten müssen. Neuwied 3. Auflage 1998

LITERATUR

Index

INDEX